佛教神通學大觀

地球禪者 洪啟嵩 著

目次

第二篇　神通的原理與境界差別 115

第四篇 神通的戒律 269

第五篇　佛教神通檔案解祕 313

序

神通似乎是永遠迷人卻又容易引發爭論的話題。

許多人喜歡神通，卻無法了解神通，只能以臆測、附會的方式來理解。許多人表面上對神通嗤之以鼻，但是私底下碰到不可知或是無法解決的事情時，也往往求助於極不可靠的神通。

太多人對神通充滿了好奇而無知；因此有太多人被假神通所矇騙，而造成許多的鬧劇或悲劇。其實，我們只要釐清一些基本的概念，這些不幸都是可以避免的，甚至，我們可以藉由對神通的正確認知，增進生命的智慧與能力。

神通是如何產生的？神通的力量到底有多大？是不是真的可以預知未來，改變命運，讓人隨心所欲，無所不能？

首先我們要認清楚，在佛教中，神通並非等同於神蹟。當然這兩者對一般人而言，可能很難區別，但是對於想正確了知神通現象者而言，這樣的認知是極重要的。

基本上神蹟是歸因於絕對力量或神靈的力量所產生的神奇驚人事件。同此，神蹟是外在的神力所構成，而且是神異乃至神聖而不可解的。但佛教的神通，卻是由具有神通力量者，依據修持或本具的力量引發，而其神異的現象，雖然看來難以理解，但是對於具有不同層次了解神通現象者而言，卻是可以理解的。所以神蹟可以說是一種全然的信仰，但是神通卻是含有實證的理性成分，只要具足條件，是完全可以智慧理解的。

依據以上的理解，我們可以體悟佛教的神通有極為嚴格的內義存在，一般流俗中許許多多的超自然現象，並不等同於神通。

因此，本書希望能把神通的本質、原理、體系及限制做完整的解說。希望大家能清楚的了解神通；也希望大家不要再受到錯誤的神通觀所迷惑、誤導。

本書的起始，從佛陀悟道所發起的神通開始談起，立出神通最高明的標竿，再回過頭來剖析世間各種常見的神通，如：鬼神的神通，依咒術、符籙、藥物所成的神通，乃至常見的超能力在此也列入討論。

相較之下，依自身的禪定力所產生的神通，則比前者高明許多，也就是佛教最主要的六種神通：天眼通、天耳通、宿命通、他心通、如意通及漏盡通（一切煩惱永盡的神通）。

而在第二篇中，則是以四個面向來探討神通形成的原理：

一、從宇宙六大元素的作用，探討神通的現起的原理。
二、從三法印、十二因緣等宇宙的理則來觀察神通的運作。
三、從三十七道品等解脫之道，掌握神通修行的路徑。
四、從悲心與智慧觀察佛菩薩的神變。

由此再深入討論，為什麼會有種種神通境界的差別，世間的神通，聖者的神通，佛菩薩的神通，境界上有什麼差別。

第三篇主要介紹佛教六種主要神通的修練方法，及容易引發神通的禪觀法門，和能夠成就廣大神變的大乘三昧。

具有神通的人，如何如法地運用神通作為度化眾生的方便？神通有什麼限制？在使用神通時，必須遵守哪些戒律？在第四篇「神通的戒律」中有深入的探討。

本書最後一篇，是佛教各類神通檔案的解析。其中將佛教的神通檔案加以分門別類，有不可思議的勝妙神通、佛教的六神通、水三昧與火三昧的神通、生死自在的神通、慈心三昧所形成的神通，及大乘經典中不可思議的神變境界。

每一個神通檔案都有「簡介」、「故事」及「解析」等三個部分，幫助讀者了解各種神通現象發生的背景、神通發起的原理及運用等。

神通是一種生命能力的昇華，正確的認知神通，對於邁向未來太空時代的人類而言，是十分必要的。因為在未來世紀中，神通中的許多相似能力，可能會引入我們的生活，乃至未來的人類進化會讓我們具有一些報得神通的力量。因此，正確的認知神通、正確的使用神通，讓神通在智慧、慈悲的原則下使用，是十分必須的。

神通是一種合理的現象，也是生命深層力量的展現。因此，如何合理的面對神通，並理解神通力量的效能與限制，以正面而理性的態度面對，是本書希望給讀者的真誠建議，讓神通的力量幫助我們的生命更加光明美好，而非增加迷惘與不幸。

慈悲、智慧與光明的生活，是一位具有神通的人應當顯現的生活方式，在書中最後揭示了這樣的生命態度，來與所有想理解或修學神通的人共勉。

希望神通力量的理解或追尋，帶給我們的不是更多的怪力亂神，而是更圓滿的智慧、慈悲與光明的生活！

序曲

爾時，菩薩以慈悲力，於二月七日夜，降伏魔已，放大光明，即便入定思惟真諦，於諸法中禪定自在，悉知過去所造善惡，從此生彼，父母眷屬，貧富貴賤，壽夭長短，及名姓字，皆悉明了，即於眾生，起大悲心。……爾時菩薩，既至中夜，即得天眼，觀察世間，皆悉徹見，如明鏡中自睹面像，見諸眾生，種類無量，死此生彼，隨行善惡，受苦樂報。

——《過去現在因果經》

以上這段經文，出自《過去現在因果經》，內容描寫佛陀成道前在菩提樹下降伏魔王大軍之後，安住於禪定，入於實相而現起宿命通，看到自己無量的過去世。又為了悲憫眾生的緣故，而現起天眼通，觀察各種生命的無量生死，受種種苦樂業報。

什麼是神通？要了解什麼是神通，根本上必須從佛陀身上來觀察，才能找到完整的答案。

各種不可思議的神通的現象，並不是從佛陀才開始有的，自古以來，不只是佛教，各種宗教都有各種神蹟、神祕現象，以及非關宗教的超自然的神通力量，這些力量有些來自宗教或其他神祕力量的來源。所以，探索這些神祕現象，佛陀並非唯一來源。

但是，如果要清楚解開這些力量的根由，並非神祕不可知，甚至建構完整的理論體系、修習、掌控方法乃至合理的規約者，卻非得從佛陀開始不可。

佛陀神通的獲得，必須從佛陀在菩提樹下悟道的因緣說起。佛陀的神通，相對於一般的神通而言，是特別的、不共的。他的神通來自其成證無上正覺時，所具足的六種力量，也就是天眼、天耳、他心、宿命、如意、漏盡等六通。而這六種力量，只是一種基本分類，其實其中還蘊含著其他可資發揮的力量，所以在佛力的探討中，有佛陀十力或佛陀的各種不共法，在以下的章節中會加以說明。但在此我們可以先就基礎六種神通力量來加以解說、探討。

現在，我們來觀察佛陀修行，從苦行中出離，而轉成以中道修行悟道。由此，我們也可以覺悟到，過於衰弱的身體，在修行的過程中，是難以引發高深的禪定、悟境，乃至神通的。

讓我們回到兩千五百年前，如來在菩提樹下悟道成證圓滿神通的場景，隨著佛陀的足跡，開啟修證神通的次第。

◎佛陀的悟道與神通

悉達多太子出家之後，歷經了六年超越常人的苦行，期望以此來悟道。最後他甚至進行極為嚴格的斷食苦行，每日只吃一麥一麻，使得身體極為羸弱，幾乎已經瘦到前胸貼到後背的程度。如此經過一段時期之後，他發現苦行並無助於悟道，因而決定放棄苦行，以禪定來思惟真理。

他走出苦行林，在尼連禪河沐浴，卻因太過虛弱，差點被河水漂走。他勉力捉住河邊的樹枝，掙扎上岸，稍事休息後，在經過樹林的途中，接受了牧羊女難陀波羅的供養。

在長期營養不良的情況下，牧羊女所供養的乳糜，讓他體力恢復了。他獨自一人前往菩提伽耶的菩提樹下，在樹下鋪上吉祥草，這就是他決心悟道的金剛寶座。他發誓道：「如果不成就正等正覺，誓不起此座！」他在樹下盤腿而坐，進入甚深的禪觀，精勤求道。

這時魔宮發生了大地震。魔王一看，原來是悉達多太子決心要解脫生死輪迴，超出欲界魔王的掌控，而這正是魔王最恐懼憤怒的事。魔王認為，在欲界中的生命，都是他的子民，受到各種欲望所控制，魔王能以種種五欲享樂來加以掌控。一旦有人想超脫輪迴，如此魔王的領域將大大縮小。萬一大家都皈依佛陀，誰來信奉魔王呢？基於這種種理由，魔王決定不惜一切要阻止悉達多太子成道。

首先魔王派了無人可抗拒的美麗魔女來引誘他，做出各種動人的媚態要讓他捨棄修行。沒想到她們青春可愛的容貌，在剎那間卻成了雞皮鶴髮、齒牙動搖的老婆婆，而羞慚的退走了。

魔王現出猙獰的面貌，捲起可怕颶風，讓林中的樹木連根拔起，將四方大小村邑化為微塵。可是吹到太子身邊的時候，竟連他法衣的邊緣也飄不動。

魔王立時運用法力，使空中湧現百層千層墨般黑的雨雲，降下大雨，雨勢足使大地崩塌，使森林淹沒，可是在菩薩的法衣上，卻連露水般的溼氣也沒有。

空中又下起巖石如雨，大山發出火燄，宛如山火爆發，熔岩從空中飛落如雨，可是飛到菩薩的身邊，都變成了美麗的天華。

這次天上又掉下刀槍如雨，一時有無數單鋒或雙鋒的刀槍之類，發出火燄在空中亂飛。可是飛到菩薩的身邊，卻都變成了五色的寶花。

在《阿毘曇毘婆沙論》卷五十三中對這一段降伏魔王的過程，有如下生動的描述：

當時太子心想：「即使是面對一般人都不可輕忽，更何況是面對欲界中至尊的魔王。」於是他安止身心，一心觀察離欲之道，迅速的遠離欲界欲望，生起初禪境界的神足通，能變化出種種相對應的境界。

於是當魔眾化作各種恐怖的巨鳥，他就化現狸貓來加以捕捉。魔化為狸貓，他就化為大狗來驅趕。魔化為狗，他就化作兇猛的豹。魔化為豹，他就化為老虎。魔化為老虎，他就化為獅子。魔化為獅子，他又化為刀劍。魔生起火焰，他就化作雨，魔下雨他就化成傘蓋。他並化現一座琉璃宮殿，自己安住其中，成為一座透明的防護罩，又不妨礙視線。

魔王實在無法可施，最後只好率領十六億魔軍退卻。而佛陀也在地神的發聲證明之下，成就無上圓滿的佛道。

這是佛陀成道前，為了降伏魔軍而現起的神通境界。

佛陀證得神通的次第

一般而言，在六通中是以天眼通較易修成的，但是佛陀在悟道前卻不是先發起天眼通，而是如意通。這是為了要降伏魔王，所以在菩提樹下先現起比較困難的如意通、神足通。

在《大智度論》卷二十八中，解釋菩薩先得如意通的原因。「菩薩何以不先得天眼？」回答是：「菩薩對於諸法都是容易而無困難的，其餘的人根器較鈍，所以有難有易。」而在初夜時，魔王前來要與菩薩爭戰，菩薩以神通力作出種種變化，使魔軍的兵器都化成瓔珞。接著菩薩又繼續憶念神足通，要使其具足。一生起心念之後，即時證入便得到了。具足神足通之後，菩薩便憶念自身為何得到如此大神力，便求宿命明，而了知原來是累世所積聚的福德力所致。

在此菩薩先獲得如意通，接著為體悟力量廣大的因由，而證得了宿命通。這就如同《方廣大莊嚴經》中所說：「在中夜時分攝持一心，證得憶念過去宿命的智慧，通觀過去自己及他人投胎受生的情況，完全了知一生、二生乃至十生、百生、千生、萬生、億生、百億生、千億生……。乃至成劫、壞劫及無量的成劫、壞劫等時空因緣的變化，完全憶知。一一的住處，不管是名或姓、長相、飲食、苦、樂、生、死等。所有的形相、住處、事業，不管是自己或他人，都完全了知。」

菩薩在得到宿命通，魔眾退卻之後，生起慈愍一切的心。這時菩薩不見魔眾，就心念著魔眾生起天眼觀察魔眾，這時見到了魔眾，卻聽不到他們的聲音，所以又生起了天耳通，來聽聞他們的聲音。

這時菩薩得到天眼通，在《過去現在因果經》中說：「這時菩薩，到了中夜，即得到天眼通，觀察世間，皆能完全徹視。就宛如在明鏡中，見到自己的面像，見到一切眾生，種類無量，從此死亡而生於彼處，隨著所行的善事、惡事，受著苦樂的果報。」

菩薩以天眼觀察，天耳聽聞十方五道的眾生。為了了知他們的心念又生起了他心通。

終於，在金剛座上經過七日的禪觀，於清晨破曉時分，東方昇起一顆明亮的曉星之際，

佛陀證得神通的次第

Stop 1
- **如意通**
  - 降伏諸魔

Stop 2
- **宿命通**
  - 觀察自己及他人投胎受昇的情況

Stop 3
- **天眼通**
  - 觀察魔眾及十方眾生一切業行、果報

Stop 4
- **天耳通**
  - 聽聞魔眾及十方眾生的語言文字

Stop 5
- **他心通**
  - 了知十方眾生心念

Stop 6
- **宿住智**
  - 了知十方眾生宿世業行因果

Stop 7
- **天眼智明**
  - 能見十方眾生一切萬象，並了知其因緣果報

Stop 8
- **一切智**
  - 證得無上圓滿佛陀

菩薩便廓然大悟了，證得無上圓滿的覺悟，成為佛陀。

他在初夜獲得宿住智，中夜證得天眼智明，後夜觀察生命流轉的十二因緣，於日出時獲得一切智。

佛陀悟得無上正等正覺的同時，不但具足斷盡惱煩的漏盡通，同時也具足天眼、天耳、他心、宿命、如意通等五種神通。

以上六種神通，前五通是一般人都能證得的，但第六通的漏盡通，則只有解脫的聖者能獲得。

佛弟子的神通

除了佛陀之外，當時許多佛弟子也都具有神通力。這種能力對許多悟道的聖弟子而言，是很平常且親切的。

在《雜阿含經》中有著這麼一段故事：

有一天，佛陀住在舍衛國的祇樹給孤獨園。而當時尊者舍利弗與目犍連則住在王舍城的竹林精舍，共住於一間房舍。

當時的夜晚非常寂靜。

「實在奇特啊！尊者目犍連！你在今夜安住在寂滅正受的甚深定中。我都聽不到你的呼吸聲呢！」舍利弗尊者如是讚歎目犍連尊者。

目犍連回答說：「我這不是寂滅正受的證定，僅是粗正受禪定而已。尊者舍利弗，事實上我剛剛正在跟佛陀說話呢！」

舍利弗十分驚奇的說：「目犍連啊！佛陀住在舍衛國的祇樹給孤獨園，離開我們所居的竹林精舍那麼遠，怎麼跟你說話呢？你是不是運用神足通的神通力到佛陀那兒，或是佛陀用神通力來這裡，跟你說話呢？」

目犍連這時笑著說：「我並沒運用神足通到佛陀那兒，佛陀也沒有用神通力來過這裡。但是我們還是能相互聽聞。因為佛陀與我都得到天眼通與天耳通的緣故。

「我剛剛是請問佛陀：『什麼是慇懃精進。』佛陀回答說：『目犍連，如果一位比丘修行人，白天努力的經行、禪坐，以不障礙的法門自淨其行，而晚上也是安坐、經行。到了中夜睡覺時，洗足入房後，以兩足相交右腳而臥，心中繫念著明相，正念正知。在後夜起床時，也是安坐經行，以不障礙法自淨其心，這叫做慇懃精進。」

舍利弗就讚歎目犍連說：「大目犍連，你具足大神通力、大功德力。你這樣安坐而坐，我也與你同樣得到大力……」

以上這一段故事，來自《雜阿含經》卷十八，質樸的記載著二千五百年前佛陀與大弟子舍利弗、目犍連日常生活的點滴，神通的運用對他們而言，是如此親切普遍。

從以上的故事，我們看到了在佛陀時代，佛陀與弟子們透過日常禪定的修持，所產生的神通境界，就超越了現代視訊電話的功能，能運用天眼通、天耳通等神通力的自在問答；而能自在飛行、瞬間移動到他方的神足通，更是飛機等快速的交通工具也望塵莫及的。

在佛陀與其弟子身上，我們看到了神通自然展現的樣貌。那麼，到底什麼是神通呢？神通的修習，限制與規範如何？這些大家十分好奇，又難以清楚了知的不可思議神祕風貌，在本書中將為大家一一解開。

第一篇　神通世界的奇幻之旅

1

進入神通的世界

神通的類別

神通，是一種超乎人間能力、不可思議、沒有障礙的自在變化作用。而這種能力的來源，主要是透過修習禪定與智慧所獲得。

神通的顯現方式千變萬化，令人眼花撩亂，但是總攝其種類，如果以神通的作用方式來分類，則可分為天眼通、天耳通、他心通、宿命通、如意通及漏盡通等六種神通。如果以神通獲得的方式來看，則可分為因修行而獲得神通者，或是天生就具有，或是因咒術、符籙所產生的神通，以及鬼神、妖怪、精靈所產生的神通。

以下我們分別來探討各種不同類型的神通，以及其形成的原因。我們可以從幾個方向觀察神通的類別：

以神通的作用來分類

我們從神通的作用來觀察，主要可分成六種類型，就是天眼通、天耳通、他心通、宿命通、如意通等五通及漏盡通，稱為「六通」。

1.天眼通：能自在照見世間一切萬物遠近的形色，及六道眾生苦樂的種種現象。

2.天耳通：指能自在聽聞世間種種音聲，及六道眾生一切苦樂言語。

3.他心通：指能自在得知天、人、修羅、地獄、餓鬼、畜牲等六道眾生心念。

4.宿命通：指能了知自身乃至其他六道眾生一世二世，乃至百千萬世的宿世因緣。

5.如意通（神足通）：能隨意變現，身體能飛行於虛空中，翻山越海，一切行動都沒有障礙。

6.漏盡通：「漏」是煩惱的意思，「漏盡」是指斷盡一切煩惱，不再受生死而能解脫，是屬於智慧神通，這是開悟的聖者和佛菩薩所具有的神通。

這也是佛教將神通的現象總攝為六種主要的類型。由此可見，佛教的六種神通，是依佛陀在菩提樹下，為了降伏魔王，證得無上菩提，廣度眾生所生起的六種能力。而這六種能力中，其實最重要，也是最核心、最殊勝的，是佛陀最後所得證的無上智慧神通，究竟的漏盡通。

六通是依據神通的功用而區分的。不過古來對於神通還有其他的分類方式，以下我們進一步來探討。

以神通獲得的方式來分類

在《俱舍論》中，將神通依獲得的方式加以分類，分為五種：「神境五，修、生、咒、藥、業成故。」

這是將神通的獲得分為：

1.**修得**：這是由修行之力而發起神通。

2.**生得**：此即報得的神通，出生即具有的神通。

3.**咒成**：依持咒而成就的神通力。

4.**藥成**：依藥方所得的神通力。

5.**業成**：因業力而得的神通。在此處將生得神通與業力所成的神通，加以區分。

除了《俱舍論》外，《順正理論》及《顯宗論》也都採用此類分法。

在《宗鏡錄》卷十五中，也是依獲得的方式將神通分為五種：

1.**道通**：這是由於了悟實相之理，所發起的神通，也就是除了智慧解脫的漏盡通之外，同時具足天眼、天耳、他心、宿命、如意通等五通，即六通同時具足的神通。

2.**神通**：在此是指以禪定力所引發的神通能力。

3.**依通**：由於藥力、符籙或是咒語所獲得的神通力。

4.**報通**：依業力的果報所獲得之神通力，如天人、阿修羅、鬼神等的通力，天生就具有神通，像天神生來就具有宿命通，能知道自己從何處死亡、以何種功德投生於天上，這種與生俱來的神通，就是屬於「報得神通」，也就是「報通」。

5.**妖通**：妖怪、精靈所具有的靈通力。

在著名的談異小說《聊齋誌異》中，記載著許多鬼魅精怪的靈通力，以「狐仙」為例，狐仙大多被描寫居住於墳穴，常以幻術將古墳化作豪宅，迷惑人類進到裡面接受熱情的款待，酒足飯飽，隔夜起來卻發現身在墳崗草堆之間。諸如此類的幻術，就是妖通的一種。

在《大乘義章》卷二十中，則將神通分為四種：

1.投生於四禪天的果報而自然所得到的「報通」。

2.仙人依藥力自由飛空的「業通」，也就是由行為業力獲得的神通力。

3.依持咒所得的「咒通」。

4.依修持禪定所得的「修通」。

而《華嚴大疏》卷三也以神通能力的獲得，將其分為三種類別：

1.報得通力：指依業力的果報所獲得之神通，如天人、鬼神，生來就有神通，這類神通就是前面所說的「報通」。

2.修得通力：這是指透過修持所獲得的神通力，如佛菩薩、聲聞、緣覺，因修持持戒、禪定、智慧等三學，而獲得神通。此外，一般仙人、術士，如婆羅門的仙人、道教的修練者等等，也有透過修持而獲得前面五通者。

3.變化通力：指佛菩薩、聲聞、緣覺等三乘聖人，能變現種種神通力。

綜合以上所說的各種分類，我們可以將神通大約歸納出以下四類別：

1. 鬼神所成神通。
2. 咒術、符籙、藥物所成神通。
3. 禪定所成神通，佛教所指的神通主要是指以禪定所成的神通。
4. 智慧所成神通，也就是由悟道的智慧所生起的神通。

在第一章，我們首先介紹各種類型的神通，總覽神通的完整體系。神通的現象千變萬化，最常見的顯現方式，首推天眼通、天耳通、他心通、宿命通、如意通等五種類型態的神通。而隱形變化、器物變化的神通也經常可見。除了一般的神通之外，佛經中也記載著佛菩薩顯現廣大神變，幾種常見的方式，如放光、大地震動、時空變換等等。

在探討神通的類型時，首先要介紹最常見的五種神通：天眼通、天耳通、他心通、宿命通、如意通（神足通）。

鬼通與靈通

一般人談到神通，最直接聯想到的，就是鬼神的神通。鬼神的神通，如前面所說，是屬於報得的神通，也就是天人、鬼神這種生命型態，生來就具有人類所沒有的超能力。

如果用簡單的譬喻來說明，就像鳥類和人類相比較一樣，鳥類能在空中飛翔，對人類而言也是一種「神通」。而狗對鬼神的感應特別敏銳，這種感應能力，也是文明人類所沒有的。只是由於這些常見的「神通」，已經被我們安立在合理的解釋範圍，而不再被歸到神祕的領域。

其實，鬼神的神通能力，其原理是相同的，然而由於我們對人類之外的生命型態的生命了解不多，加上鬼神之說往往被覆蓋上了一層神祕、隱晦的宗教面紗，一般人的態度不是盲目仰信，就是「敬鬼神而遠之」，採取避而不談的態度，或是堅決以「科學」來檢證，認定在目前的科學無法檢證的範圍下，就否定這些現象，無法客觀的觀察。

在探討鬼神的神通之前，我們首先來看看鬼神的生命型態，以及他們在整個生命界中所安立的位置。

佛教中對鬼神的看法

鬼神是具有超凡力量，能變化形體的生命，但還是屬於六道輪迴中的眾生，只是有些人類所沒有的特殊能力。

在佛法中將生命以存有的型態來分類，主要分成六種，就是所謂的「六道」：地獄、餓鬼、畜生、阿修羅、人間、天上等六種生命。佛法中所指的鬼、神，涵蓋的範圍很廣，如：鬼主要是指餓鬼道的眾生，還有介於鬼道與天道之間的夜叉羅剎、阿修羅、摩羅伽（巨蟒神）等非人的生命。

在這六道中，除了人和畜生之外，其餘的四道都有與生俱來的神通力，也就是報得神通。地獄道眾生是具足貪、瞋、痴煩惱的眾生，造下重大的惡業，在地獄受極苦的境界。地獄中的眾生，生來就知道自己的宿世是因為造下何種惡業而來地獄受報。

餓鬼道眾生，受著饑渴的果報，但他們的嘴巴一靠近食物，就會噴出火焰，任何東西入口都變成焦炭，無法下嚥；他們的喉嚨細小如針，肚子卻大如缸、如瓶，東西想吃卻吃不到，這是因為慳貪的習性以至於此。他們也知道自己生前是造了何種行業而受苦。

佛教在農曆七月十五的盂蘭盆節放焰口，就是要消滅餓鬼們口中的焰火，使他們能夠飲食飽足，因此用甘露來灑淨，止息他們的口中的火焰。

畜牲道眾生是因愚痴而受報，「覓食」和「繁衍」是他們生命的主要目標。稱為「畜牲」，是指由人類畜養之意，主要指家畜、家禽。畜牲道的眾生，在這個世界大多是弱肉強食，受種種苦，而且常被其他道眾生做為食物，或是驅使拖磨等工作。

修羅道眾生，具有天人的福報，但是沒有天德，生性好鬥、好瞋，許多大修羅王都是有和天神一樣的神通，不但能自在飛翔，而且具有手能觸摸到日月的大神通。

人間眾生，生活苦樂攙半，不像地獄、餓鬼、畜牲三惡道那麼苦，但也不像天神及修羅那麼有福報、生活那麼享受，也沒有神通。但是就佛法的觀點來看，天人的生活過於逸樂，修羅則瞋心太重，而地獄、餓鬼、畜牲苦報熾盛，其中只有人間苦樂攙半，適合修行，所以人是六道中的中流砥柱，是造業的主體，也是最容易修行成就的。

以上的六道又稱為「六凡法界」，如果再加上佛、菩薩、緣覺、聲聞等四種解脫輪迴聖者的「四聖法界」，就成為所謂的「十法界」。

以上十法界的分類方式，是主要的類別而已，在各個法界之間，並非如此涇渭分明。例如，有些天神，其實是具大福德的夜叉主，有時被歸為天神之類，如毘沙門天王就是如此。一般所說的鬼神，如高級的鬼神，大多是欲界天以上的天神；而與我們最接近的，則是欲界天天神；較低級的鬼神，則是屬於多財鬼一類，大多須以牲禮祭祀。而這些鬼神大多有著不同程度的鬼通與神通。

天神，多為生前修習十種善行的福德力而往生天界，也有的是以修習禪定而往生天界的。天人具有與生俱來的神通，能知道自己因為何種功德而投生天界，他們居住在虛空中，能在空中自在飛翔，他們不但身形高大美好遠超過人類，生活享受更是人間難所想像。

除了鬼與神之外，還有許多介於鬼神之間的生命，也屬鬼神之一，與人間有密切的關係，佛教中以「天龍八部」來含括他們。天龍八部包含了天、龍、夜叉、乾闥婆、阿修羅、迦樓羅、緊那羅及摩羅伽八部。由於這八種部族經常發心護持佛法，常為護持佛法的八種守護神，這八部眾都具有神通。

「龍」是指八大龍王等水族的主宰，龍王有神通力能依時序降雨，使世間五穀成熟，能變化成人形，能放出猛烈的火風，燒起大火，能化現巨大身，甚至可以用身體繞著巨山好幾圈，放出毒火、霹靂、閃電等種種神通變化。

佛法中的鬼，除了如前所說的餓鬼道眾生之外，最常出現在小說中的恐怖鬼魅，應該是會吃人的夜叉和羅剎。夜叉是常見鬼類之一，夜叉（梵文yaka），又作藥叉。

夜叉又可分為地行、虛空及宮殿飛行等三種。地行夜叉，常得種種歡樂、音樂、飲食等；虛空夜叉，具有大力，所至如風；宮殿飛行夜叉，有種種娛樂及便身之物。

夜叉具有神通，能變化作各種形貌，例如變化作獅子、大象等等，或化作頭很大身體很瘦小，或是青赤色的外形，或是腹部赤色，有時一頭兩面、三面、四面等，身上長滿粗毛，頭髮直豎，如獅子毛一般，或是一身二個頭，或是斷頭，或是只有一目，牙呈鋸齒突出，或是粗脣下垂……等等怪異形貌，使見者恐怖畏懼，生大驚懼，心意錯亂迷醉，失去節制，猖狂放逸，飲人精氣。

「乾闥婆」是帝釋天王下職司音樂的樂神，善於彈琴，在印度神話中，原來是半人半神的天上樂師，以香氣為食物，又稱為食香神。

「阿修羅」，意譯為非天、無端正或無溢，阿修羅性好爭鬥，時常與帝釋天戰鬥。

阿修羅與天人一樣，具有廣大的神通，經典中常有修羅王化現神通與天人戰爭的故事。例如有一次，阿修羅率領修羅大軍前往攻打帝釋天。修羅王站在大海水中，踞於須彌山頂，用九百九十九隻手，同時撼動帝釋天所居住的喜見城，並搖撼須彌山，使四大海的海水形成了海嘯，天宮發生大地震，造成天界大恐慌。

「迦樓羅」，意譯為「金翅鳥」，其身形十分的巨大，兩翅一張開，距離有三百三十六萬里，以龍為食物。

「緊那羅」的長相類似人，但頭部有角，所以又名為「人非人」，是天界的歌神。乾闥婆是帝釋天王的音樂神，以香為食。他們居住於虛空之中，所居住的城稱為「乾闥婆城」，常被用來比喻幻化的海市蜃樓。「摩羅伽」，則是大蟒神。

一般所說的鬼神，很多是指這些天龍八部眾。由於他們具有天生的神通，經常是人們祭祀崇拜的對象。

扶乩——與鬼神溝通的媒介

在台灣民間習俗中，經常可見善男信女到廟宇中向神明請示問題，如問錢財、婚姻、運勢等等，包羅萬象。而負責傳達神明意旨者，則是俗稱的乩童。

扶乩的過程可說是：鬼神界的生命透過相應的媒介與人間溝通。而中國民間常見的「扶乩」，西洋常見的「靈媒」，就是此類依鬼神的力量而產生的神通或鬼通，以此來預示吉凶，或是與亡者溝通。

以中國的扶乩而言，一般將「乩」分成「武乩」、「文乩」和「文武乩」三大類。「武乩」，是指「乩童作法」，被鬼神附體之後，乩童甚至可以用鐵針穿透面頰，用狼牙棒、七星鍾或利鋒刀劍砍打自己的背部和額頭，血流滿面滿背，然後口中說一些話語，旁邊就有老者側耳傾聽，然後高聲複誦，傳達神意。這是台灣各地廟宇最常見的「乩童」。而來問卜的人，大多是問疾病，或是為生活、事業上的不順遂指點迷津。

一貫道也有所謂的「仙佛借竅臨壇」，即乩手先在靜室中靜坐，等到神明附身之後，就走出靜室，到法會場所，以口述的方式，直接傳達神意，同時也有人負責將乩手所說的話在黑板上抄錄下來。這種形式就是「半文半武乩」。

此外，還有所謂的「文乩」，就是由正乩手用木筆在沙盤上寫字，旁邊有人看沙盤上的字跡，逐字報念，再由另一人抄錄下來。

除了乩童之外，常見的還有所謂的「扶鸞」，以神明下降，宣示神意，預言吉凶。扶鸞大多在鄉間寺廟裡舉行，在神案前放一方桌，桌上擺一沙盤，中放Y字形木架，即「乩」；其頂端懸錐，由鸞童及其助手，兩人手扶橫木兩端，由法師唸咒文、燒金紙、祈禱神的降臨。不久，神靈附體，鸞童手中的乩就會自動搖擺，在神案的沙盤上畫出乩字，有時也會在金紙上畫出藥方，有時乩示祈問應請某方的醫生醫治，或到某廟祈某神，並取香灰沖服。

靈媒——現代的巫師

與鬼神溝通的媒介，在台灣為稱為「乩童」，在國外則是所謂的「靈媒」。其實，自古以來就有靈媒的存在，像中國古代的「覡」（男巫）和「巫」（女巫），西伯利亞和北亞洲以及阿拉斯加等地的「薩滿」，都具有相近的性質。

古代的巫覡除了靈媒的性質之外，也具有醫療的作用。如中國的六朝時期，巫者是主要的醫療者之一。他們所對治的疾病，大多是歸諸為亡魂作祟、鬼魅作祟、鬼魂附身、鬼神責罰，或是觸犯禁忌等所產生的疾病，而以禱解法、禳除法等方法來祛病。

而現代的靈媒，最常見的特性是能通神、通靈，差遣某些鬼神來驅除另一些鬼神；或者是請示某一些鬼神來協助求助的人們，指點迷津或滿足所祈願。靈媒自稱能從靈界直接獲得到資訊，也就是利用附在自己身上的靈，取得資訊。常見的特異功能有心電感應、心測術、心靈傳動、靈魂出竅等等。最常見的是為生者與亡者溝通。台灣民間的「牽亡魂」、「觀落陰」也有類似的作用。

著名的靈媒艾琳．格瑞特，在一九三〇年在一場通靈會上，本來是希望聯絡上已故的福爾摩斯偵探小說作者柯南．道爾的靈，卻無心插柳，來的是兩天前發生空難的 R-101 飛行船駕駛，借靈媒的身體，詳述了失事前的情況。這場通靈大會就是著名的「R-101 通靈會」。

有時連警察也會找上靈媒協助破案。澳洲甚至曾有一位資深的警官，竟然求助靈媒詢問有關總理霍華德是否有無被刺殺的可能，但消息曝光之後，立即遭到停職的處分。

當事人委託靈媒尋找的亡靈，有時不一定是人，也有可能是心愛的寵物。愛狗心切的主人，有時是狗兒離家，生死未卜；有時是死去多年，但主人念念不忘，而委託靈媒與其愛犬的靈溝通。

一個靈媒，來附身的大多都不止一個靈，而是輪番接受到許多不同的靈體附身。一旦靈體離身，他們的特異功能也消失無蹤，因此靈媒造假的事件也時有可聞。這種依附鬼神所產生的神通力，無法自在控制，穩定重現，有些靈媒在降靈的過程中，自身是完全沒有意識的，清醒之後對發生的事情完全記不得，好像睡了一覺，可以說只是鬼神的工具而已。這種通並非高階的神通。

在鬼神所附身的現象中，最常引起討論的，除了附身的真假之外，再就是附身的鬼神身分，是否就是其所宣稱的鬼神。甚至我們可以發現，有的乩童被附身後所自稱的身分，並非歷史上的人物，大多是一般鬼神，或是小說中的人物，其中最常見的就是《封神榜》中的托塔天王、哪吒三太子。這些人物雖然不存於歷史上，但是由於小說的影響，深入民心，許多人確信其存在，這時，如果有相應的神識附著其上，就成了傳說中的鬼神。如《西遊記》中的豬八戒是一個例子。

在依鬼神所產生的神通之中，較高明的方式是主事者自身在詢問的過程中是完全自主的，清醒的，而且不受鬼神控制的。在前所說的「文乩」，大部分是這種型態。

但也有一些無法自主、控制的鬼神神通，這種型態是比較不理想的，有的時候甚至是「請神容易送神難」，在被附身後就無法回到原來的生活，而走向人格分裂的不幸結局。

筆者就曾聽過一個故事：有一對夫婦同心經營小本生意，後來事業不順遂而倒閉。他們認為這必定是霉運纏身所致，因此四處求神問卜。後來太太開始產生通靈的感應，有一天，她用陌生的口音，自稱是「〇〇公主」附身，開始建造神壇，又自封為「〇〇大法師」。家人感覺她好像完全變成一個陌生人，只剩下原來的形貌，但是卻被另一個神識盤據。後來她的先生感覺事態嚴重，最後將她送到精神科治療。

高雄醫學院也曾對乩童起乩以後不能退乩的現象，作過醫療研究的案例，這些人發病時，病人會全身發抖，失去方向感，昏迷，會有幻聽與幻視的症狀，會以奇怪的腔調宣稱自己為某位已死去的祖先，就像被附身一般。

然而，不管附身的神識是否如其所說是自稱的某個神明、祖先，這種當事者無法控制、自主的通力，都不是神通的正途，有時嚴重的話，甚至會造成人格分裂、妄想症等。這就好像我們把車借給陌生人，別人並不會珍惜愛護，更何況是把身體借給別人用，對象是誰，自己並不清楚，而附體的鬼神也不會珍惜，以致當事者的人生走向悲慘的深淵，不可不慎！

咒術所成的神通

依咒語而產生的神通

咒語、咒術，一般是指難以用言語說明，具有特殊力量的祕密語言，通常是作祈願時所唱誦的祕密章句。原來是向神明禱告，令怨敵遭受災禍，或要祛除厄難、祈求福佑時所誦唸的密語。

為什麼咒語會有神祕的力量呢？真言、咒語是由音聲發展出來的，而音聲和語言文字在人類文化的發展上具有不可思議的力量。傳說倉頡造字時，天地鬼驚神泣，文字和語言的創造，使文化、佛法、心靈產生了絕對的變化，在生命的發展上是很不可思議的力量，這是咒語能產生力量的原因。

如果從更高的層次來看，人類在很深沉很寂靜的狀況下，會產生種種不可思議的身心經驗，就像印度婆羅門教的修行人，他們在修習禪定時，在寂靜無聲的森林裡，靜靜地坐著，最後能聽到自己身體裡面的聲音、自己的心跳，身體每一個部位的聲音都聽得到。在愈來愈深的寂靜裡，他們發現身體裡竟然會產生流動，身體裡的氣息和通道共振，產生了種種聲音。

這些原理，都是真言和咒語可以產生力量的原因。

道家的咒術

在道教中，認為「咒」是天神的語言，又稱「神祝」、「神咒」等。《太平經》卷五十中說：「天上有常神聖要語，時下授人以言，用使神吏應氣而往來也。人民得之，謂之神祝也。」道家認為具有感召神靈、役使鬼神的作用。太平道為人治病除使用符水外，也使用「祈祝」，也就是咒術。道家的咒語也具有神祕的力量，如葛洪採錄在登涉篇中的咒術所說的效用中，就可避除危險的猛獸，如猛虎及蛇龍之類：

又法：以左手持刀閉口，晝地作方，祝曰：「恆山之陰，太山之陽，盜賊不起，虎狼不行，城郭不完，閉以金關。」因以刀横旬月中白虎上，亦無所畏也。

又法：臨川先祝日：「卷蓬卷蓬，河伯導前辟蛟龍，萬災消滅天清明。」

而在《杜祭酒別傳》中記載杜祭酒一行人在山中以咒驅虎的故事：「君弟子三人，隨道士刑邁入宣城涇縣白水山，去縣七十里，餌求黃精，經歷年所，有鹿走依舍邊伏眠，邁等怪之，乃為虎所逼，邁乃咒虎退，鹿經日乃去。」

咒術在道教中日趨發展，使用範圍日益擴大。《道藏》中就有許多涉及咒術的經書。在道教中，咒的名目很多，每一個符都有相應的咒與之相配，而也有無符單獨使用的咒，在齋醮儀式中，更是離不開各種神咒。

佛教的咒術

早在印度古代，就有咒術的存在，而在佛陀出世前，咒語就已經在印度相當流行了。這點由經典中常舉出一些咒名，可見一斑。如《長阿含》卷十三的〈阿摩晝經〉及卷十四的〈梵動經〉，就舉有水火咒、鬼咒、剎利咒、支節咒、安宅符咒、火燒鼠囓解咒等咒名；而《四分律》卷二十七、《十誦律》卷四十六等，也出現治腹內蟲病咒、治宿食不消咒、世俗降伏外道咒、治毒咒、治齒咒等咒名；而在密教典籍盛行之後，密咒更成為修行過程中極為重要的法門。

除了一般宗教的咒語之外，佛教也融攝了咒語的修持方法。佛教咒語的產生，可以說是愛好神祕的印度人，其民族性的自然流露。他們往往相信超自然力量的存在，如果專心的祈請，那麼以超自然界本來法爾所具有的本誓與念願為媒介，就可以圓滿成就個人的願望，消除現實的困境與內心的痛苦，而進入解脫安穩的理想境界。

而原來修持瑜伽的觀行時，有時只是祈求諸天善神的冥助，常使人感覺到有所不足。於是，呼喚諸天的妙號，及表達祈求的意志等各種內容組合起來，就產生了持誦真言的修行方式。真言與本尊相應，確實會發起神通的力量。

當初龍樹菩薩在天竺國降伏外道時，即是以持咒之力出生種種神通變化，降伏前來挑戰的外道。

龍樹菩薩度化了天竺國王，於南天竺大弘佛法，使大乘佛教大行於天竺，為全國人民所崇仰。當時有一位婆羅門，來向他挑戰。

他們相約於清晨時分，在皇宮殿外鬥法。婆羅門到了之後，立刻在殿前持咒，化作一個大水池，池中長出千葉蓮華，婆羅門自坐於蓮華上，氣焰囂張地嘲諷龍樹菩薩坐地上與畜牲無異。龍樹菩薩一笑置之，也以咒術化現一頭六牙白象，行於水池中，靠近蓮華上，用鼻子將婆羅門高舉擲於地上，婆羅門因而腰受傷，終甘拜下風。

日本「修驗道」教派始祖役小角，就能以咒術產生騰空飛行的神通。役小角自小敬信三寶，而且善於咒術。在三十二歲那年，他於岩窟中安置孔雀明王像，草衣木食，持咒觀法長達三十多年。

他在山中以藤葛為衣，松果充食，持孔雀明王咒，駕五色雲悠遊仙府，役使鬼神。有一次，因為從葛木溪到金峰山之間的路途危嶮，役小角就命山神帶領眾鬼神駕石橋通行路。

佛教真言的祕義

除了一般世間的咒語的效用之外，佛法中的真言咒語有更深刻的意義。這是由於持誦者了悟真言，它是從甚深的體性中產生的，所以我們持的咒每一個字都有其真實的意義。正如同弘法大師所說：「真言不思議，觀誦除無明，一字含千理，即身證法如。」

一語有其祕密義，整個詞合起來有更深的祕密義。我們身心體性不一樣，也有它深層的祕密義，如果能如是體悟，更能了知其中密義。所以真言為什麼是諸佛語言？因為它是諸佛在性空中現起的語言，是在柔軟的大作用中現起的語言，是在大悲如幻當中現起的語言。

所以我們在修持真言時必須掌握兩者：一是掌握其法性祕密，才能產生大力量；一是掌握其緣起祕密。法性祕密是了悟我與諸佛一體同。掌握緣起的祕密是指諸佛如是因、如是緣、如是果，如是本末究竟、如是願力，我等皆能了知。此真言道是依合而生起，掌握此因緣、性向、特德，如此就能修持真實的體性作用。

在佛教的真言中，傳誦極為普遍，感應無數的「千手千眼無礙大悲心陀羅尼」就是觀世音菩薩大悲願力所宣說的真言咒語。根據《大悲心陀羅尼經》所描述：過去無量億劫有千光王靜住如來出世，因為憐念一切眾生，所以說廣大圓滿無礙大悲心陀羅尼。當時，觀世音菩薩一聞此咒，就從初地直超第八地菩薩境界，心得歡喜，所以發心一身生出千手千眼，以利益安樂一切眾生的廣大誓願，並應時身上具足千手千眼。而此咒也就成為千手千眼觀世音菩薩的真言。

根據《大悲心陀羅尼經》所說，誦持此咒者，可免受飢餓死、惡獸殘害死十五種惡死，而得眷屬和順、財食豐足等十五種善生，或療治各種疾病、蟲毒、難產、死產等疾病。

在其他經典對真言的功德效用也多有記載，如：《不空索毗盧遮那佛大灌頂光明真言經》說的光明真言，使聞者滅除其所有之罪障；又如誦光明真言，加持於土砂，將土砂撒於死骸或墓上，藉此加持力，則可滅亡者之罪，而使亡者得以往生西方極樂世界。

符祿所成的神通

符祿，是道教祕術的一種。「符」又稱「符圖」、「神符」等。根據道教的說法，符是道士從天那裡得來的，獲得的方式有兩種：一是天神將符在天空以雲彩顯現出來，道士描錄下來以傳世；一是天神直接傳授給某一位相應的道士。符祿能防身卻害，在《抱朴子》〈登涉篇〉嘗論述符祿護衛的作用：「上士入山，持三皇內文及五岳真形圖，所在召山神，及按鬼錄，召州社及山卿宅尉問之，則木石之怪，山川之精，不敢來試人。」

在《後漢書．費長房傳》也記載，費長房曾畫一符，並說此符可以「主地上鬼神」，「能醫眾病，鞭笞百鬼，及驅使杜公」。可見得早在道教創立之前，符就是方士們用以驅鬼治病的手段，後為道士採納沿續使用。

符的使用方法有「服」和「佩」兩種，「服」就是將神符焚燒成灰，和水吞下；「佩」則是將神符按照一定的方式佩戴。據說服符、佩符都能達到「災害不能傷，魔邪不敢難」的功效。《太平經》卷一八七中說，後聖李君傳授青童大帝的二十四訣中，就有《服開明靈符》、《佩星象符》、《佩五神符》等。

相傳符水可以為人治病，符咒可以召劾鬼神。魏晉南北朝以來，符圖之術更加興盛，如葛洪雖然是金丹派道士，但也非常重視符圖，認為把丹符書字釘於門戶或樑柱上，可以避邪，佩符入山，可以避虎狼。

在《列異傳》中，有一則「魯少千劾蛇」的故事，是符籙具有降妖神通的記載：

相傳魯少千曾得一仙人之符，當時楚王的女兒為妖魅所病，請少千前往醫治。少千正在前往楚國的途中，夜晚止宿時，有一位自稱伯敬的公子，帶領著上千個隨從騎士來等候少千。少千入內之後，酒過三巡，臨別之時，這位伯敬對少千說：「楚王女兒的病，是我所為，如果你肯放手還鄉，我便酬謝你二十萬。」說著就將銀錢交給少千。少千沉吟了一番，於是收下銀錢，假裝還鄉，卻從另一條路途到楚國，用仙符為王女治病。

次日，在楚王女兒的房前，只聽得一聲大叫：「少千騙我！」接著就一陣風聲往西北去，來人前去查看，只見地上有血跡滿盆。楚王女兒也氣絕，至半夜才甦醒。楚王命人循著風聲所去的方向追查，在城西北之處發現一條死蛇，長有數丈，旁有小蛇數千在其旁。

後來皇宮下詔，就在少千接受銀錢那天，大司農失竊銀錢二十萬，於是少夫就帶著那些錢稟報太子，聞者無不驚異。

許多符籙降妖的方式，大都類似此。符術在晉朝非常流行，因此符術傳說也最常見，而且多與當時著名的道士有關。如《搜神記》所記載，就有謝紀以朱書符致鯉魚作膾（卷二）、郭璞以符變化小豆為赤衣人，並驅之投井（卷三）、吳猛以符救人、止風（卷一）；至於《史傳》也記載符術，《晉書》〈藝術傳〉有淳于智書字而伏鼠怪；〈晉・諸公別傳〉也記載許邁作符召鼠（御覽九二），可見符祿所產生的神通也極為普遍。

在佛教中也有護身的靈符，又稱作護符、神符、靈符、祕符，就是書寫佛、菩薩、諸天、鬼神等的形象、種子、真言之符札。將其置於貼身處，或飲下符水，可蒙各尊之加持護念。護身符的種類極多，依祈求者祈願的意趣而有各種差別；而其作用也很多，可除厄難、水難、火難及安產等。

神奇的隱身術

除了以上的五種神通變化外，常見的神通變化方式還有隱形變化的神通，能任意變化身形及隱身自在。

在道家的神仙變化之術中，常有變化形體，或飛禽或走獸，任意隨心變化的記載。在葛洪的《神仙傳列》卷五中記載：「欒巴者，蜀郡成都人……太守詣巴請屈為功曹，待以師友之禮，巴陵太守曰：聞功曹有道，寧可試，見一奇乎？巴曰唯。即平坐卻入壁中去，冉冉如雲氣之狀，須臾失巴所在，壁外人見化成一虎，人驚，虎徑還功曹舍，人往視虎，虎乃巴成也。」

蜀郡太守聞欒巴為奇人，有一天，要求欒巴示現奇異神變，欒巴就平坐著，隱入壁中，宛如雲霧，一下子就不見了。牆壁外的人則見到有一隻老虎從牆中跑出來，再回到太守處，好奇者跟著回去，才看到這原來是欒巴所變化。

在《神仙列傳》中，有李仲甫善於隱形術，能隱形變化，欒巴化作老虎、左慈化為羊，都是能立即變化。

而《抱朴子》佚文中，也有兩則左慈一身化為多人的記載：「魏武帝以左慈為妖妄，欲殺之，使軍人收之。慈故欲見而不去，欲拷之，而獄中有七慈，形狀如一，不知何者為真。以白武帝，帝使人盡殺之，須臾，六慈盡化為札，而一慈徑出，走赴羊群。……魏武收左慈，慈走入市。吏傳言慈一目眇，葛巾單衣。於是一市皆然也。」

文中記載中左慈以一身分身為七，被砍殺之後，六者均化為紙札，其中一人逃走，入市中，後來整個市集的人都變化為左慈的模樣。一般也稱此為「分身術」。《高僧傳》神異篇中，佛圖澄、杯度、卻碩、法匱、僧慧、保誌及耆域等高僧，也有分身多人，示現不可思議神力的記載。

中觀祖師龍樹菩薩在尚未修學佛法之前，也曾與朋友共同學習隱身術，由於這一場經驗，讓他貼近死亡，而發心出家修行。

年輕的龍樹，與三個友人，為了尋求刺激，從術士中取得仙藥，得以隱身，潛入後宮，侵凌宮女。後來許多宮女都莫名奇妙的懷孕了，大王非常不悅，下令查出是何種妖魔作祟。大臣獻計，在地上鋪上細砂，命武士只要看到地上有足跡浮現，立刻以刀砍殺。三個友人立即行跡敗露，而龍樹則機警地躲在大王身側，稟氣凝息，大王頭側七尺是刀所不及之處，在生死交關之際，他了悟欲為苦本，發心出家，於是心中發願：「如果這次得以逃脫，我當參訪沙門，求出家之法。」一從宮中脫逃之後，他便至佛塔，出家受戒，開啟了修學佛法的因緣。

在佛教中，也有以隱身術著稱的本尊。根據《佛說摩利支天菩薩陀羅尼經》所記載，摩利支天有大神通自在之法，常在日天（太陽神）前行走，日天不能看見她，而她能見到日天。由於她能隱形，所以她的形蹤無人能知，無人能捉，無人能害，無人能加以欺誑、束縛。因此，修持摩利支天法的人，也是如此。

依密法所說，修習摩利支天法，如果得到成就，不但能消災除厄，特別是能隱身。依《佛說大摩里支菩薩經》所載，此尊「能令有情在道路中隱身、眾人中隱身。水、火、盜賊一切諸難皆能隱身。」

因此摩利支天被視為能夠自我隱形而為眾生除滅障難、施予利益的天神。

藥物所成神通

藥物所產生的神通，最早可追溯到追尋長生不老的神仙思想。人都嚮往長生不老，因此而產生神仙修練及仙藥的故事。早在戰國時，就流傳著嫦娥服西王母不死之藥以奔月的故事，許多方士也熱衷於尋求仙藥。其時所謂仙藥，是以靈芝一類的草木藥為王。

而道教的爐丹，也是求取長生不老常用的方式。據《史記》記載，戰國時代齊威王、宣王、燕昭王都曾遣方士入海，探訪蓬萊島、三神山，尋求不死之藥。此後，方士活躍，長生術及鍊金丹之說盛行。秦始皇及漢武帝也曾遣使入海求仙，卻一無所得。

而《抱朴子》中也強調金丹的妙用，認為其是至上的長生之方，〈極言〉篇說：「不得金丹，但服草木之藥，及修小術者，可以延年遲死耳，不得仙也。」

中國煉丹術的發展在前道時期已有長遠的歷史，戰國晚期在尋求海上的不死藥或上泰山封禪，到漢期已逐漸有方士以人工製造黃金的構想，淮南王劉安的方士集團、漢武帝所眷寵的方士，均為煉丹的先驅，而且已漸有煉金的祕笈流傳。

漢代醫書及圖緯都記載著神奇藥物及其效能，〈仙藥篇〉說：「神農四經曰：上藥令人身安命延，昇為天神，遨遊上下，使役萬靈，體生毛羽，行廚立至。又曰：五芝及餌，丹砂、玉札，曾青、雄黃、雌黃、雲母、太乙禹餘糧，各可單服之，皆令人飛行長生。又曰：中藥養生，下藥除病，能令毒蟲不加，猛獸不犯，惡氣不行，眾妖併辟。又孝經援神契曰：椒薑禦濕，菖蒲益聰，巨勝延年，威喜辟兵，皆上聖之至言，方術之實錄也。」其中提及的仙藥有種種不同的功用，有能使人長壽不老者，有能使人飛行空中，或是能使猛獸、惡氣不侵。古籍也有記載服白玉膏、玉漿成仙等事，反映出古來即流行服食藥方的現象。

除了金丹之外，服玉石也被認為是長生不老的祕方。服玉之風，源於先秦，周禮已有「王府玉齊則共食玉」之說，《抱朴子》佚文有「崑崙及蓬萊，其上鳥獸飲玉井（泉），皆長生不死」（御覽二十）就是古來的服玉說。葛洪引述玉經之言：「服金者壽如金，服玉者壽如玉」及「服玄真者，其命不極」——「玄真」是玉的別名。在〈仙藥〉篇中說：「玉脂生於玉之山，常居懸龜之處，玉膏流出，萬年已上則凝而成脂，亦鮮明如水精，得而末之，以無心草汁和之，須臾成水，服一千得一千歲也。」

除了玉石之外，服芝也是仙藥中的要法。由於靈芝的形狀、顏色及其中所含的特殊成分，方士、道士早就從實際經驗中有所證驗，因而形成靈芝的形象。靈芝向來具有神祕的色彩，從求芝、採芝、服芝，皆需擇日入山、帶靈符、禮物及配合時日。靈芝在神仙服食傳說中的地位，與道士對於芝的信仰有密切的關係。

在佛經中也有仙藥的記載，如《金剛峰樓閣一切瑜伽瑜祇經》卷二中說，如果以白樹汁作護摩，「能令諸母天，受與妙仙藥，服壽命一劫」。

在《如意寶珠轉輪祕密現身成佛金輪咒王經》卷一中說，金翅鳥及娑伽羅天龍王到天上的龍宮及阿修羅宮取長年仙藥施予行人，服此仙藥者不但可住壽一千歲，而且可以具足神通，一切如意。

經中說：「行者服已住壽一千歲神通如意，能堪修行佛法妙道。」

可見仙藥所具有種種神奇的力量，類型豐富，也是常見神通類型的一種。

器物的神通

除了咒語、符籙、藥物所形成的神通之外，法器所產生的神通也經常可見。如道教中自古就有以鏡與劍作為法器的歷史傳統，依據現存考古文物的資料，先秦兩漢古墓以鏡作為陪葬之物，六朝風俗也沿用成習，《資治通鑑》長編記載：「南唐李平嘗語潘佑曰：六朝冢多寶劍、寶鑑，佩之可辟鬼。」此類鏡、劍特別具有辟邪作用，可證明中古世紀之陪葬，乃因其具有神祕的靈力。

相傳劍與鏡有剋治精怪、物魅的變化之威力，明代時，民間有壁懸銅鏡的習俗，明人李時珍在《本草綱目》卷八中分析其道理：「鏡乃金水之精，內明外暗，古鏡如古劍，若有神明，故能辟邪魅忤惡，凡人家宜懸大鏡，可辟邪魅。」而道教法器除妖之說更普遍深入於中國社會，成為民間的習俗。

六朝有寶鏡的傳說，道教理論整備為明鏡之道，其一即外照精魅的法術性，其一為內思守一的心鏡法。

關於鏡子的神奇妙用，在〈登涉篇〉中有一段記載：「昔張蓋及偶高成二人，並精思於蜀雲臺山中。忽有一人，著黃練、單衣、葛巾，往到其前曰：勞乎道士，乃辛苦幽隱。於是二人顧視鏡中，乃是鹿也。因問之曰：汝是山中老鹿，何敢詐為人形？言未絕，而來人即成鹿而走去。」

張、偶二人在山中修練，遇到一位隱士前來打招呼，兩人對人跡罕至的山中有訪客，心中感到蹊蹺，就偷偷以鏡子照來人，卻發現鏡中為鹿影，於是斥問來者：「你分明是山中老鹿，為何化為人形？」問聲未絕，來人立即化成鹿而遁走。

在佛教的觀點中，鏡子也象徵著重要的意含。經典中常以明鏡表示清淨法身之德，於五智中，相當於大圓鏡智。禪宗亦常以「鏡」或「明鏡」比喻眾生本具之佛性清淨，能照萬物。在密教中，鏡子也做為灌頂用具之一，阿闍梨對弟子們出示鏡子，以喻諸法實相。而《禪林象器箋》〈器物門〉中也說道場於坐禪處多懸明鏡，以助心行。

千手觀音的四十手中的持物，其中即有一手為寶鏡手，寶鏡可成就廣大的智慧，經中說：「若為成就廣大智慧者，當於寶鏡手。」而藏密中的雪山五長壽女中的吉祥長壽自在母、翠顏天母也都以鏡為持物。翠顏天母位於中央長壽天母的東方，其尊形為雙手各持著占卜魔鏡，或有說其身藍色，右持寶鏡，此寶鏡具有占卜的魔力。

劍與鏡同為道教中重要的法器，兩者都具有辟邪降妖之效，《刀劍錄》中記載：「日五威靈光，長二尺許，半身有刃，上刻星辰北斗，天市（疑帝）天魁，二十八宿，服此除百邪，魑魅去，厭即伏用之。」以魁罡威力降服鬼神，即「收鬼摧邪之理」。至於「搗神代形之義」，則為道教尸解法中的劍解之道，為神祕的尸解成仙的仙道傳說。

道教神化劍、鏡之後，成為必備的法器，甚至「凡學道術者，皆須有劍鏡隨身。」而一手持符，一手持劍，也成為道士熟為人知的形象。

在《俱利伽羅大龍勝外道伏陀羅尼經》記載，當初不動明王於色界頂，與外道論師對論，並共現種種神通變化成智。當時不動明王變化成智火之劍，外道上首智達亦化成智火之劍。明王智火劍再變為俱利迦羅大龍，吞外道智火劍，從口中出氣，如二萬億雷一時俱鳴，魔王外道聞之，皆心懷恐怖而捨棄邪執。在《底哩經》卷上說：「（不動明王）右手執劍者，如世間徵戰防禦，亦皆執利器然始得勝，菩薩亦然。」又說：「執持利劍能斷壞生死業愛煩惱。」除了一般世間的神通，佛教的劍有更加昇華的大用，能斷除眾生輪迴的根本煩惱。

除了上述的鏡和劍之外，還有許多屬於器物所產生出的神通，例如在大阿修羅王羅羅的城池中，就有一個寶池在星鬘城中，名為「一切見池」，能預見未來。其池中長寬五百由旬，池水第一清淨，最上美味，無有污泥混濁，也沒有雜垢污染，清澈湛然，即使飲用再多，水量也無有損減。這個一切見池，有奇特的功能，每當阿修羅王要和天鬥戰，出征之前都會莊嚴器仗，圍遶池邊，觀察自身，如同觀視明鏡一般。如果他在池水中看見自身敗退而走，就知道這次天部必勝，如果在池中，看見自身偃臥，更知道這是戰敗死亡之相。

而佛教中常見的摩尼寶珠（梵語 **mani**），更是能隨心化現的寶物。其端嚴殊妙，自然流露出清淨光明，普遍照耀四方，能隨心意，滿足一切所願，所以稱為如意寶珠。

有說摩尼寶珠是從龍王的腦中取得的，有說是從摩羯大魚的身中取得，也有說是大鵬金翅鳥死後火燒不壞之心所變化而成。在《大智度論》卷五十九中說：「有人言：『此寶珠從龍王腦中出，人得此珠，毒不能害人，火不能燒，有如是等功德。』」

摩尼寶珠有什麼神用呢？《摩訶般若波羅蜜經》卷十描寫此寶珠：以其於闇中能令明，熱時能令涼，寒時能令溫；珠所在之處，其地不寒不熱；若人有熱、風、冷病或癩、瘡、惡腫等，以珠著其身上，病即除癒。又摩尼寶所在之水中，水隨作一色。

除了這些分類之外，也有以神通的現象來分類者。最常熟為人知的神變，則是如來的十八種神變：有震動、熾然、流沛、示現、轉變、往來、卷、舒、眾像入身、同類往趣、顯、隱、所作自在、制他神通、能施辯才、能施憶念、能施安樂、放大光明等十八種，又稱為十八神變，在下一章中將更深入探討。

神祕的超能力

在一般人的觀念中，經常將超能力誤當成神通。什麼是超能力呢？超能力，泛指某些特異人士所具有常人所沒有的特殊能力。常見的超能力如：預見尚未發生的事，以念力使湯匙、鐵鏟等彎曲，心電感應、通靈等。這些現象常被誤認為成神通，其實神通與超能力是不同的。

超能力的起源，可以回溯到原始時代，當時由於人類對未知領域力量的敬畏，因而有巫、祭司，擔任人類與超自然現象間的媒介，而這些神祇的代言人，透過祈禱、咒語、占卜等方法，也能具足一般人所沒有的神通能力。

預知未來

在超能力的現象上，預知未來是常見的一種。對於不可知未來的茫然與希望掌握，讓預知未來成了一種令人嚮往的能力。

其實，在災難的感應預測能力上，自古以來，動物一向有著比人類更敏銳的感應能力，例如，在著名的《山海經》中，就記載著中國原始時代，許多奇異動物的出現，都被視為不同災難的前兆。書中記載：「有獸焉，狀如禺而四耳，其名長右，其音如吟，見則郡縣大水。有鳥焉，其狀如梟而一翼一目，相得乃飛，名蠻蠻，見則天下大水。有鳥焉，其狀如翟而赤，名勝遇，是食魚，其音如錄，見則其國大水。」以上這些動物出現時，預示了水災的降臨。

然而，這種預知的能力，是否同時代表著有能力能免除災難呢？

美國總統林肯被暗殺之前，也曾在夢中預見自己的死亡。

在某一天的清晨，林肯在朦朧中似乎做了一個夢，夢中他聽見一陣陣悲傷啜泣的聲音。他沿路尋找那聲音的來源處，穿過整個白宮，直到進入一個小房間，看見房間裡擺了一口棺木，上面覆蓋著美國國旗。夢中，林肯詢問在那裡負責看守的衛兵是誰死了？

「是總統！」衛兵回答：「他被暗殺了！」

雖然林肯總統在夢中預見了自己的死亡，卻無法逃過一劫。可見預知災難的能力和解除災難的能力，並不一定畫上等號。

神祕的念力

儘管如此，種種奇特的超能力，一向令人好奇，中外也都不乏此類的記載。而在外國，也有許多對超能力的研究。例如英國「靈力研究協會」，從十九世紀末早期起，就收集了許多自然發生的念力案例。念力是一種僅由意識的影響，而改變物體狀態的現象，例如用意念來移動物體、把金屬湯匙、鍋鏟折彎、改變骰子出現點數的機率等等。

其中如果念力事件具有破壞性，而且與某一個人有關，在某一段時間重複的出現，例如家裡的鐘無緣無故停止或走動、牆上掛的東西突然掉下來、書架倒塌、燈炮壞掉或爆炸等等，這種現象則被賦予一個專有名詞——「搗蛋鬼」。

當蘇聯對人類的超能力進行積極的研究時，引起世界各地軍事與安全官員的高度重視與關切。

他們進行的研究，包括心靈致動能力，以指尖閱讀書報，讓物體、人飄浮空中，心電感應能力等。科學家們致力於超心理學及心靈學等，相關的各項研究與理論概念的建構。

在東歐的許多地方，心靈科學的研究也非常盛行。在捷克甚至藉由密集的訓練和催眠，來提升人類的超自然能力。經過長期訓練的實驗者，在進行的猜圖卡實驗中，十有九次都可以完全命中。

蘇聯積極開發人類超能力的領域，引起世界各國的重視，不是沒有道理的。有消息指出，蘇聯所從事的超能力研究，可以對人們的行為產生心靈致動的影響，並以此來改變他們的情緒或健康，甚至只需以心靈力量，就能在遠距離奪人性命。

這種超乎常人的力量，可說是「水能載舟，亦能覆舟」，當超能力被運用於軍事、戰爭時，將是什麼情況呢？在一九七三年，蘇聯領導人布里茲涅夫的一場演說中，曾暗喻：「這將是一場比核子武器更可怕的戰爭型態。」

◎神蹟與神通

此外，宗教的神蹟也常被視為超能力的現象，然而，在佛教中，神蹟並不等同於神通，儘管在一般人看來是很難分別的。如耶穌以觸摸治好病人就是一個例子。

在《聖經》中，曾提到耶穌所示現的神蹟。當初耶穌從外鄉再度回到迦百農的時候，有一些中風病患被抬來他的住處，請他治療。然而，耶穌的身邊擠得人山人海，根本無法靠近。於是病患的家人就拆了屋頂，將躺臥的病患連床褥一起垂下來，送到耶穌面前。

這時候，耶穌只說了一句話：「起來，收拾床褥，然後回家吧。」神奇的是，長年躺臥無法行動的病患，這時不但能輕輕易易地站起來，而且還同健康的人一樣，能走路回家了。

神蹟與神通有什麼不同呢？基本上，神蹟是由歸因於絕對力量或神靈的力量所產生的神奇事蹟，是由外在的神力所構成，是神異，乃至神聖而不可解的。而佛教的神通，只要透過正確的方法來修學，是每個人都可能達到的。而神通神奇的現象，看起來雖然不可思議，但是只要了解其原理，就會發現神通並不神祕，是可以以理智來理解的，這種實證的理性成分，和宗教神蹟的全然仰信是不同的。

超能力者的困擾

在前述的這些超能力中，我們可以發現，這種能力大部分並不穩定，很多是突然之間莫名奇妙的獲得，又不知所以的消失，無法由自己控制。無法自主的超能力，有時會帶給當事者極大的困擾，甚至危險。

例如有的人，天生就具有「陰陽眼」，白天人找他算命，晚上鬼找他聊天，一出門，上高速公路，到處都有另一個空間的殘骸鬼魅在向他招手，想不看都沒有辦法。這可能是沒有通靈能力的人無法想像的。

一個擁有神通者，必須具足比一般人更大的定力和智慧，才能過著正常的生活，不但不被神通所迷惑、困擾，甚至進而以神通作為度化眾生的方便。

在中國大陸有一位特異功能人士，他的故事可以做為我們的借鏡。

一個鉛礦廠的工人，在無意中發現自己具有「搬運」的特異功能，當他特殊能力被發覺之後，逐漸被神化成為一個無所不能的超人。

後來，他被調到市裡的公安局來工作，當局希望借重他的功能，來發現小偷、流竄作案的歹徒、扒手。這位奇人剛開始擔任外勤工作，任務是經常在電車上、公共汽車上巡視。不少作案的小偷都確實無所遁形。

有一天，他在百貨公司看到一雙高跟鞋，想買來送給女友，但是錢又不夠，他想著想著，搬運功能突然自動出現，高跟鞋進了手裡裝菜的網兜，而被售貨員當場抓住。他雖然直喊冤枉，卻也必須接受法律的制裁，坐了幾年牢。

此外，無法自主、莫名奇妙的超能力，甚至造成生活中的危險的事例，也時有所聞。

在一九六七年十一月德國巴伐利恩鎮的某一家法律事務所時常發生怪事：如電燈無緣無故爆炸、電燈時熄時亮、保險絲常燒斷、常聽到奇怪的響聲、電話被干擾。律師請了電力及電話公司來檢查維修，並裝上偵測設備，結果仍然發現電力時常不穩定，後來才發現，這個現象與該事務所僱用的一位女孩有關，每當這個女孩早上上班走過辦公室的入口，身後的電燈就開始閃爍，亮度開始增加，甚至爆炸，碎片也會飛向她。雖然這帶給她莫大的困擾，她卻無法去除這種能力。

除了預知未來、心靈致動的能力之外，飄浮在空中也是常見的超能力之一。

在十七世紀左右，義大利有一位修士，每次只要情緒激動，就會騰飛至半空中。他原本是一名義大利鄉下的單純農夫，年輕時便開始進行宗教苦修。到了二十二歲，他成為修士以後，突然發現自己具有飄浮的能力。然而，這種超能力卻為他帶來莫大的困擾。例如，某次在一場星期天進行的彌撒中，他突然騰空飄起，飛到點有燭光環伺的祭壇上方，灼傷了自己的身體。又有一次，他在散步時，忽然間飄浮到花園裡的橄欖樹上，無法下來，還好另一位修士趕緊搬了梯子來才把他救下來。

除了前述的超能力外，以心靈力量來使湯匙等金屬彎曲，也是常見的超能力。這種現象被稱為「超自然」或「心靈致動」的金屬彎曲現象，科學家認為，精神力量是導致湯匙彎曲的原因，但是，這些能力的展現，並非隨時隨地都可以隨心自主的。

在一九七五年《自然》期刊中記載：「除非參與實驗的每一個人都處於放鬆的狀態，否則心靈致動的現象是不會發生的。」

在巴西有一個小男孩，當他看到電視上有人表演以念力彎曲湯匙，就依樣畫葫蘆，也以心靈致動的超能力弄彎了湯匙和叉子。接著，他還繼續以他的特異功能彎曲了家中其它金屬用品，讓他的媽媽傷透腦筋。這個頑皮的小男孩在接受採訪時，提出一個有趣的看法：「整天做這種事實在很浪費時間，我倒寧可去踢足球。」

超能力的現象五花八門，只是擁有超能力之後，對自己及他人的生命有什麼助益？這或許是在感到奇異炫目之外，可以更深入思考的。

2

佛教的六種神通

禪定所成的神通

神通是透過修練所成就的一種技術能力，而要得到神通，必須具有一定的條件，其中最常見的要件則是禪定。佛教所認定的神通，最主要的也是指以禪定所形成的神通。

然而，是不是一入定就能產生神通呢？不是的，除了有些人因為入定而引發宿世的神通之外，一般由禪定所成神通，必須是在獲得初禪以上的定力之後，透過正確的修習方法，才能引發神通。

佛教將禪定的境界依定力的深淺，分為：欲界定、初禪、二禪、三禪、四禪、空無邊處定、識無邊處定、無所有處定、非想非非想處定，其中初禪到非想非非想處定稱為「四禪八定」。一般要發起神通，至少必須到達初禪以上的定力。

在《釋禪波羅蜜》中說，有的修行者，在到達初禪的境界時，即能通達世間相，引發神通。身心昇華成色界四大，清淨造色眼成就，以此淨色之心眼，徹見十方一切之色，事相分明，分別不亂，而產生天眼通。其天耳、他心、宿命神通，也是如此。由於得五通的緣故，能明見一切眾生種類，及種種世界相貌，一一不同，所以經中說：「深修禪定，得五神通。」

在獲得神通的原因中，禪定是很重要的一者，也是佛教神通討論主要的範疇。佛陀住世的時候，比丘獲得神通大都是從禪定中所引發。禪定所引發的神通，又可分為自然發起的神通，及在禪定的基礎上修學才獲得的神通，也就是《釋禪波羅蜜》中所說的「自發」及「修得」兩種方式。

文中說：「自發者，是人入初禪時，深觀根本世間三事，能通達義世間相。覺義世諦時，三昧智慧，轉更深利，神通即發。（中略）修得五通，見事世間者，如《大集經》言：『法行比丘獲得初禪，入禪已，欲得神通，繫心鼻端，觀息入出，深見五萬九千毛孔息之出入，見身悉空，乃至四大，亦復如是。如是觀已，遠離色相，獲得神通，乃至四禪，亦復如是。』」

佛法的神通，是指依修持所得證的禪定智慧或作用，並對一切所緣的外相，心中能清楚明照，沒有混淆，所產生妙用無礙的現象。而要發起神通，大多需具備初禪以上的境界，並非粗淺的定境可達到。而在型態上則以天眼通、天耳通、他心通、宿命通、神足通、漏盡通等六種神通為主。

在佛法中雖然了知，依據修持、智慧，乃至其他持咒、報得、業力因緣，都可以得到神通；但根本上，對於能夠對萬物的體性完全清楚覺照，而了知其體性都是一如而生起的智慧神通，給予特別的推崇，並認為這才是所謂「通」的究竟。

在《妙法蓮華經玄義》卷六中曾引述了一些經典，對「神通」作了說明：

天眼通、天耳通等這六種神通都稱神通，就如《瓔珞經》說：「神名天心，通名慧性。」天心是天然之心，慧性是通達無礙的意思。在《毘曇論》中也說：「障通無知如果去除，即發起慧性。」我們應當了知天然慧性與六種法相應，就能轉變自在，所以名為神通。所以〈地持力品〉說：「神為難測知，通為無壅礙。」這樣的見解與《瓔珞經》相同。因為「天心」就是難測知之義，而「慧性」也就是無壅礙之義了。

然而這六種神通的修持，並沒有前後的分別，證得也無一定的次第，使用也是隨時可用，所以眾經典對於六神通的列次也就不同了。《釋論》中說：「幻術的變化是虛誑的方法，施法於草木等而誑惑人的眼目，眾物卻沒有改變。但是神通卻非如此，這是真正得以改變的方法，使眾物真實改變。如大地有化成水的道理，水有變成地的意義。就好像金銀得到火則融化，水遇到寒冷則結冰，用火去寒是融化結冰的方法，結冰是真的結冰、融化是實在融化。如果得證慧性天然，就真實能如此變化妙用自在，所變化的水火也能令他人真實得到受用。但這並不是果報所成，而是神通一時的作用罷了。」

依於以上的解說，我們可以了解佛法對神通的深刻理解，因此所謂的「神」是指難以測知的天然之心，而「通」是智慧性的通達無礙，以這樣的天然慧性來與眼、耳、意念、宿世、身及心智相應，就能引發天眼、天耳、他心、宿命、神足及漏盡六種神通。

此外，在《俱舍論》中則說：「依據《毘婆娑論》等所說的理趣，『神』名所著重的唯以殊勝的等持禪定為主，因為由此能生起神變之事的緣故。」這是以禪定為發起神通之體的觀點所作的解說，而在小乘的神通觀中，偏重定力而上及智慧，是根本的觀點。

佛教的神通，大多以前述的六種神通做為代表，即：天眼通、天耳通、他心通、宿命通、神足通（又稱為如意通）、漏盡通等六種神通。

一般而言，前五通是依四種根本禪定而發起，所以並非佛教特有，而是世間一般的修行者都可以獲得。但是第六種漏盡通，解脫一切煩惱所成就的漏盡通，則是佛法特有的，只有解脫的阿羅漢，及大乘的等覺位菩薩才能獲得。

以下我們將分別介紹六種神通，希望大家對神通的內容，有更深刻的體解。

感應現象非神通

有人在靜坐時，看見光、看見佛像，這是不是神通？嚴格而言，這只能稱之為感應現象，並非神通。其實，這並沒有什麼奇異之處，在醫學報導中說，用微電流刺激到身經區的某一部分，例如刺激到聽覺神經區，就可能會聽到以前常聽的音樂，刺激到視覺神經區，就可能看到以前熟悉的影象。這些並不是外來的，而是儲存在腦中的記憶，由於受到某種刺激，腦部就像電腦一樣開始運作，自動將以前的記憶檔調出來。所以我們聽到的音樂、看到的影象，是自己腦中放出來的，可能是今生，或宿世以來的記憶，並不是神通。

但是有的人偶而有這些現象之後，就以為自己受到天　，是某某佛菩薩的化身，而周遭的人也加以附會，失去了理智判斷的能力，一味盲目的崇仰，卻不知道這根本不算是神通，最多是些微的感應，卻被誤認為是神通。

例如，有的人在靜坐中忽然看到塔廟寺院、佛像、經典三藏，各種供養莊嚴，有清淨僧眾，雲集法會。這種現象是因為過去、今生淨信三寶所生起，是過去世所行的善行，由於金生休學禪法、心思清淨，因為這種寂靜的力量所發起的現象。這種現象稱之為「善根發相」，而這種力量並非自發性獲得，也不能自主，是突然而得，不是屬於禪定深通的範圍。

天眼通——明見遠近萬物的神通

天眼通（梵文 divya-caksur-jnsaksabhijna），是指眼根所開展出來具有的特殊視覺能力，全稱為「天眼智證通」，又稱為「天眼智通」或「天眼通證」。有天眼通者，可以觀察到欲界、色界的情況。如《大毗婆沙論》卷一四一中說：「天眼智通緣欲、色界色處。」

天眼通能看多遠？

天眼通可以看到多遠呢？《大智度論》卷五中則說：「天眼通者，於眼得色界四大造清淨色，是名天眼。天眼所見，自地及下地六道中眾生諸物，若近若遠、若覆若細諸色，無不能照。」天眼通能見自身所處世間及較低階世間六道的一切現象，不管是遠近或是粗細，無一不能明照。

天眼通可以看到什麼呢？天眼通不但可以觀察到現在十方的世界；還能觀察未來的緣起。

觀察現在的十方世界，不只可以看到一般的鬼神而已，還可看到層層次次的天人，甚至還能看到外太空，甚至不只是看到一個太陽系而已，而是看到無窮的太陽系，而能看多遠，則要看修行的力量而定。

有的天眼通，甚至可以看到《阿彌陀經》中說的極樂世界。極樂世界和地球的距離，依經中所說是：「從此西去，過十萬億佛土。」這樣的距離有多遠呢？

一個佛土是一個大千世界，經典中常見的「三千大千世界」，是指一個佛土世界，代表由一位佛陀教化的範圍。三千大千世界是依於印度教的宇宙觀，並加以昇華。因此以須彌山為中心，有日、月系統，是依據人類文化的發展、此世界的因緣來解說的。以一個日、月系統算一個單位，一千個日月系統是一個小單位，稱為小千世界，一千個小千世界就叫中千世界，一千個中千世界叫大千世界，有三個千──大、中、小千，所以叫三千大千世界。所以「三千」大千世界是指由三個千組成的大千世界，而不是三千個大千世界。三個千的大千世界，其實就是一個大千世界，這代表一個佛國土。

三千大千世界就像我們所講的銀河系，佛法中認為這個銀河系有十億個恆星系統（即太陽系），這十億個太陽系就是一個佛世界。而阿彌陀佛極樂世界，是「從此西去十萬億佛土」的地方。西去，不是指在地球上往西方去，而是依目前的恆星系統，是依我們現在地球人肉眼觀察而得的宇宙觀，向西方而去的極樂世界，距離是經十萬億再乘以十億個太陽系的地方。即使是這麼遠的距離，天眼通還是可以清楚明見。

《大智度論》中說：「天眼所見，自地及下地六道眾生諸物，若近若遠，若粗若細諸色，無不能照。」天眼通的能力，能見到自身所處的空間，及比自身低階的眾生、事物，不管是遠近、粗細等各種物質，無一不能明照。

除了空間之外，天眼通還能觀察未來的事，如果依照目前的條件和情況來發展，未來會怎麼樣？這個緣起會如何？但是天眼通所觀察到的未來並不是決定的；只是依照這樣的條件發展下去，事情會有什麼結果。佛法非宿命論，而是精進論者，認為在事情尚未發生之前，都應該不斷的加注正面向上的力量，來使結果較為改善，如果事情已經發生，就坦然接受，卻永不認命，繼續努力。

天眼通也稱為「死生智證通」，略稱「死生智通」，因為天眼能觀察眾生從此處死投生彼處。不過天眼通、死生智，雖然都能了知有情之從此處死、從彼處投生，但是，天眼通只能看到這個現象，死生智則觀察得更詳細。兩者雖然不大相同，但是由於天眼通能引發死生智，所以又稱為「死生智證通」。

天眼第一的阿那律尊者

佛弟子中天眼第一的弟子阿那律尊者，他證得天眼通有一段特別的故事。

在《楞嚴經》中，阿那律自述其得天眼通的因緣：「我初出家，常樂睡眠，如來訶我當畜生類。我聞佛訶，啼泣自責，七日不眠，失其雙目。世尊示我樂見照明金剛三昧，我不因眼觀見十方，精真洞然，如觀掌果，如來印我成阿羅漢。佛問圓通，如我所見，返息循空，斯為第一。」

當初佛陀在舍衛國祇樹給孤獨園為無數百千萬眾而說法。當時，阿那律在大眾中聽法，不知不覺的睡著了。佛陀注意到阿那律打瞌睡，旁人趕緊將他推醒。

佛陀就問阿那律：「阿那律，你是怖畏王法或怖畏盜賊而來修道嗎？」

阿那律回答：「不是的，世尊。」

「那麼你是為何出家學道呢？」

阿那律稟告佛陀：「我是因為厭患此老、病、死、愁、憂、苦、惱。為苦所惱，希望能捨棄之，所以出家學道。」

世尊又說：「你的信心堅固，而能出家學道。但是世尊今日親自說法，你怎麼打起瞌睡來呢？」

於是，阿那律稟告世尊：「從今已後即使形體壞爛，終不在如來前坐睡眠。」

他是如此精進修行，一直都不肯睡眠，七天之後，阿那律因為不睡眠，眼睛患了疾病。

佛陀知道以後，就很慈和的告訴他：

「阿那律！修行不及固然不行，但太過了也是同樣的不行。」

阿那律還是不願違背自己的誓言，仍是不睡眠，經過名醫耆婆診治後，告訴阿那律，只要他肯睡眠，眼睛馬上就會好，可是阿那律就是不肯睡眠。

不久，阿那律的眼睛瞎了，但是在如來的教導之下，卻成就天眼第一。

在《楞嚴經》二十五圓通中，阿那律自述其得益的法門，就是世尊教導他「樂見照明金剛三昧」，不用肉眼，卻能觀見十方世界，精真洞然，如同觀掌中的水果一樣清楚。

此外，天眼通的境界依修持的境界，也會有所差別。菩薩、阿羅漢的天眼所見的境界就不同。在《大智度論》卷五中說：「佛法身菩薩清淨天眼一切離欲，五通凡夫所不能得，聲聞辟支佛亦所不得。」

天眼通的獲得，又可分為報得與修得兩種。報得是生而得之，天生就有天眼，修得是修習後得之。如「五眼」中的天眼通就有報得與修得，而「五通」中的天眼則只是修得而非報得。

論中說，佛菩薩的清淨天眼是一般具足五通的凡夫所不能證得的，甚至聲聞、辟支佛也不能證得。

眼根的五種境界——五眼

經典中將眼根的境界分為五個層次，即：肉眼、天眼、慧眼、法眼、佛眼。

肉眼：指世間一般人的眼根，能分明照見色境。

天眼：指天道眾生或由禪定境界而得的眼，對遠、廣、細微事物皆得明見。

慧眼：指照見空理的智慧。

法眼：指審細了知差別諸法、洞觀如幻緣起的慧力。

佛眼：指究竟證知諸法真性的慧力。

天眼，可以說是相對於肉眼的能力而說的。在《大智度論》卷三十三說，肉眼只能見近不能見遠，能見前不見後，能見外卻不見內，在白天才看得見，晚上看不見，只能見上面而不見下。如果天眼，則遠近皆能見，前後、內外、晝夜、上下悉皆無礙。

雖然天眼能見到和合因緣所生的假名之物，卻不見實相，所以為了證得實相，而求慧眼。如果能得慧眼，則見眾生盡滅一異之相，捨離各種執著。但是慧眼無所分別，不能度化眾生，因此而求法眼。

法眼可以觀察眾生各以何種根基、修何種法，得何種果報，了知一切眾生各個方便門，令得道證，但是不能了知度化眾生方便道，以是故求佛眼。

佛眼則無事不知，雖然眾生的煩惱覆障稠密，佛眼卻無不見知。在一般人的眼中為極遠、幽闇、疑、細微或甚深者，在佛眼卻是至近、顯明、決定、麤、甚淺。所以佛眼無所不聞、不見、不知，而無所思惟。

天耳通——聽聞遠近言語聲音的神通

天耳通（梵文 divya-srotra-jnana-saksatkriyabhijna），是可以聽到十方世界的訊息的能力，是指耳根所具有的一種特殊聽覺能力。具稱「天耳智證通」，又稱「天耳智通」、「天耳通證」。

在《集異門足論》卷十五中說：「以天耳聞種種音聲，謂人聲、非人聲、遠聲、近聲等，是名天耳智證通。」天耳可以聽聞種種人、非人的聲音，遠近等種種聲音。

◎天耳通能聽多遠？

天耳通是耳根所開發出來的特殊能力。然而，人類的耳朵到底可以聽多遠呢？

在《大智度論》五中說：「云何名天耳通？於耳得色界四大造清淨色，能聞一切聲、天聲、人聲、三惡道聲。云何得天耳通？修得常憶念種種聲，是名天耳通。」其中說天耳通能聞一切聲音，無論是人間、地獄、畜牲、餓鬼的聲音，皆能聽聞。

經典中曾記載目犍連以天耳通測試如來佛音遠近的故事。

有一天，佛陀在王舍城竹林精舍的講堂中說法，目犍連坐在禪室中沒有去聽講，但佛陀說法的音聲，在他耳中像雷鳴一樣。他很驚奇，在離佛陀很遠的地方還能聽到佛陀的音聲。為了要試驗佛陀的法音究竟能傳多遠，他就運用神足通，來到數十億佛土之外的一個佛國，這一個佛國，是世自在王如來的國土。

當時，彼佛國土的世自在王如來也在說法，他很歡喜，就輕輕的向前找了個座位，坐下來聽世自在王如來的說法。

但不可思議的是，目犍連除了聽著世自在王如來的說法外，娑婆世界上釋迦牟尼佛說法的音聲，仍然在他的耳中響著。

由於世自在王國土眾生的身形都非常高大，目犍連尊者到了那裡，被誤當成一條大蟲。世自在王如來告訴菩薩：「他不是蟲，是娑婆世界釋迦牟尼佛的弟子，你們不可輕視這位尊者，他有大神通，大威德，能行化自在，在十方諸佛的國土中遊化。」

世自在王如來於是對目犍連說道：「尊者！你從他方國土遠到此地，可在我的弟子菩薩眾中，示現神通變化，除卻眾人對你的疑惑！」

目犍連即乘佛神力，現種種神通變化，諸菩薩見了都生起恭敬之心。

由這個例子，我們可以看出，人類的耳根的確具足可以聽到無量世界外聲音的能力。在

《妙法蓮華經》卷六中也提到，持誦《法華經》者，可成就千二種耳根功德，可聽聞十方世界一切音聲，但是在佛法中卻認這並非神通的範疇，而視為持誦經典的感應。

經中說：「若善男子、善女人受持此經，若讀、若誦、若解說、若書寫，得千二百耳功德。以是清淨耳，聞三千大千世界，下至阿鼻地獄，上至有頂，鼓聲、鍾聲、鈴聲，笑聲、語聲，男聲、女聲、童子聲、童女聲，法聲、非法聲，苦聲、樂聲、凡夫聲、聖人聲，喜聲、不喜聲，天聲、龍聲、夜叉聲、乾闥婆聲、阿修羅聲、迦樓羅聲、緊那羅聲、摩羅伽聲，火聲、水聲、風聲，地獄聲、畜生聲、餓鬼聲，比丘聲、比丘尼聲、聲聞聲、辟支佛聲、菩薩聲、佛聲。以要言之，三千大千世界中一切內外所有諸聲，雖未得天耳，以父母所生清淨常耳皆悉聞知。如是分別種種音聲，而不壞耳根。」經文中的意思是說，依受持《法華經》功德的緣故，能聽聞一切世界內、外種種聲音，而且善巧分別，卻不會損壞耳根。

雖然這種境界還不是天耳通，但是由此我們可以了解人類的耳根，確實具有無比的潛能，所以證得天耳通是非常如理的。

天耳通的故事

佛陀住世的時代，有一位富那奇比丘，精勤不懈的修行，終於心意開解，獲得無漏通。他就曾以天耳通聽見遠處哥哥的求救聲。富那奇原本與兄長羨那住在一起，之後他想到四方弘化。羨那的朋友們曾找他一起到海上尋寶，但是因為海上危險難測，所以富那奇臨走之前，特別囑咐其兄不要出海，並留給他富足的財寶，作為生活費用。

富那奇走了之後，羨那也真的遵照弟弟的囑咐，沒有出海。但是過了一段日子，羨那耐不住朋友一再勸說，就跟著一群商人出海去了。

這次的行程中，帶頭的商人一再叮嚀，到海上的沙洲採集寶物時，要有所節制，以免海中的龍王生氣。

商人大多遵照領隊的囑咐，只有羨那採了滿船珍貴的牛頭栴檀香木。這種舉動引起龍王極大的憤怒，將船抓住，不讓他們離開。商人們無不張惶失措，心想此次必死無疑，羨那此時想起弟弟富那奇，於是一心祈願：「富那奇啊！哥哥現在遭到極大的苦厄，趕快來救我！」

這時富那奇在遠方的舍衛國，正在坐禪，以天耳通聽見羨那的求救，於是以神通化作專吃龍族的大鵬金翅鳥，剎那間飛到羨那的船上，龍王見了立刻害怕的躲入海裡去了，一行人也得以安全返航。

他心通——了知他人心念的神通

他心通（梵文 para-cetah-prayaya-jnana-saksatkriyabhijna），是指能了知其他生命心念的神通能力。又稱為「他心智證通」、「智心差別智作證通」。

在《大智度論》中說：「云何名知他心通？知他心若有垢，若無垢；自觀心生、住、滅時，常憶念故得。復次，觀他人喜相、瞋相、怖相、畏相，見此相已，然後知心，是為他心智初門。」經中說，他心通能了知他者心中有垢染、無垢染，自觀心念生起、安住、消滅，觀察他人喜悅、瞋怒、恐怖、畏懼等種種相貌，然後能知其心念，這是他心通的初入門階段。

此外，他心通也有境界上的差別。

如《大智度論》卷二十八中說：「凡夫通於以上四禪地，隨所得通的禪境以下，能遍知一世界四天下眾生的心及心數法，聲聞通達於以上四禪地，隨所得通的禪境以下，能遍知一千世界眾生的心及心數法。辟支佛……能遍知百千世界眾生心及心數法。但上地鈍根的人，不能了知下地利根者的心及心數法。凡夫不知聲聞的心及心數法。聲聞不知辟支佛的心及心數法，辟支佛不知佛的心及心數法，所以要了知一切眾生的心所趣向，應當學般若波羅蜜。」

由此可知，不同的定力及智慧者，當他們獲得他心通時，境界依其定力與智慧的力量而有差別。這種差別，初始是以禪定的深淺為依據，其後則以智慧為分別。所以《大智度論》才會以為：了知一切眾生心所趣向，應當學習般若波羅蜜。

在探討心念的覺知時，我們也可以下面的例子，來理解佛的心念為何與菩薩、辟支佛乃至阿羅漢有所差別？其心智的能力，為何是超乎一切的？當我們心念發起時，我們是無法覺察自己心念生起的狀況，因此，我們是無法覺察第一念的。不只如此，大部分人不要說第一念，事實上絕大多數的念頭，多數人都是無法覺察的。

我們仔細觀察，就可以了知我們的第一念了知與第二念了知的他心通就不同。第一念了知就是眾生心念發出來的時候他同時了解；而第二念了知，則是心念發出來他才接受到。佛陀的他心通，就是同時能了知一切眾生的心想。有人會問：「能了知一個人的心還容易理解，但是現在如果同時有一百個人在那邊，佛陀會不會受干擾呢？就像電訊相互干擾一樣。」

其實，因為佛陀是完全空的，而且是第一念了知，每一個眾生念頭發出來，同時接收到，因此不會有干擾的問題。

禪宗有一則他心通的公案，可以清楚看出一般天眼通的限制。

在唐代，佛教盛行，許多國外來的僧人都來到京師，其中有許多奇人異士。有一位西域來的大耳三藏，自稱得他心通，於是皇帝就命他到光宅寺，請慧忠國師驗其真假。

慧忠國師問道：「聽說你已經證得他心通了？」

大耳三藏回答：「不敢。」

「那麼，你看看我現在在哪裡呢？」國師問。

「和尚是一國之師，怎麼跑到天津橋看猴子耍戲呢？」大耳三藏回答。

國師又問：「老僧現在在何處？」

「和尚是一國之師，怎麼跑去西川看競渡呢？」

「那麼，現在老僧又在何處呢？」國師問。

大耳三藏默然良久，罔然不知和尚去處。

國師於是叱道：「這野狐精，他心通在什麼處？」

原來，只有當有心想時，才會被他心通掌握蹤跡，但是當心住於空時，他心通就失效了，這是一般人尚未具足空性智慧，他心通有所限制之處。

宿命通——了知前生宿世的神通

宿命通，又稱宿住通（梵名 purva-nivasanusmrti-jnana），是指憶念宿住事的神通力，為五通之一或六通之一，全稱為「宿住隨念智證通」，又稱宿住隨念智通、宿住智通或宿命通證、識宿命通。

在《集異門足論》卷十五中說：「云何宿住智證通？答：能隨憶念過去無量諸宿住事，謂或一生，乃至廣說，是名宿住智證通。」這是說能憶念過去一生乃至無量劫之自身的名姓、壽命、苦樂及生死等事，稱之為宿住智證通。宿命通只能憶知曾經所發生之事，無法看到未來尚未發生之事。

在經典中，我們時常可以看見佛陀以宿命智為弟子宣說宿世的因緣。

此外，宿命通可以了知多久以前的因緣呢？這和神通力的大小有關。在《大智度論》中說：「識宿命通，本事常憶念：日、月、年歲，至胎中，乃至過去世中，一世、十世、百世、千萬億世，乃至大阿羅漢、辟支佛知八萬大劫；諸大菩薩及佛知無量劫，是名識宿命通。」其中說大阿羅漢、辟支佛可以觀察到八萬大劫那麼久遠以前的時劫，而諸大菩薩及佛則可以了知無量劫以前的宿命本生。而由以下故事，我們將可略知宿命智神通力的大小差別。

當佛陀住在祇園精舍時，某日清晨，尊者舍利弗隨從佛陀經行。當時正好一隻老鷹追逐鴿子，鴿子在驚慌之下飛來佛陀身邊安住。佛陀經行過的影子覆蓋在鴿子身上，這時鴿子身心立即顯得非常安穩，一點都沒有怖畏的樣子，也不再驚惶的鳴叫。當佛陀走過之後，舍利弗的影子覆蓋到鴿子身上，鴿子又開始格格顫抖，顯得驚慌恐怖。舍利弗不解地問佛陀：「佛及我身俱無貪、瞋、癡三毒，為什麼佛影覆鴿身，鴿子就安穩無聲，不再恐怖，而我的影子覆在鴿子身上，它就作聲戰慄呢？」

佛陀回答：「這是因為你雖然已經沒有三毒，但習氣未盡，所以你的影子覆蓋牠時，鴿子的恐怖不除。舍利弗，你觀察這鴿子宿世因緣已經幾世作鴿子？」

舍利弗即時入於宿命智三昧，觀見這隻鴿子上輩子還是鴿子，一直到很久很久之前，仍然是鴿子，但再往前就無法觀見了。

於是舍利弗從三昧起，恭敬白佛言：「這隻鴿子從很久以前就一直是鴿子。」

佛陀告訴他：「如果你不能盡知它的過去世，那麼你試試看，觀察它未來世何時當脫離鴿身？」

舍利弗即時入於願智三昧，觀察這隻鴿一一三世乃至久遠以後皆未脫離鴿身，再往後就不得而知。於是舍利弗從三昧起，敬白佛言：「我觀察這隻鴿子從一世二世乃至久遠以後，都還未免除鴿身，再往後我就不得而知了，不知過去它成為鴿子前的本生因緣，也不知道未來它何時得脫。」

佛陀告訴舍利弗：「這隻鴿子除了你方才所看見的一切之外，將來還會在很長的一段時間常作鴿身，直到罪業清淨方得脫出，輪轉於五道中，後得投胎為人。經過五百世中，才能得到利根。當時有佛度無量阿僧祇眾生，然後入無餘涅槃，遺留法教在世，於是此人作五戒優婆塞，隨從比丘聽聞讚歎佛陀功德，於是初發心願欲作佛，然後於三阿僧祇劫，行持六波羅蜜，十地具足而得作佛。度化無量眾生之後，而入無餘涅槃。」

舍利弗是如來的聲聞弟子中智慧第一者，雖然他可以觀察到非常久遠的時間，仍然有限制。所以《大智度論》中說，聲聞等聖者，雖然具有宿命智，但是和佛陀相較之下，就如同小兒與大人一般，無法相比較。

宿命通的神力大小，除了影響到所看見的時間範圍，也會影響到觀察的速度。

神通力廣大者，其宿命通就像磁碟的索引系統很好一樣，無論是調多久以前的檔案，都可以即時觀察。而一般的宿命通，則像老式的檔案資料索引系統，要一筆一筆往前查。以阿羅漢的宿命通和佛陀相比較，就是類似這樣的差別。阿羅漢觀察思惟宿命，就像是把磁片一張一張調出來看，雖然看得很快，一輩子可以一秒鐘看完，一輩子一秒鐘好像很快，但是，如果一後面有一千個零，這麼多輩子就要花一些時間了。

在經典中經常可以看見佛陀以宿命智為弟子開示的記載。

因為佛法是以因緣法為核心的教法，在生生世世相續流轉的世間中，我們不斷的造業受報，也留下了無數過去生的因緣。

宿命通在佛法教學上的運用

因緣法是佛法的核心，因緣果報則是世間相續的事實。但因果並非宿命，因為宿命違反了因緣法，也不是因果的實相。因緣法是說明一切的眾相，都是由因緣條件所構成，並沒有獨立不變的實體，也沒有非因緣而現起的果報。

所以在佛法中，講述因果的事實，是在說明果報生起的原因，並非宣說「沒有因，卻必須接受一種宿命的果」；兩者完全相反，一是有因緣的無常論，一是不論根由的命定論。

因此，任何因果的事實，就佛法而言，都是為了使生命昇華增上，離苦得樂，究竟解脫的教本。因果的教材，就是正確的生命實驗與錯誤生命實驗的教本，我們依據這樣的生命經驗而學習增上。

所以，宿命通在佛法的教學上，有其重要的意義：

一、宿命通可以用來釐清生命現象的因果道理。
二、宿命通觀察因果，可以作為生命學習的經驗範本。
三、宿命通可以觀察眾生根器，找到最合適的教育方法，以幫助其昇華解脫。

因此，宿命通在佛法中，運用極多，但如果不能正確理解因緣法及因果的眾相，而錯認為宿命觀，就完全違反了因果的實相。

宿命通的故事

在佛陀的眼中，他清楚的觀照到自身與弟子的緣起，覺照無始以來的無盡生命之流。也如實的體悟了弟子開悟的因緣。因此，佛陀就當然常以宿命的因緣，教化弟子。

有一次，佛陀在舍衛國給孤獨園，與大比丘相俱。當時有一位梵志，迷惑外道道術，不信佛法，甚至欲擾亂佛教。這一天，他行走在城中，遠遠見到佛陀走來，他不想與佛陀碰面，就躲入人家的房舍。而佛陀悲愍哀憐之，就走到房子面前，站在他的面前，梵志想避開又不行，想跑走也沒有辦法，於是世尊為其說經法，梵志心生歡喜，善心生起，就歸命佛、法及眾僧，奉受戒禁。

梵志繞佛三匝之後，稽首而退。回家取了一個鉢，其中盛滿了蜜，兩手擎著，恭敬供養如來。佛陀告訴諸比丘，取此鉢蜜，布施給眾僧，奇怪的是這一小鉢蜜，供養了佛及眾僧，使大眾都得到滿足後，鉢中的蜜居然還是滿滿的沒有減少。

梵志不知如何是好，又奉上給佛陀，佛陀就告訴梵志：「你取此蜜，投入大水無量之流，水中蟲蠡黿鼉魚鱉，將把那鉢蜜悉蒙其味。」梵志受教之後，就將蜜投入水中，還至佛所。此時世尊，欣然而笑，有五色光從口發出，上至梵天，普照五道。靡不周遍。還遶身三匝。

阿難請問佛陀：「如來不妄笑，必然有因緣，請問如來為何而笑呢？」

佛陀告訴阿難：「你看這個梵志，以蜜奉佛，布施比丘僧，餘蜜投於水中供養，這個梵志，在接下來世的二十劫中，將不會墮惡趣，再過二十劫，當得緣覺果位，名為蜜具。」

比丘們問：「唯然世尊，為什麼這個梵志會因一鉢蜜而得到如此多的利益呢？」

佛陀告訴比丘：「這個梵志非但今世以一鉢蜜，多所饒益，前世宿命也是如此，在很久很久的過去世之前，有一個婆羅門，自己住在閑居寂寞之處，非常喜歡供養仙人。當時有一個仙人，得五神通，見此婆羅門心之所念，就在樹下閑居之處，踊身空中，安住在他人面前。婆羅門看見後，歡喜踊躍，善心生起，即歸還家中，盛了滿鉢的蜜，敬奉仙人。當時仙人接受此供養，飛在虛空。婆羅門由於此布施的功德，後來作了國王，名叫蜜具。以正法治國，壽終之後，得生天上。」佛陀告訴眾比丘：「當時的五通仙人就是我，婆羅門就是今天的梵志，當時他施蜜受到天人的福報，現在布施則得到解脫的福報。」

除了如來之外，佛陀的弟子也有許多具足宿命通。

這些具有宿命通的弟子，也常以此神通力幫助眾生。像經論中常見的五百羅漢，就是這類的例子。在佛典中，如《佛五百弟子自說本起經》、《佛說興起行經》及《法華經》〈五百弟子授記品〉、《涅槃經》等都說明了有關五百羅漢的本生、因緣及未來的授記等。佛陀的聖弟子具足宿命通，自憶起自己及他人的本生，並學習佛陀予以教化，在經典中極為常見。

如意通——隨意變現往來無礙的神通

如意通（梵文 rdhi-visaya-jnana-saksat-kriyabhijna）是能隨意自在飛行，自在轉變境界，化現人等的神通力，又稱為身通、神足通、如意足通、身如意通、神境智通、神境智證通、神境智作證通。

如意通又名神足通，在《大毗婆沙論》卷一四一中說，這是由於此通所欲願一切如意，所以名為「神」，引發於神，故名神足。

在《大智度論》卷五中記載，如意通有能到、轉變、聖如意等三種型態。

1. **能到**：此又分為四種類，一者身能飛行，如鳥飛空無礙；二者移置遠方的空間使變近，不必前往就能到達，三者從此沒從彼出；四者一念能至。

2. **轉變**：這是指如大能變化作小，小能變化作大，一能作多，多能化作一，種種諸物皆能自在轉變的能力。

3. **聖如意**：指能觀察色、聲、香、味、觸、法中不可愛、不淨之物為淨，觀可愛、淨物為不淨。這種聖如意法唯佛獨有。

在《大毗婆沙論》中，也將如意通分為五種：

1.世俗所欣樂：即分一為多，合多成一。

2.賢聖所樂：即於世間諸可意樂之事不住順境想，於諸世間不可意樂之事，不住違逆想。於可意、不可意事，皆能安住於捨，生起正念正知。

3.運身神用：這是指舉身凌虛，猶若飛鳥，也如同壁上所畫飛仙。

4.勝解神用：這是指神足通的無遠弗屆。由於此神通力故，或能安住於此洲，手捫日月，或在屈伸手臂之間，就到色究竟天。

5.意勢神用：這是指其眼識能抵達色頂，或上至色究竟天，或傍越無邊世界。

在《瑜伽師地論》卷三十七中，則更進一步把佛、菩薩的神境智通分為「能變通」、「能化通」二種。其中，「能變通」就包括了震動、熾然、流布、示現、轉變、往來、卷、舒、眾像入身、同類往趣、顯、隱、所作自在、制他神通、能施辯才、能施憶念、能施安樂、放大光明等十八種神變。「能化通」則有化身、化境、化語三種化事。

由此可見，如意通的神力作用涵蓋範圍非常廣泛。

當初佛陀在忉利天宮為佛母摩耶夫人宣講《地藏經》時，十方無量地藏菩薩的化身來集，連一切菩薩也無法思惟了知其數量，只有如來能了知，最後無量分身地藏合為一身，這種神變也是如意通的一種。

《大毘婆沙論》卷一七七中，記載有過去世的底砂佛，在吠琉璃的龕中，結跏趺坐，入火界定，經七晝夜受妙喜樂，威光熾然。而古來一些具如意通的大阿羅漢及大成就者，將入涅槃之際，也多是發出十八種神變，最後以火界三昧，自己焚身成舍利而入涅槃。

佛弟子中也有許多具足如意通者。

在前面所說富那奇的因緣中，當時佛陀命阿難召集弟子中具足如意神足通者，前往受富那奇之兄羡那供養，其中就說：「如是次第有五百神足弟子，各各現變，不可稱許。」經中描寫大迦葉及舍利弗神足通變化的情景：大迦葉尊者於空中化作三寶講堂，以七寶莊嚴校飾，奮身光明，晃昱四布。

緊接著大迦葉尊者之後，是舍利弗尊者，他乘著千獅子，盤於身下以為寶座，獅頭皆四出，口中雨下七寶，雷吼咆哮，震動天地。又在其上，敷陳大寶床，莊校嚴飾。舍利弗尊者處於其上，身上放出光明，普照四域。飛騰於虛空中，翱翔而至。這種種神異的變化，都是如意通的變化之一。

由以上隱現自在、多化為一，一化為多，及物質間自在轉變無礙的變化作用看來，可以看出如意通是變化極為豐富的神通類型。

此外，能自在轉變物質，也是常見的如意通變化。

當初西域的高僧佛圖澄來到中國，看到石勒殺戮沙門，於是決定度化他。由於石勒並不通達深理，於是佛圖澄就以神通來使其生信。石勒與佛圖澄相會時，就問道：「佛道有何靈驗呢？」

佛圖澄回答：「至道雖然深遠，卻可以用身邊親近之事來驗證。」於是佛圖澄命人取一鉢清水來，焚香持咒，不一會，水中竟然出生一朵青蓮花，光色奪目，石勒因此深深信服。這種憑空從水中生出蓮花的神力，也是屬於廣泛的如意通之一。

如意通的故事

佛陀和弟子們有時也運用如意通來度化眾生。例如：

當初頻婆娑羅王被逆子阿闍世太子監禁時，聖弟子目犍連和富樓那就曾以如意通凌空飛到監獄為其說法。

當時提婆達多為了鞏固自己的地位，唆使支持他的阿闍世太子殺父篡奪王位，於是阿闍世就將父王頻婆娑羅王囚禁起來，打算活活把他餓死。

頻婆娑羅王敬信佛法，對無常醜惡的世間心中坦然，他每天從監獄的窗子裡，遙望佛陀在靈鷲山上經行的身影，心中充滿了歡喜，忍不住虔敬的禮拜，每日也歡喜的念佛修行。有一天，他一心遙禮佛陀，並向佛陀祈請：「世尊啊！大目犍連是我的至親勝友，希望您慈心悲憫，讓他前來教授我八關齋戒。」

佛陀了知頻婆娑羅王的心念，立即派遣目犍連前來。由於監獄戒備森嚴，除了王后之外，任何人都不准探視，所以目犍連就以如意通，直接從靈鷲山上，如鷹隼飛空一般，迅疾飛到國王面前為他授戒說法，有時則是富樓那尊者前來，而頻婆娑羅王就每日在監獄中專心的修行，最後在當生成證了三果聖者阿那含的境界，不再還入生死，在法喜中離開人間。

其中目犍連所示現的，就是身能飛行的如意通。

佛陀在教化眾生時，也經常示現如意神通來使信眾生起信心。

曾經有一位滿賢長者，敬奉如來及比丘僧大眾，前去受其供養，於是如來命弟子自皆乘神通前往受其請。當時這些比丘，受佛敕教，皆乘著虛空往彼而去。到了彼國，佛陀以神力，將千位比丘隱身，自己一個人持著，來到滿賢的居所。

這時長者，聞佛來此，就叫五百徒眾，各自持著百味飲食，奉迎如來。他見到世尊具足三十二相、八十種好，全身光明暉曜，如百千個太陽，安詳雅步，威儀具足。於是不禁前禮佛足，並說：「善來世尊！慈哀憐愍，今願納受我等施食。」長者這才注意到只有佛陀一個人前來應供，比丘弟子都沒有來。

佛陀對滿賢說：「沒關係，你可以將要布施的食物，全部投於此中。」於是長者及五百徒眾，將所齎持的飲食，各各親手投入佛缽中，奇怪的是，這麼多食物，卻不能使缽滿溢，長老不禁發出讚歎：「奇哉！世尊，有是神力！」於是長老的心調伏了，而原先隱形的千位比丘僧，也都現身，圍繞著佛世尊，而他們手中的也都滿了。

當時滿賢長者歎未曾有，即便以自身五體投地，發起大誓願，願以此施食善根功德，守護一切有情圓滿成佛。

佛陀也預記他來世，經過三阿僧祇劫，能具菩薩行，修大悲心，滿足六波羅蜜，當得成佛，號為滿賢，所度化眾生，不可限量。

這種隱現自在，一能作多，多能作一，都是如意通的自在神變。

漏盡通——斷盡煩惱解脫輪迴的神通

漏盡通（梵文 asravaksaya-jnanam）「漏」是指「煩惱」，是指使眾生流轉生死的雜染的心理成分。「漏盡」是指煩惱淨盡，內心的染污成分完全消除，這也就是佛法中的解脫境界。證得這種境界，則不再墮入生死輪迴，這是佛法最重要的神通。

證得漏盡通時，內心的貪嗔痴等諸毒盡除，就像樹木的根被刨起來，雖然枝幹暫時還會繼續生長，但終究會乾枯。而證得漏盡通的聖者也是如此，雖有些習氣尚未完全去除，但是根本會輪迴的煩惱已經斷除了。而前五種神通是凡夫也能證得的神通，而漏盡通則是聖者的境界。在佛法的「三明」之中，這種境界也是其中之一，稱之為「漏盡智證明」。

解脫與神通

在六通中的前五通，天眼通、天耳通、他心通、宿命通、如意通等前五通，是世間一般人，不管是經由自力或他力都能獲得的神通能力，但是六通中的「漏盡通」，以智慧徹底斷除一切煩惱、解脫自在的神通，這種依智慧力所成的神通，則是佛教特有的，是解脫的聖者才具有的神通。

但是，是不是所有解脫的聖者都同時具足六種神通呢？並不一定如此。解脫的阿羅漢，一般可分為「慧解脫」與「俱解脫」二大類，慧解脫阿羅漢，常在未到地定或初禪的境界中，就發起斷除我見為根本的一切煩惱，不再輪迴生死，但由於其尚未證入更高的禪定，而有定障，所以有時還是沒有發起前五通的廣大變化作用。在禪法中未證得滅盡定，而可發起慧觀解脫的禪定，稱為七依處。這七依處包括了初、二、三、四禪及空無邊處、識無邊處、無所有處，在這七依處及前述未到地定徹悟解脫者，就稱為慧解脫阿羅漢。

慧解脫阿羅漢，不管在何種定境中解脫，對於自身解脫處以上的定境，並不能自在獲得，而有定障的存在，所以不能得定、慧俱解脫的境界；而其神通力量，也依據是否修學而具有，不像俱解脫阿羅漢，能自在證得全部的六通。

有的阿羅漢是先入於慧解脫，這時必然具足一切煩惱淨盡的漏盡通，但還不一定有前五通。有的則是先具足慧解脫，再上證「俱解脫」。而有的則是在智慧、禪定上同時解脫，這時除了漏盡通之外，更具足前五通的神通變化，這就是「俱解脫」。前述所說阿難悟道的故事，就是俱解脫的類型。

除了慧解脫及俱解脫之外，如果只有禪定能力，是不稱為解脫的，雖然具有這種定能力者，能發起廣大神通，具足六通中的前五通，但是卻沒有具備最重要的智慧神通——漏盡通，無法解脫煩惱，是世間一般人都可以達到的。所以，在佛法中，最重視的是智慧神通，而不是前面五種神通，很多阿羅漢在開悟時，並沒有具足前五通，而是先具足漏盡通再修學前五通。

大迦葉尊者出家之前的妻子，後來出家的妙賢比丘尼，就是悟道之後才學習神通的。

妙賢比丘尼剛開始在佛陀座下出家時，由於容貌非常美麗，每當她進城托鉢時，總會聽到譏嫌的話語。妙賢本來是大家閨秀，受不了這樣的譏嫌，寧願挨餓也不去托鉢。大迦葉尊者非常同情她，就將自己托鉢所得分一半給她。

但這卻引起比丘尼僧團中另一種流言，說大迦葉夫婦在家時遵守著清淨的戒行，沒想到出家之中反而私情相愛。大迦葉尊者聽到這種流言，就決定停止對妙賢的接濟，而要她善自精進，剋期取證。

妙賢比丘尼受到這個刺激，生起了極大的慚愧心，勇猛精進，終於在當夜證得阿羅漢果，不怕人家的議論，能進城托鉢了。

但是，由於宿世的惡業，即使證了阿羅漢果，也無法避免果報現前。

當時，阿闍世王聽信提婆達多的話，害死父親頻婆娑羅王之後，懊悔莫及，憂惱非常，既不處理國政，也不接見群臣，獨自在宮室之中，大臣想盡了方法，想使他忘卻憂愁，但他對於任何娛樂，任何歌舞，任何美女，都已沒有了興趣。

此時阿闍世王的大臣正好見到妙賢比丘尼到城裡托鉢，驚為天女下凡，他相信這個美女必定能博取阿闍世王的歡心，便將妙賢比丘尼抓起來將她迷昏，帶進了王宮，為她換上宮裝，配上假髮，掛上瓔珞，塗上香油香膏，送進阿闍世王的寢宮，這位驚世美女，即使是憂傷的阿闍世王也不禁眼睛為之一亮。

妙賢比丘尼，已經是悟道的阿羅漢，不再受五欲之樂，她想把自己的身分告訴阿闍世王，但是由於她的惡業現前，竟使她失去了反抗的能力，也使她說不出話來，而任由阿闍世王凌辱。

直到第二天早晨，比丘尼們發現妙賢失蹤了，才由蓮華色比丘尼乘著神足通，飛到王宮的高樓上空，教導妙賢比丘尼發起神通，而得以脫離險境。

這是妙賢比丘尼先發起漏盡通，後修學五通的故事。

佛陀依照其在菩提樹下修證開悟，所發起的六種神通，把神通法門建構成完整的體系。

在這六通中，天眼、天耳、他心、宿命、神足，是世間共通的神通，只要修觀禪法或運用特殊的方便，不管是世間凡夫或是任何宗教的修行人，都能證得。但對佛法而言，最核心、最重要的神通是第六種神通：漏盡通。將所有的煩惱痛苦完全淨除，而獲得圓滿的智慧，才是最殊勝、最究竟的通。而漏盡通，只有阿羅漢、辟支佛或菩薩、佛陀方能得證，是佛法中不共的神通。

因此，佛教神通觀的發展，從禪定為根本，昇華到完全以智慧為重心，在教法及神通的修學上是完全合理的。而且只有具足智慧的神通，以智慧發起的廣大神通，才能讓人生完全的光明、幸福，也方能帶給眾生無盡的喜樂與究竟的圓滿。

◎漏盡通的故事

經典中常可見到開悟的聖者解脫而生起漏盡通，佛陀的侍者阿難就是著名的例子。

佛陀入滅之後，為了使正法久住世間，由大迦葉召集的法藏結集，也加緊腳步的展開，將如來的教法，透過聖弟子共同審訂，使正法無有謬誤地流布後世，是聖弟子責無旁貸的。

結集大會的召開，首先最重要的是參與結集的人選。當時迦葉尊者與五百位大比丘僧在昆舍離，除了阿難之外，餘者都是漏盡的大阿羅漢。在結集經論的人選中，許多人都認為阿難隨侍佛陀最久，聽的法最多，應該讓他一起參與結集。但是大迦葉卻認為，阿難雖然多聞，但卻還未得漏盡，未入聖者之流，怎能堪此重任？因此反對將阿難列入結集人選中。阿難不知道這個消息，還忙著為信眾說法。

由於阿難是佛陀的侍者，佛陀入滅之後，許多施主、信眾都把對佛陀的哀慕之情，移轉到阿難身上，而請阿難日夜為他們說法，於是阿難應大眾之請，連續說了四天四夜，而講堂內大眾來來往往，就彷彿佛陀在世一般。

這時，有一位跋耆比丘，在精舍內坐，卻被來來往往的聽法大眾吵雜得無法安寧。他認為阿難應該精進勤求開悟，增長定力，徒然多說是無益的。於是他就對阿難說了一首偈：

靜處坐樹下，心趣於泥洹，
汝禪莫放逸，多說何所為？

阿難聽了很難過，其他比丘又趕來告訴他，迦葉尊者並未將他納入結集名單中，讓他受到更大的刺激。

於是阿難在當夜發奮用功修持，精勤的坐禪、經行，思惟正法，希望能開悟解脫，但是卻依然無法悟入聖道。經過了初夜、中夜、後夜，他疲憊極了，想先小睡一下再起來用功。就在一切放捨、頭未至枕頭之際，豁然大悟，證得漏盡通，成為開悟的阿羅漢。

第二天，他到大迦葉尊者處扣門，迦葉尊者回答他：「我不開門，你從鑰匙孔進來吧！」於是阿難尊者就以神通力從鑰匙孔中進入。於是，在大迦葉的帶領下，五百位大阿羅漢將如來的正法結集傳世，為後世的眾生留下解脫的妙法。

阿難所證得的漏盡通，就是一切解脫的聖者開悟時所證得的神通。

神通的最高境界

引發神通有各式各樣的因緣，但最高明的神通，卻是屬於智慧的神通。智慧所成神通，是完全體悟法界實相的徹悟者，由於定力與智慧都已經圓滿具足，所以能自在的引發神通。這是佛法特有的神通，是由於對一切所緣的現象，心中都能清楚明瞭，沒有混淆，對宇宙萬象的體性，都能了悟其現前是空、如幻，而能使各種現象交互作用無礙，這也就是《宗鏡錄》中所說的「道通」。

佛法的神通，除了與世間相近的神通現象之外，在根本上的不同，則是佛法的神通以智慧為體性。經典中常以「明」來強調神通的智慧體性。

明（梵語 vidy）音譯作吠陀、苾馱，即灼照透視。意指破愚癡之闇昧，而悟達真理之神聖智慧。據《佛地經論》卷二載，由於明能除闇，故以慧為自性；由於明為無明之相對者，故以無癡之善根為自性。據原始佛教經典《三轉法輪經》載，修八聖道，解四諦理，成就眼、智、明、覺（皆表智慧之語），即得趣入涅槃。

在佛法中，一向認為最高明的神通是智慧，因此智慧是超越一般神通的，這種特質，我們可以從佛陀住世時，座下的聲聞弟子中的兩位領導人物，分別是智慧第一的舍利弗和神通第一的目犍連來觀察。

有一次，這兩位尊者為了聞法而示現神通，由這個神通事件可以看出智慧與神通的差異。

有一天，如來在阿耨達池邊為諸比丘說法，當時舍利弗並不在場。於是佛陀就叫目犍連去請舍利弗來。

目犍連於是以神足通來到了舍衛城中舍利弗的住處，舍利弗正好在縫補衣服。目犍連就說道：

「舍利弗！佛陀要我來請你到阿耨達池邊說戒的地方去。」

「謝謝你，但是請稍等一會，等我把衣服補好。」舍利弗回答。

由於目犍連急著要叫舍利弗去聽法，就對他說：「如果你不立刻出發，我就用神足通把你連同這石室放在手掌心，帶到佛陀說法的地方去。」

舍利弗看見目犍連對自己的神通力很自豪的樣子，於是就把衣帶放在地上，對他說：「那麼你先試試看移動這條腰帶。」

目犍連就用手去拿，卻不能移動一絲，於是他以神通力盡力舉起，甚至大地都為之震動，衣帶還是不為所動。連阿耨達池法會的大眾都感受到大地震動，而請問佛陀為何會如此？

佛陀微笑的回答：「這是目犍連在取腰帶。」

目犍連怎麼試都無法移動腰帶，最後他放棄拿起了。就以神足通先回到佛陀說法處，沒想到當他到達時，卻看見舍利弗已經坐在佛陀的身旁了。

由此我們可以看出，具足智慧的神通還是勝過單純的神通。

佛教對神通的檢驗標準

總攝以上所介紹，無論擁有神通者是否由悟入實相而發起的，由於法界體性現空一如的緣故，一切現象都能交互映攝無礙，所以，不管是由體性悟入實相而發起神通，或是以禪定中專注的心靈力量引發神通，或是依咒術、符籙等他力所引發的神通，雖然有的並不究竟，但是因為空而無分別，依照此緣起，都能引發不同層次的神通。

在前面所提到的許多例子裡，我們可以發現，現在一般所流行的靈異現象，在程度上與嚴格定義的神通有極大的差異，大多只是一種靈通感應或深層意識的作用。佛教對神通有著嚴格的定義，我們在下一章會更深入討論。

綜合前述所說的超能力現象，我們可以發現這幾個共通點：

一、這些能力都是突然之間獲得，不知從何而來，然後突然間消失。

二、這些能力大多無法自主，不能自在顯現，而是在無法控制的情況下發起。

三、無法自制的超能力有時會帶給當事人極大的困擾，甚至危險。

而在這林林總總的神通現象裡，佛教對神通的定義卻是非常嚴謹的，而且有清楚的驗證標準。

佛教認為神通必須合乎以下三個基本原則：

一、神通必須具有自主性的力量

在人間的神通力量，主要是由修行而成，與生俱來，自然報得的極少。因此，無法自主的神異現象，在佛教中並不被認為是神通。依照這個準則，許多被附身、不能自覺的神奇力量，並不屬於此，不能稱為神通。

在《法華經》中曾記載，行者由於持誦《法華經》的功德，而能使眼根、耳根其有極為奇妙的功能，例如能看到天上、地上、地下等種種現象，能聽到世界一切音聲，而且無所混雜。雖然這種現象與天眼通、天耳通極為類似，但是在經中卻明白的說明，這些人尚未成證天眼通、天耳通。因為這種力量的獲得，只是持誦經典的感應現象，並不是自主獲得，因此不屬於神通的範疇，由此也可看出佛教對神通的定義之嚴格。

二、神通是明晰的作用

佛教的各種神通，如天眼通，是具有能清晰明照障礙外的現象，及依照現在現象因緣，推測未來的能力，而天耳、他心、宿命等神通也是如此，而神足通更是具有改變物質現象的真實作用，不是自己想像而已。因此，不確定的感應、訊息不清晰，作用若有似無的種種神異現象，並非神通。

三、神通是能穩定重現的

佛教的神通，並非偶然的現象，而是可以不斷的重複顯現。因此，偶然的感應或神奇現象，無法穩定的再現，並非神通。

以上三種檢驗的準則，可以讓我們清楚分辨神通的真假，不會與模糊、不穩定的感應現象混淆不清。

由於現代人對神異現象充滿了好奇，所以不斷有以神異為號召的人和宗教產生，而他們也多能積聚一些群眾。在歷史上也是常有的事，但是這種現象，往往只是曇花一現，很快就消散了，並不能為人生指出一條大道。從另一方面來看，神異現象的流行，正說明了現今人類精神的空虛。

舊有的宗教、道德，不能提供安身立命之所，而藏於心靈深處的宗教需求，也並沒有消散，因此，便發展成以新的形式去尋求依皈之處。如果是走向生命的內層，追尋生命的進化是可喜的；但如果表現為神異現象的這種粗淺的宗教行為，如此，不但對人生無所增益，反而期望以特殊的超能力來解決人生的困境，則是入於生命的歧途了。

第二篇　神通的原理與境界差別

1

神通的形成原理

神通發生的原理

一切有為法，如夢幻泡影，
如露亦如電，應作如是觀。

——《金剛經》

如佛神通力所作化人，是化人復作化人，如化人無有事實但可眼見。又化人口業說法，身業布施等，是業雖無實，而可眼見。如是生死身作者及業，亦應如是知。

——《中論》卷三

神通是人類生命中最吸引人的祕境，也是挑戰人類知識與理性的難思境界。但是神通是不是那樣的神祕與不可解？卻未必如此。如何理解神通？神通的原理為何？如何修證神通？神通有什麼樣的限制？

在本章中，希望能幫助大家完整而正確的理解神通眾相。

神通是一種合理的現象，也是生命深層力量的展現。因此，如何合理的面對神通，並理解神通力量的效能與限制，以正面而理性的態度面對，是本篇所要探討的主旨之一。

神通是在因緣中合理展現的力量，而任何因緣萬象，必然有其構成條件，也有其因果的法則。因此，要具備什麼樣的主因與助緣，才能發起神通？神通力量要如何運用才算合理？應該是任何對神通有興趣的人都需要理解的。

為了使對神通有興趣的大眾，能正確的面對神通這種深層的生命力量，使大家在清楚明晰的理解中，不致以訛傳訛，在神通的迷霧中迷失，所以特別以本篇來說明神通建構的原理與修持方法。

在這個單元裡，首先介紹神通構成的原理，讓大家完整理解神通顯現的根本源由，知其然並知其所以然。也向大家解釋：同樣是神通的顯現，為何會有許多的境界的差別？要具備什麼樣的條件，才能顯現深刻而廣大而究竟的神通？

理解神通的原理，對所有想理解神通的人，乃至修學神通的人，都極為重要。透過這些原理，我們可以理解神通顯現的因由、現象及意義，而對於想修學神通的人，這樣的理解能幫助大家在修學的過程中，不致誤入歧途，並得到事半功倍的學習效果。

雖然神通是一種深層的生命力量，但是有同樣神通力量的人，卻往往因為智慧與知識的差別，而使神通力量的展現有了高下之分。這就如同二位武功相同的俠客，一位有著各種先進的科學知識，並具有各種生存訓練，也能夠開汽車、飛機，乃至使用各種古代、現代的武器，雖然另一位武功與他相同，但是這位充滿智慧與知識的俠客，在綜合各種條件之後，其武術展現一定高明許多。

所以，具有高明神通的人，應該是具有高度的智慧、慈悲心及深廣的知識學養，充滿了深刻理性，並具足圓滿愛心的人，而不是一位只是具有奇特生命本能、能預知禍福、像一位古代神巫般的人而已。所以，真正的大神通者，應是像佛陀，及許多大菩薩及大阿羅漢聖者等，充滿了光明、智慧，讓人心生景仰的圓滿生命。

當然，要修學神通，一定要了解神通的運用效能及限制，錯誤學習及運用神通，是修學神通的大忌。由於神通是深層生命力量的引發，因此錯誤的學習與使用，對自身的危害，遠比一般錯誤的行為更加可怕，所以修學神通者要特別小心，一定要學習正確、光明的神通方法，並正確的運用神通，否則危害大矣！尤其不可為了貪圖方便，而使用一些障礙或出賣自己身心的方法，去取得一些微小的力量，這是絕對要禁絕的。而且，神通是因緣中的產物，自然有其限制，千萬不可因自己的私心、私欲、妄加運用，否則反彈受害之後，自身將後悔莫及。

在以下的章節中，筆者介紹了修持各種神通的基礎及正確方法。修持神通最安全而正確的方法，是學習禪法，證入禪定，並從深刻的禪定中以特殊的心要方便來引發神通。如果想正確學習神通，本書中所說明的方法，不只能幫助大家的身心增長，使自己具有更深的定力、智慧，並正確的引發各種神通。

除了正確修持神通的方法之外，在本書中並另行介紹各種容易直接引發神通的修持方法，這些修持方法大部分是比較高深的法門，所以由此引發的神通，也就更加的廣大究竟了。

修學神通者應當有正確的心態及規範，如此才能在修學過程中，正確而快速的成證神通，也能保障證得神通者，在證得神通之後，不受傷害。因此，特別說明必須謹守的戒律。

要了解神通的原理，首先我們要觀察宇宙的實相。依據宇宙真實的原理與現象，我們才能完全正確的掌握神通顯現、修持的原理。

我們可以從四個面向來了解：

1.從宇宙現象來探討神通現起的原理

構成宇宙的元素，彼此之間既獨立同時又相互融攝的關係，來找出神通變化的線索。

2.從宇宙現象形成的理則來觀察神通的運作

佛陀在菩提樹下悟入宇宙的實相，將宇宙建構的根本原則總攝為「三法印」與「十二緣起」。如果能正確理解其建立的理則，自然能體悟出神通修持的方便。

神通發生的原理

從宇宙現象觀察 → **神通現象**

- 地、水、火、空、風、識六大元素交互變化

- 水三昧、火三昧
- 水中出火
- 火中出水

從宇宙理則觀察 → **神通運作**

- 三法印
- 十二緣起

- 依空的實相
- 而能產生神通變化

從解脫道觀察 → **神通路徑**

- 三十七道品

- 修道
- 解脫而發起神通

從智慧、悲心觀察 → **佛菩薩神變**

- 如幻三昧
- 大乘三昧

- 如來十八神變等

3. 從生命的解脫之道來掌握修學神通的路徑

佛陀體悟了宇宙的實相，並告訴我們悟道的方法，也就是生命中的解脫之道。而徹底了悟宇宙萬象形成的原理，則能自在無礙改變物質現象，產生種種令物質自在轉變的神通變化。

4. 從廣大的悲心智慧觀察佛菩薩的如幻神變

最後我們可以從諸佛菩薩的廣大悲心與智慧中，來觀察不可思議的如幻神變。在體悟了法界的實相之後，我們會發覺，這些神通變化，正如同我們的呼吸一樣，既自然又平常。

從宇宙現象探討神通現起的原理

宇宙的現象，從佛法觀察是流轉、相續的；佛法觀察宇宙是以動態而非靜止或孤立的分析。佛法觀察宇宙的實相常用「三處觀」來觀察，也就是：「五蘊觀」、「六處觀」、「六界觀」。

蘊、處、界的分別觀察，是從不同的立場來分別，觀察宇宙的實相。其中，蘊觀，是偏重於心理的分析；處觀，則是偏重於生理的分析；界觀，則是從物理分析入手。這是依不同的立場而觀察生命自身，而有這三種觀門，三者並不是截然不同的。

五蘊觀——身心組成元素的觀察

「蘊」字是積聚的意思，即是同類相聚，佛法將生命的身心質素歸納為五蘊——色、受、想、行、識。而五蘊又可分為兩部分：一為所識，即所識別的對象，二為能識，就是能識別的主體。「所識」如山河大地、宇宙萬物的存在，都屬於這個範圍——這就是色蘊。「色」的意思是指物體有實質的存在。所以《雜阿含經》中說：「可礙可分是名『色』」。

第二類是內在的精神活動，可分為三：

1.「受」是「領納」的意思，屬於情緒作用，在這個作用下，對隨順我們心意的就很歡喜，不順我們心意的就不歡喜。

2.「想」是「取象」，也就是認識作用，心攝取境象而形成心象，由此表現作用構成概念，進而安立語言系統、認識系統。

3.「行」是「造作」之意，主要是思心所，即意志作用，對境生心，經由心識的考慮決斷，賦予身心的行動。這三者屬於能識。但對「識」本身來說卻是所覺識的。這三者以心理學名詞來說，即「受」與感情的作用相似，「想」與知識的作用相似、「行」與意志的作用相似。色是所識的，也就是被了知的，受、想、行對識而言也是被了知的；在反省觀察中可以發覺微細的作用，能明了識別這森羅萬象（色、受、想、行）是「識」的作用。

◎六處觀——自身與外界互動的媒介

再來講「六處」，也就是「六根」。「處」是生長的意思，能使我們長養，引發我們的認識作用。由於我們的認識作用不能單獨存在，要依靠因緣，一切因緣的相依相存才能造成我們的認識作用。如我們看見一幅畫，必須要具備幾個條件，首先必須要有眼睛（眼根）、有這幅畫，（色境），再加上心的認識了別（眼識），才能看到這幅畫。同樣的，眼、耳、鼻、舌、身、意、六處（根），且也是要有色、聲、香、味、觸、法六境，再加上眼識、耳識、鼻識、舌識、身識、意識六識的了別作用，然後才能分別了知，形成各種認識作用。

六處是人類認識外境的重要根源，所以隨六處而將識分為眼識、耳識、鼻識、舌識、身識、意識。由於六根門，所以有六塵——外六處、六識。如《雜阿含經》中說：「二因緣生識，何等為二？謂眼、色，耳、聲，鼻、香，舌、味，身、觸，意、法。……眼、色因緣生眼識；……此三法和合觸；觸已受；受已思；思已想。」也就是說，要產生了分別外境的作用，必須有眼見色，耳聞聲，鼻嗅香……，然後眼見色產生眼識分別，耳聞聲產生耳識分別，而有種種感受。

六界觀——構成宇宙萬象六大元素

除了五蘊六處之外，還有「六界」也是神通變化的重要原理。

六界即是指地、水、火、風、空、識六界，也就是宇宙萬象的六種體性。界有「特性」的意義，古譯是「持」，也就是「自相不失」。

由於特性與特性的共同，界又被轉釋為「通性」。如水有水的特性，火有火的特性，即分為水界、火界。此水與彼水的特性相同，所以水界即等於水類的別名。這六界，無論為通性，為特性，都是構成有情自體的因素，一切有情所不可缺的，所以界又被解說為「因性」。

其中地、水、火、風四界，為物質的四種特性。如《雜阿含經》卷三中說：「所有色，彼一切四大及四大所造色。」

而在六界的特性上，地代表物質的堅性，作用是任持；水是代表物質的濕性，作用是攝聚；火是物質的暖（炎）性，作用是熟變；風是物質的動性，作用是輕動。其中地和風是相對的，水和火是相對的。任何物質都是具有地、水、火、風四種特性，如果不具備此四種特性，物質是不可能存在的。空是虛性，遍一切處，如沒有空的存在，物質也無處安立。所以空界具有與四大相異的特性。識是了別，意識的現象，存在於過去、現在、未來相續不斷之間，如瀑流、如陽焰，綿延相繼。生命的存在是由於無明、識的作用才有辦法延續，如果有一天，心意識的作用停止了，所看到的就不是目前的現象了。

佛教神通的理論基礎，正是建立在宇宙的實相，與對現空實相的認知。所以，由於體性空寂的緣故，自然能產生種種神異變化，而佛菩薩更因為對眾生的廣大悲心，而從空的實相中生起如幻三昧，示現廣大神變。

以下我們就這三者來分析神通產生的原理。

◎宇宙六大元素的交融變化

在《雜阿含經》卷十八中記載著，舍利弗尊者曾為比丘們解說神通的原理的比喻：

有一天早晨，舍利弗尊者與同行的比丘眾們，威儀安詳地徐步走著。他們持著乞食的缽，從靈鷲山上出發，準備進入王舍城托缽。

由於路程並不算近，他們走了一段路之後，就在路途的一株枯樹下稍事休息。大眾在樹下敷好坐具，端身正座，而舍利弗尊者也利用這短暫的時間，為同行的比丘大眾說法。

舍利弗告訴比丘們，如果有比丘修習禪思，證得神通力，心得以自在，心中欲令此枯樹成為地，即時為地。為什麼呢？因為此枯樹中有地界，因此，比丘得神通力者，就可以把枯樹變成大地。

同樣的，如果有比丘得神通力，自在如意，欲令此樹成為水、火、風、金、銀等物，皆能成就不異。為什麼呢？因為此枯樹有水界等故。

因此，比丘！如果禪思得神通力能自在如意，欲令枯樹成金，即時成金不異。乃至其餘種種諸物，皆能成就不異。為什麼呢？因為枯樹有種種界的緣故。因此，比丘禪思得神通力，即得自在如意，能成為種種物悉能成就不異。

在佛法中，將宇宙萬象的構成元素，統攝成地、水、火、風、空、識等六大元素：

地大：地的體性是堅固不動，能止住萬物，有能持萬物的作用，所以表現於形象，是為方形如同田地，表示於色彩則為黃色。

水大：水的體性為濕潤，有攝受萬物的作用，形象表現為圓形，色彩則成白色。

火大：火的體性是暖性，有成熟萬物的作用，以三角形為形象，以赤色來表色。

風大：風的體性為動性，能自在互動有長養萬物的作用，以半月形表其形象，以黑色為其色彩。

空大：空的體性為無礙，能包容一切，有不障的作用，以方圓不二的圓形（或稱寶珠形）而表其形狀，以青色為色彩。

識大：「識」有了知之性質，有判斷或是決斷之作用，能以種種形為形，種種色為色。「識」是了別，意識的現象，存在於過去、現在、未來相續不斷之間，如瀑流、如陽焰，綿延相繼。

山河大地一切萬物及我們自身，莫不由此六大元素所構成。例如：我們身心的存在就同時具有這六大元素，我們的骨骼、肌肉屬地大，血液、體液為水大，體溫為火大，呼吸為風大，

内六大與外六大的交互作用

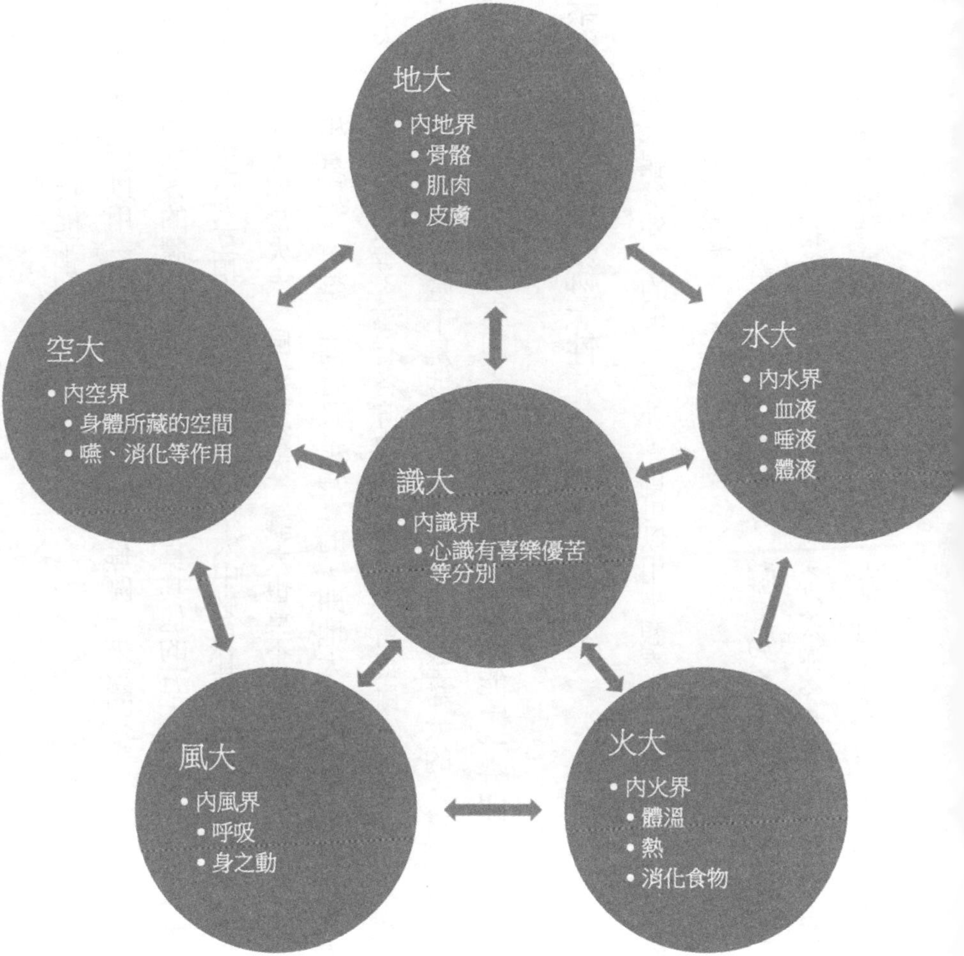

身體的空間為空大，對外境能了知、識別為識大。

六大彼此的關係，可以用「異類無礙」與「同類無礙」來說明。「異類無礙」是指六大的體性雖異，但每一大互具其他的五大，有著「互具」與「各具」的關係。所謂互具，是指六大互相具足的意思，即地大中必具其餘的水、火、風、空、識五大，水大中亦具其餘的五大，如是火大、風大、空大、識大也莫不具有其餘的五大。

六大雖然如此互相具足，可是，同時又是獨立的，即地大是地大，水大是水大，乃至識大是識大，不失其特性與業用等，萬有各守自性，彼此不會混亂。這樣，六大是互具、各具而不相離的，所以，全宇宙無一處不是地大的，水大的，乃至識大的。這無礙涉入的情形，就像六燈共照一室，光光涉入遍及室內，而六燈共成的一光不能一一分開一樣。

◎內在元素與宇宙元素的統一性

我們除了以六大來觀察外在的現象之外，也可以用來觀察生命自身的組成與外界的統一性。這種關係稱為「同類無礙」。

《中阿含》卷三〈度經〉中說：「云何六界法？我所自知自覺，為汝說，謂地、水、火、風、空、識界，是謂六界法。我所自知自覺，為汝說也。以六界合故便生母胎。」經中說：地、水、火、風、空、識界，稱為「六界法」，地、水、火、風、空四界是能造的大種，是一切諸物質現象之所止，空界是內外的竅隙，也能成為生長之因。這六界可說是生命相續存活之所依止。

除了六界之外，還有所謂的「六界聚」。界，界分之義；聚，聚集之義。指眾生之身乃是六大聚集，假合而成，而各有限制。根據《中阿含經》卷二十一〈說處經〉記載，佛陀命阿難當為諸年少比丘講說眾生之身為六大假合，使其捨諸欲而修梵行，即：

地界聚：地以堅礙為性；指人身中由「內地界」而受生成形者，即髮、毛、爪、齒、粗細皮膚、骨、肉、筋、腎、心、肝、脾、肺等類，稱為地界聚。

水界聚：水以潤濕為性；指人身中由「內水界」而受生成形者，即痰、髓、眼淚、汗、涕、唾、膿、脂、肪、血、涎等類，稱為水界聚。

火界聚：火以燥熱為性；指人身中由「內火界」而受生成形者，即熱身、暖身、煩悶身、溫壯身及能消解飲食等類，稱為火界聚。

風界聚：風以動轉為性；指人身中由「內風界」而受生者，即出息、入息、掣縮風（凡身之動轉，皆屬於風）等類，稱為風界聚。

空界聚：空以無礙為性；指人身中由「內空界」而受生者，即眼空、耳空、鼻空、口空、咽喉動搖、食消下過等類，稱為空界聚。

識界聚：識，即心識。識以分別為性；指人身中之樂、苦、喜、憂等識，為識大之假合，故稱為識界聚。

構成身心的六界、六處與宇宙的體性平等無二，是相互化無礙物質形成神通現象的主要原理。

在過去恆河沙劫時，有一位水天佛出世，他教導菩薩們修習水觀入三摩地。首先，要觀察自己身中的水性，從涕唾到津液、精血、大小便利，身中一切漩澓的水性都是同一的，接著見到水身中與宇宙中無數的香水海世界也等無差別。其中有一位月光童子依此修習成就了。

月光童子初修成水觀之後，只見到自身化成為水，因此以水為身。但是因為他尚未得無相的境界，不能無身。有一天，當他正在修習水觀時，這時有一位童稚的弟子，窺探禪室，只見到清水遍在屋中，感覺十分好玩，就好奇的取了一片瓦礫丟在水中。只聽波的一聲，他嚇了一跳，趕緊顧盼而去。

月光童子出定之後，頓覺心痛。心想：「我現在已得阿羅漢，也久違病緣了，為何今日忽然心痛，是不是境界退失呢？」這時，剛好童子前來自首，說明前事。

月光童子就要他再見到水時，可開門除去瓦礫。爾後，月光童子就重入水觀三昧，水與瓦礫又宛然出現了，於是童子就依月光童子的咐囑，取出了水中的瓦礫，待月光童子出定後，他的身體也就完好如初了。

後來月光童子又經過了無量時劫的修行，到了山海自在通王如來時，方得消融對身的執著，與十方世界，香水海空性相合，無二無別，而悟入水性一味流通的境界。

這是月光童子體悟體內的水性與宇宙的水性一味，無二無別而成就的故事。

六大元素的神通變化

由於內六大與外六大這種既獨立又相融、相攝的狀態，而產生了無窮的現象變化。

在經典中有許多關於六大神通變化的記載，例如，在《大毘婆沙論》卷一七七中記載著過去世的底砂佛，在吠琉璃龕中，結跏趺坐，入火界定，經七晝夜受妙喜樂，威光熾然。而古來一些具足神通的大阿羅漢及大成就者，將入涅槃之際，也多是發出十八種神變，最後以火界三昧，自己焚身留下舍利而入涅槃。

而佛典中也有許多關於六大三昧中示現火界相禪定的記載。在《佛本行經》卷四十中記載：

佛陀成道不久，為了要度化具王臣及國人所信仰的迦葉兄弟三人，因此前往菩提迦耶旁的優婁頻螺聚落，這三位兄弟有千位弟子追隨修學。

在此聚落，建有一座草堂供養火神，也就是一隻會吐毒火的惡龍。佛陀為了降伏迦葉兄弟，故意要在這火堂中過夜；起初迦葉們怕他危險，不肯讓他居住。經過佛陀殷勤請求，保證毒龍不能危害自己，方才應允。

佛陀進入火堂之後，就安住禪定之中。這時，毒龍出外覓食畢，回返火堂，遙見如來坐在火堂之內，十分生氣，就由口中噴出烈焰，想傷害佛陀。於是佛陀就進入三昧中，同樣從身體中放出火焰。

毒龍見到佛陀不但不受侵擾，反而放出同他一般的火焰，心中更加瞋忿，便放出更加猛烈的火燄來燒佛。而佛陀也同樣的證入火光三昧，由身上發出大火。就這樣佛陀及毒龍，各自遍身放出雄雄的火流烈焰。

一時火堂中熾燃的猛焰驟然四起，勢若驚濤裂岸，剎時整個火堂就陷入一片火海之中。

這時迦葉兄弟，看到火堂大火，趕緊帶領弟子取水滅火，結果火焰卻更加熾盛，只好無奈地回到堂外等待。而堂內，佛陀為了降伏毒龍，所以在護住龍王命根的同時，也以烈焰焚燒牠的皮肉筋骨。並從身上發出了青、黃、赤、白、黑等如虹彩般的雜色光明。後來飽嚐焦骨燒皮之苦的毒龍，見到整個火堂都是火焰洞然熾盛，只有佛陀的坐處寂靜清涼，絲毫不見火光熱惱，立刻就踴身進入佛陀的中，為其所收伏。於是迦葉兄弟及弟子們也懾於佛陀的威神而皈依佛陀了。

除了火三昧之外，還有火遍處禪觀，這二者經常被混淆，但其實是不同的，火遍處的禪觀，只有行者自己看到整個宇宙都是火相，但其他人是看不到火相的。而火三昧則是在一定的空間中，不但自己見到遍處是火，他人見之也是一片火焰。這都是六大中屬於火大所產生的神通變化。

從宇宙理則觀察神通的運作

神通雖然是人類生命中，十分特殊的一種現象，但是所有的神通變化現象，是不可能脫離宇宙根本的因緣法則而獨立的。因此，我們要觀察神通現象，首先就以宏觀的立場，觀察整個宇宙現象界，而神通現象，自然也包含於其中了。

而當我們觀察全體現象界及其顯現的因緣之後，我們在此更要深入理解：這些實相背後，到底是依據什麼樣的原理原則來建立？如果能正確理解其建立的理則，那麼自然能掌握這些理則，來正確認知神通與體悟出神通修持的方便。

因此，在觀察宇宙的真實現象之後，我們接著從宇宙建構的根本原則——三法印與緣起性空，及生命轉動的十二因緣法則，來掌握宇宙實相的理則。

三法印——宇宙實相的三個理則

早在二千五百年前，釋迦牟尼佛在菩提樹下悟道，觀察整個宇宙間的實相，而歸納出三個原理，這三個原理，就是所謂的三法印：諸行無常、諸法無我、涅槃寂靜。三法印的建立，也契入釋迦牟尼佛所受的印度傳統文化的影響。釋迦牟尼佛針對整個印度乃至一切人間文化中對宇宙現象認知的錯誤，提出糾正——這也是三法印成立的因緣。

在印度的宇宙觀當中，主要是以「梵」為根本，不管梵是以人格的，或是一種超越意識的存在，基本上都將之視為「宇宙的第一因」，也就是宇宙萬象的創造根本。而將宇宙的創造根本落實於世間，必然有時間、空間兩種現象。在時間上，會執著於固定的創造開始時間點，而空間上必然執著於固定不變的「我」。這種錯誤的觀念，也就是讓我們身心不得自在變化的關鍵。

釋迦牟尼佛觀察到這樣的錯誤現象，了知他們只見到宇宙的一小部分，而有了錯誤的知見，並沒有看到全部的實相。不能了知整個宇宙完全是由因緣所生成的如幻現象。

宇宙在根本理則上是由法惟因緣所構成的，它是依著「有因有緣世間集，有因有緣世間滅」的原理運作的；而在現象上的相續而言，它是依著「有因有緣集世間，有因有緣滅世間」的實相因緣而顯現。這是釋迦牟尼佛對整個宇宙實相觀察的心法。

因此佛陀要破除印度傳統，乃至一切人間文化觀念上對於時間系統的執著。這種時間上的執著也就是執著時間是相續不變的，佛陀了知這種錯謬，就以「諸行無常」的實相來破除。「諸行無常」即是體認宇宙中的一切萬象一直都處在恆動的狀況，是不斷在緣起、緣滅的生滅現象中遷變。所以佛陀教導我們在時間的系統裡，一切都在無常的變化中。

而在空間系統上，宇宙間並沒有獨立自主、不受其他因緣影響的自性存在。宇宙中的一切事物都是由條件所構成，這種條件所構成空間因緣，就是「諸法無我」。而這一切的現象，都是沒有自性，都是由條件所構成，沒有恆常固定的自我存在。

了知時間和空間的無明纏縛，讓我們體悟了諸行無常和諸法無我，就能安住在生命圓滿的境界中，不再有任何的生命障礙；並將得到最圓滿的解脫，證得究竟寂靜涅槃。

三法印，是釋迦牟尼佛觀察宇宙現象所得到的實現真理，能適用在一切現象之中，從宏觀整個無量無盡的宇宙，到微觀所有微細的分子、粒子，三法印都是宇宙當中完全一貫的真相。所以三法印的觀察，也能應用在一切人間上；在一切現實的世間，我們都可以觀察到無我、無常的真實現象，並進而修證達到涅槃寂靜的境界。

「諸法無我」，是眾生不再執著於「我」；此時，如果能以全體生命投入宇宙的因緣，不再有我執，就能產生最大力量。對一切宇宙人生的現象，我們可以觀察到不間斷地無常變化，我們也可以依著這個事實而不斷地修行增上臻於圓滿，寂靜涅槃。了悟並證入三法印的實相，能使我們自身的生命，不再受到任何障礙，達到圓滿的解脫，而產生無礙的神通變化。

◎十二因緣——生命流轉的十二個過程

在《雜阿含經》中說：「有因有緣集世間，有因有緣世間集；有因有緣滅世間，有因有緣世間滅。」一生命生死相因，流轉不已；在一般人看來是生命的自然現象，也是自然的狀況，但是生從何處來？死往何處去？大多數的人卻是不甚了知的，只能無奈的接受生命這個事實。

但是，在佛陀而言並非如此，他已看到了宇宙的實相，生命如何產生、如何流轉、如何還滅，佛陀已完全通達，並將這個宇宙實相告訴了我們。

佛陀看到了宇宙的變遷，都是由條件所構成；凡是構成現象本身的，就是這個現象的條件，也就是「因緣」，因是主因，緣是助緣。而宇宙間一切法相的生滅變異，沒有一樣能離開因緣，一切都依於因緣。我們人之所以能夠光明、能夠修行、能夠成佛，也是在這生滅因緣的把握中，依據宇宙實相、佛法來實踐，去除染污，而達到還淨的歷程。

人生現有的痛苦，我們追究痛苦的來由，而後求得對治的方法，依此實行，而達到苦的還滅。我們要了知一切苦難生起與消滅的條件，使應生的生起，該滅的還滅。這也是釋尊初轉法輪時開示四諦的原因。

因緣有雜染的，也有清淨的，而有情的生死流轉，佛陀以緣起法來解說。緣起法的定義是「此有故彼有，此生故彼生」，說明一切萬物相互依持而存在的法則。其內容是：「謂無明緣行，行緣識，識緣名色，名色緣六入，六入緣觸，觸緣受，受緣愛，愛緣取，取緣有，有緣生，生緣老病死。」佛陀說這是「純大苦聚」。

佛陀觀察宇宙人生所得的結論是，宇宙中沒有絕對的東西，一切要在相對的關係下才能存在；由於無明的蒙昧、愛的染著，生死識身不斷地相續，不斷地流轉於生死苦海；苦因、苦果，一切在無可奈何的苦難中成為「純大苦聚」，這是有情的一切，也是生命的瀑流顯現的宇宙現實。

依緣起而成的生死相續，有「緣起」與「緣生」兩者。「緣起」是世間成立的因果理則；而「緣生」是因果所顯現的具體現實。宇宙的一切依緣起而成立，依緣生而現前，我們只有依著緣起、還滅的過程，才能夠達到平穩、寂靜的安樂世界。

佛陀從生命時間相續的觀念當中，建立了三世，三世即過去世、現在世、未來世。而且為了生命在時間上的相續，成立十二因緣的法義。

從無明開始，時間是不確定的，而當有我執產生的時候，就是無明的開始，所以叫無始無明。對生命而言，這一念的產生，就是時間的開始，所以是無始。

十二因緣是佛法核心的教義之一，其內容如下：

1. **無明**：我執、對立開始產生之時。
2. **行**：生命存續的意志力。
3. **識**：行以無明為核心，相續運作產生的意識、記憶。
4. **名色**：生命意識與受精卵的結合，精神與物質結合而有生命。
5. **六入**：生命不斷發展，產生眼、耳、鼻、舌、身意六入。

6. 觸：六入接觸色、聲、香、味、觸、法外境。

7. 受：由六根接觸外境後，產生種種感受。

8. 愛：「愛」又譯為「渴愛」，是指強烈的驅力，對自己喜愛的樂受，生起愛求的熱望，對厭惡、恐懼的苦受，就生起憎恨逃避的強烈欲求，進而驅動後續的行為執取。

9. 取：由愛之執著進而產生身、識、意等執取之行為。

10. 有：由執取的行為造成存有的現象。

11. 生：存有的現象推動生，即後續的存在。

12. 老死：有出生就會老死、死亡，輪迴不已。

以上這十二因緣法，是佛陀在菩提樹下觀察生命生死流轉的因緣所徹悟的真理。如果能回逆這輪迴的十二因緣，就是生命的解脫之道了。

在三世十二因緣當中，無明與行是過去因，現在五果是由識到受，現在三因是愛、取、有，而未來二果是生與老死。三世十二因緣建立在整個時間相續的過程，它探討整個生命、整個宇宙交互相存的關係。

由於十二因緣對時間序列的順、逆觀察，特別容易引發了知前世的宿命通。而佛陀在菩提樹下也是以觀察十二因緣而悟道，成證漏盡通。

佛陀在菩提樹下悟道時，於初夜獲得宿住智，中夜得天眼智明，後夜觀察生命流轉的因緣，徹悟了因緣法。

在《方廣大莊嚴經》卷九中記載，釋迦牟尼未成佛前，為菩薩身，在悟道時，於中夜分攝持一心，證得憶念過去宿命智，通觀過去自身及他者所受生事，皆悉了知一生二生及至十生，百生、千生、萬生、億生、百億生、千億生，乃至照過無量百千那由他拘胝數生，乃至成劫、壞劫，無量無邊成劫壞劫，皆悉能憶知，一一住處若名若姓，若色相、若飲食、若苦樂，若受生，若死沒。所有色相住處事業，若自身苦若他人，皆悉了知。

菩薩又作是心念：「一切眾生住於生老病死險惡趣中，不能覺悟，如何能了知生、老、病、死苦蘊邊際？」如此思惟之後，觀察這個世間，看到眾生在六道輪迴的生死大海中升沉，而生起了無比的大悲心。這六道的眾生，終日經營著虛假不實的生活，有清淨的，有不清淨的；有善的，有不善的；到了命終的時候，隨著各人的造作，在六道中又受著種種不同的苦和樂的果報。

接著，他又順向、逆向觀察生命流轉的十二因緣，而徹悟了因緣法，成證無上大覺。

佛法中有一類悟道的聖者——緣覺，他們並非隨從佛陀而聞法，是觀察飛花落葉等自然界的現象，體悟十二因緣而悟道。

在《佛本行集經》卷三十四，曾記載著佛陀初轉法輪即受法的五比丘之一的憍陳如長老，在本生因緣中，由於見到辟支佛現起不可思議的神通，而發心修行成就。

久遠以前，波羅城有一位辟支佛，由於年老生病，入於城中治病。有一位瓦師，看見辟支佛，生起清淨恭敬之心，就請其回家供養。瓦師在家附近蓋了一個小房屋，安置臥具等種種生活所需完備，請辟支佛在此安住養病。

當天夜裡，辟支佛入於火三昧，瓦師在家中看見小屋有大火光，以為是著火了，趕緊前往察看，只見辟支佛安然結跏趺座，如大火所聚，熾然放光，但其身莊嚴，不被火燒。瓦師看了這種不可思議的神通，信心倍增，更加恭敬的供養承事。

不久之後，辟支佛的病越來越重，終於入滅了。

瓦師見到辟支佛入涅槃，悲傷啼哭，到處向人哭訴，驚動了城裡許多人。大家問他為何哭得這麼傷心？他就把辟支佛的神通、因緣，其持戒、修行之精進告訴大家，而自己雖然盡力供給醫藥，延請大夫，辟支佛卻還是病終了。他因而悲傷至此。

正在說著時，空中出現了壯闊的奇景——有四百九十九位辟支佛，拿著栴檀香木，騰空飛行而來，為入滅的辟支佛進行火化荼毘。他們對瓦師說：「仁者！你能供養此大仙人，功德無可限量！」

原來這五百位辟支佛是一同在王舍城旁的諸仙居山修行，都具有大神通，而入滅的這位，正是其中最大最老者。

瓦師歡喜的請四百九十九位辟支佛回家供養一餐，得知不久將有釋迦牟尼佛出世，於是發願如同其師在辟支佛中為最老最大者，他也發願於釋迦牟尼佛的弟子中為最老最大者。由於這個善根因緣力，憍陳如長老在佛陀最初說法時，即能證知，入於聖果，成為釋迦牟尼佛座下最老最大的弟子。

從解脫之道掌握神通修行的路徑

佛陀體悟了宇宙的實相，並告訴我們悟道的方法，也就是生命中的解脫之道。了悟宇宙實相的智慧，可說是修學佛法的最後目的。而智慧又有不同的境界，世間的有漏智慧、初證悟佛法的智慧、聲聞阿羅漢的智慧、辟支佛（緣覺）的智慧、菩薩種種階位的智慧、佛陀最高的智慧等不同，因此，其所示現的神通境界也有高下之別。

而趣入智慧最常見的方法，則是由禪定入慧，如《阿含經》中常見的「五蘊觀」、「四諦觀」、「三三昧」、「八解脫」、「八勝處」等禪觀法門，都能使學人趣入開悟的智慧，成證廣大神通。

這是由於徹底了悟宇宙萬象形成的原理，能自在無礙改變物質現象，例如在《瑜伽師地論》中到的十八種神變中，就有能從身上出火，身下出水，令火成水，令水成火的物質自在轉化的神通變化。

除了上述所說，體悟宇宙實相的開悟智慧之外，還有最高、最完全的智慧——般若波羅蜜。

佛法的神通，以智慧為體性，因此，隨著智慧的深淺不同，所具足的神通能力也隨之不同。

般若波羅蜜是諸佛菩薩所具足的，他們依此而出生如幻三昧，從事救度眾生的慈悲行動。菩薩常入如幻三昧，安住大悲，現觀一切眾生、法界如幻，而能予以無邊的救度。這時，由於如幻堅固如實，所以引生所謂的「報生三昧」，現起無邊身廣度眾生；這時，眾生應以何身得度者，則現何身而為說法，就如同觀世音菩薩一般隨處應現，這是菩薩大悲如幻三昧不可思議的變化。

諸佛菩薩了悟法界是現空如幻而體性一如的，因此宇宙的萬象正宛如幻人所作的幻事一般，幻起幻滅，並沒有不變的自體存在，因為一切皆空，眾相一如；只要體悟宇宙實相，加上因緣條件具足，自然能出生種種廣大不可思議神變。

三十七菩提分法——三十七種證得漏盡通的路徑

如何證得圓滿的智慧呢？佛陀為我們建立了三十七個路徑，也就是所謂的三十七道品。這是指三十七種能讓我們達到菩提證得解脫的方便大道。

三十七菩提分法，包含了四念住、四正斷、四神足、五根、五力、七覺支、八正道等菩提道法的內容。

依循此三十七菩提分法，可次第趨於菩提，所以稱為菩提分法。這三十七種方法，又可總攝為七大類：

1. 四念住

又作四念處。身念處，也就是觀此色身皆是不淨；受念處，觀苦樂等感受悉皆是苦；心念處，觀此識心念念生滅，更無常住；法念處，是觀諸法因緣生，無有自主自在之性，是為諸法無我。

2. 四正勤

又作四正斷，就是：已生惡令永斷，未生惡令不生，未生善令生，已生善令增長。

3. 四神足

又稱為「四如意足」。「如意」是指如意自在的神通。「神」是指其「不測」而言，此種通以定為其依止的腳足，所以稱「定」為「如意足」或「神足」。而得證此定的方便有：欲、精進、念、思惟四者。

第一是「欲如意足」，也就是希慕所修之法能如願滿足。「精進如意足」，則是對於所修之法，專住一心，無有間雜，而能如願滿足。「念如意足」，是對於所修之法，記憶不忘，如願滿足。「思惟如意足」，是心思所修之法，不令忘失，如願滿足。

在《長阿含》卷五〈闍尼沙經〉中說，各種神足通都是由此四神足所發起：「復次諸天，如來善能分別說四神足。何等謂四？一者欲定滅行成就修習神足，二者精進定滅行成就修習神足，三者意定滅行成就修習神足，四者思惟定滅行成就修習神足，是為如來善能分別說四神足。又告諸天，過去諸沙門婆羅門，以無數方便現無量神足，皆由四神足起。」《法蘊足論》卷四〈神足品〉中也說：「世尊告苾芻眾，有四神足。何等為四？謂欲三摩地勝行成就神足，是名第一；勤三摩地勝行成就神足，是名第二；心三摩地勝行成就神足，是名第三；觀三摩地勝行成就神足，是名第四。」

修持四神足可以達到何種神通境界呢？在《阿含經》中曾說，證得四神足，也就是四種如意通者，能壽命自在，住世長達一劫的時間。

佛陀年老之時，曾經告訴阿難：「如來是得證四種如意神通者，所以能在世間住世一劫，而現在如來壽命多少呢？」

當佛陀問了三次之後，但是因為天魔迷蔽了阿難的心，所以阿難不但沒有回答，請佛陀住世，而且還從座上起身，自己到森林中禪坐。

這時天魔就立即現身來請佛入滅，他說：「如來啊！您在世間教化眾生已經很久了，承蒙佛陀濟度的流轉眾生，宛如塵沙那麼多。現在應當是您享受寂滅涅槃之樂的時候了！」

世尊就取了少許的土放在手上，問天魔說：「你看是大地的土多呢？還是我手上的土多？」

「大地的土較多。」

「我所度化的眾生，不過如手中的土，未度的卻如同大地土。雖然如此，我住世的因緣已盡，再三個月之後，我將入於涅槃。」

雖然佛陀具有四神足，有住世一劫壽命自在的能力，但是由於沒有具足住世的因緣，所以，還是在魔王的祈請下入滅了。

修持四神足，除了可以具有長達一劫的壽命之外，在《佛說大乘菩薩藏正法經》卷三十二中還說，菩薩修持四神足，可以現前獲神境通，而且能「常觀矚一切有情，一一神變，皆能調伏一切有情。」此外，這種神變又普能顯現，一一身相，前往調伏各類眾生。

經中說：「又彼如是一一身相，能往調伏諸有情類，又彼如是一一身相，復能顯現，或佛身相，或緣覺身相，或聲聞身相，或大梵王身相，或護世天身相，或轉輪王身相，又彼所現一一身相，而復顯現如是身相，能往調伏一切有情。」

4. 五根

根，是能生之意，此五根能生一切善法。信根，篤信正道及助道法，則能生出一切無漏禪定解脫。精進根，修於正法，無間無雜。念根，乃於正法記憶不忘。定根，攝心不散，一心寂定。慧根，對於諸法觀照明了，是為慧根。

5. 五力

力是力用，能破惡成善。信力，使信根增長，能破除一切疑惑。精進力，精進根增長，能破除身心的懈怠。念力，念根增長，能破一切邪念，成就出世間的正念功功德。定力，定根增長，能破諸亂想，發起諸禪定。慧力，慧根增長，能遮止三界見思之惑。

6. 七覺支

又作七覺分、七覺意。

⑴擇法覺分，能揀擇諸法之真偽。

⑵精進覺分，修諸道法，無有間雜。

⑶喜覺分，契悟真法，心得歡喜。

⑷除覺分，能斷除諸見煩惱。

⑸捨覺分，能捨離所見念著之境。
⑹定覺分，能覺了發起禪定。
⑺念覺分，能思惟所修之道法。

7. 八正道

又稱作八聖道、八道諦。
⑴正見，能見真理。
⑵正思惟，心無邪念。
⑶正語，言無虛妄。
⑷正業，住於清淨善業。
⑸正命，依法乞食活命。
⑹正精進，修諸道行，能無間雜。
⑺正念，能專心憶念善法。
⑻正定，身心寂靜，正住真空之理。

這三十七種幫助眾生趣入無上正等正覺的方法，除了能使眾生開悟解脫，證得漏盡通，乃至悟入無上正等正覺之外，其中如四神足的修持，更能引發種種不可思議的神通能力。

從悲心與智慧觀察佛菩薩的神變

空是法界的實相，但由於菩薩的悲心廣大難思，於是能從空中生出如幻的境界，現起不可思議的神通變化。

在佛法中，小乘是以解脫為重心的，因此當一個人修證成為阿羅漢或辟支佛時，就解脫證入於涅槃。同時他不再接受無明相續的生命存有，而證入寂滅的境界。

但是菩薩由於大悲心的展現，所以他能在現空的法界中，不入涅槃，而生起如幻三昧，示現無邊的幻化身，來救度眾生。我們可以從《地藏經》中看到地藏菩薩示現的故事。

當佛陀在忉利天上為母親摩耶夫人說法時，在忉利天上，十方無量世界不可說不可說的一切諸佛及大菩薩摩訶薩，都前來集會，讚歎釋迦牟尼佛能在五濁惡世之中，示現不可思議的大智慧神通力量，調伏剛強的眾生，使他們知道生命的苦難而樂於學習佛法。

這時，百千萬億不可思議，無量阿僧祇世界中，所有地獄之處的分身地藏菩薩，都前來會集在忉利天宮之上。

這時，世尊舒放起金色的手臂，撫摩百千萬億不可思、不可議、無量阿僧祇世界，各個分身的地藏菩薩摩訶薩的頭頂，殷切咐囑無數分身的地藏菩薩，要守護無佛世界的眾生，使其永離痛苦，入於解脫。

此時，所有世界的分身地藏菩薩，豁然共同再恢復成為一身，涕淚哀泣的向佛陀發願必會以無量分身，遍滿百千萬億恆河沙的世界，在每一個世界之中，又化現百千萬億身，每一身救度百千萬億人，使他們歸敬三寶，永離生死的痛苦，而至涅槃的喜樂。

誓願弘深的地藏菩薩，以廣大的神通，分身千百億，遍布無量世界，承受如來的咐囑，在無佛的世界，守護一切生命。

在經典中有所謂的如幻三昧，正是一切菩薩三昧的根本，也是諸佛、菩薩示現無邊妙身救度一切眾生的緣起。

修持如幻三昧的菩薩，雖然已經能夠自在地出入涅槃的境界，不受無明生命的存有，但是由於大悲心的緣故，仍然可以留惑潤生，不安止在寂靜涅槃之中，而廣度眾生。他可以在一切的法界因緣當中，參與救度其他生命的種種幻化。

大悲菩薩修習三昧——空、無相、無願三昧，而不證入涅槃實際，顯現無邊廣大的救濟事業，這是如幻三昧現起的因緣。

入如幻三昧的人，就好像幻化的人住在一起，所作幻事，遍滿世界，能變化出種種軍隊、宮殿、城市，日常中的種種飲食、歌舞娛樂，也有恐懼、悲傷、快樂等種種情緒。菩薩也是如此，當其安住於三昧時，能在十方世界變化，遍滿其中，作種種空華佛事，利益眾生，但是菩薩心不動，也不會執著外相。

這種如幻三昧的現起，是住於八地的大菩薩所證得的大三昧。這是由於其順入眾生心，順觀一切眾生心之所趣，而發起大悲之後的成就。因為菩薩若住於七地，不著我等二十種法見，盡行十八空而成具足空，一切無可得，欲取涅槃；這時，因自具大悲種種因緣及十方諸佛擁護，所以還生度一切眾生心，生起如幻三昧，示現不可思議境界。但因根本體性無著的緣故，所以心自不動，亦不取任何心相；因此，如是救度一切眾生，實無一眾生得度者。

菩薩常入如幻三昧，安住大悲，現觀一切眾生、法界如幻，而能予以無邊的救度。這時，由於如幻堅固如實，所以引生報生三昧，現起無邊身廣度眾生；這時，眾生應以何身得度者，則現何身而為說法，就如同觀世音菩薩一般隨處應現，這是菩薩大悲如幻三昧不可思議的變化。

依佛法的觀察，法界是現空如幻，而體性一如的。因此宇宙的萬相正宛如幻人所作的幻事一般，幻起幻滅，並沒有不變的自體存在，因為一切皆空，眾相一如，所以種種神通的變化，只要體悟宇宙實相，因緣條件具足，自然是水到渠成了。

2

神通境界的差別

世間的神通變化

神通變化的現象無量，即使同一種神通，也有深淺不同的境界。這種種差別是從何而來的呢？

種種神通變化的現象，最根本的原理是緣於：宇宙的體性是空、是無常的、能變化的。因此只要具備足夠的條件，即使尚未能了悟神通變化的原理，也能具備神通能力，一般世間的神通就是屬於此種類型。

當然，如果能體悟宇宙的實相，對神通變化的理則更加通達，其變化的境界自然更加高明，如悟道的阿羅漢及辟支佛的神通，即屬此類。

如果了悟了宇宙空的實相，卻能從中生起大悲心，誓願度化眾生，由於這種強大的動機，而來學習神通，這種從空中出生如幻的救度，卻無所執著，了知《金剛經》中所說：「如是滅度一切眾生，而實無眾生得滅度者。」這種智慧稱為「般若波羅蜜」，而其所具足的神通，則稱為「神通波羅密」，這是菩薩所具有的神通。菩薩的神通和二乘聖者相較之下，更加廣大不可思議。

而最圓滿的神通，則是如來的神通，佛陀是無上的大覺悟者，周遍體解了宇宙的實相，所以如來的神變可以說是宇宙實相的全體體現，對眾生而言是不可思議的神通境界，對如來而言，則法界本然如是。

前述所說的神通，是依於實相智慧所生起，屬於出世間的神通。此外，在《宗鏡錄》卷十五中，依獲得神通的方式，將神通分為道通、神通、依通、報通、妖通等五種種類，其中道通就是指由於了悟實相之理所發起的神通，也就是除了智慧解脫的漏盡通之外，同時具足天眼、天耳、他心、宿命、如意通等五通，也就是六通同時具足的神通。

而道通、神通、依通、報通、妖通，則是一般世間常見的神通類型。其中「神通」是指以禪定力所引發的神通能力，而「依通」則是指由藥力、符籙、或是咒語所獲得的神通力。「報通」則是依業力的果報所獲得之神通力，天人、阿修羅、鬼神等的通力，都是屬於此類。如在《起世因本經》卷七中，說諸天人有十種特別之處，其中有「行來去無邊」、「來去無礙」、「行腳無蹤跡」，而且身自然光明，有神通力，能飛騰虛空。這是屬於天人報得的神通。

除了前述所說的神通之外，道家也有類似的神仙變化之術，如化石為水、消金作液的金丹變化，召致蟲蛀、合聚魚鱉的法術變化；入淵不溼、蹴刃不傷的神通變化；以及變易形貌、興雲吐霧的幻術變化，除了金丹變化屬於煉丹術之外，餘均與古來相傳的巫術、方術及西來的幻術、佛教神通有關。

在《抱朴子》〈對俗篇〉中說：「若道術不可學得，則變易形貌，吞刀吐火，坐在立亡，興雲起霧，召致蟲蛇，合聚魚鱉，三十六石立化為水，消玉為飴，潰金為漿，入淵不沾，蹴刃不傷，幻化之事，九百有餘。」

在《後漢書》中也記載，費長房有神術，張霸好道術，能作五里霧。葛洪所著的《神仙傳》及《抱朴子》其他篇也多記載奇異之事，如：左慈兵解、甘始不飲食，費長房縮地脈、李仲甫能隱形，都見於《神仙傳》。

至於有關墨子五行記的傳授，卷八記載一個名為劉政的神仙之術，他：「凡年百八十餘歲，色如童子。能變化隱形，以一人分作百人，百人作千人，千人作萬人。又能隱三軍之眾，使成一叢林木；亦能使成鳥獸。設取他人器物，易置其處，人不知覺。又能種五果，立使華實可食……又能一日之中行數千里，能噓水興雲、奮手起霧，聚土成山，刺地成淵，能忽老忽少，乍大乍小，入水不沾，步行水上。」

而在這種變化之術中，也包含用藥及符籙所產生的神通，如葛洪敘述墨子《五行記》中用藥及符的變化之術：「其法用藥用符，乃能令人飛行上下，隱淪無方，含笑即為婦人，蹙面即為老翁，踞地即為小兒；執杖即成林木，種物即生瓜果可食；畫地為河，撮壤成山，坐致行廚，興雲起火，無所不作也。」

除了能在空中飛行，隱身自在，「畫地成河」、「撮壤成山」等變化之外，葛洪也提到在《玉女隱微》中，有「化形為飛禽走獸、金木玉石、興雲致雨方百里、雪亦如之，渡大水不用舟梁，分形為千人，因風高飛，出入無閒，能吐氣七色，坐見八極，及地下之物，放光萬丈，冥室自明，亦大術也」。

這種變化為飛禽走獸、金木玉石等外形，能興雲下雨。降雪，能以一身分形為千人，乘風高飛……。

此外，其中提到可「坐見八極，及地下之物」，則與天眼通的神力頗為相似。

世間種種變化之術，種類之多，令人目不暇給，但是其變化的軌則卻是相同的。一般世間的神通，多為依賴外力而成，並非自身的力量，因此在神通變化的深度、廣度及穩定度上，比起禪定所得的神通則略遜一籌。

禪定的神通

和一般的神通相較之下，禪定的神通是較為高明的神通，要獲得神通，必須具有一定的條件，而最常見的要件則是禪定。但是，許多人以為入定就能產生神通，這是錯誤的觀念。除了有些人因為入定而引發宿世的神通之外，一般人在獲得初禪以上的定力之後，還是要透過正確的修習方法，才能引發神通。

禪定的定，是指令心專注而達於不散亂的精神作用，或是指在凝然寂靜的境界，原來是梵語 samadhi（三摩地、三昧）之音譯。我們經由規範的生活，也就是「戒」，來防止身心的散亂，再透過調身、調息、調心的修持，產生統一身心的定。

一切令心不散亂的修行，以及由此而有的特殊精神境界，都通稱為定，而其境界則有許多層次的差別。

佛教向來重視禪定的修學，是因為禪定為開啟智慧的基礎，並非以發起神通為目的。禪定只是智慧的基礎，有定力而無智慧是無法解脫的。

如果依禪定的內容及其修行的階段，可以將禪定分為多種，基本世間禪定包括四禪與四空定，合稱為四禪八定。

四禪是指：

初禪：遠離各種欲望，遠離各種不善法；有覺（粗糙的身體支分觸覺）有觀（細緻的中樞神經感受），離生喜樂，具足初禪。

二禪：覺觀都止息了，內心清淨，心念統一，無覺無觀，定生喜樂，具足二禪。

三禪：捨離喜心，依捨喜心而住，有念有正知，受身之樂，有捨有念而樂住，具足三禪。

四禪：斷盡苦樂，己滅捨憂，故不苦不樂，依捨而念乃清淨，具足四禪。

而四空定則是：

空無邊處定：得滅除一切物質現象的色境心想，而證入無邊的虛空定境。

識無邊處定：捨棄外在所緣的空境，唯有緣於內心意識，入於無邊的心識行。

無所有處定：厭離意識廣緣的苦境，滅除意識想，證入無所有的定境。

非想非非想處定：捨離無所有的感受，達於非想（無粗想）非非想（有微細想）的境界。

以上四禪八定之中，只有前七個定境能引生智慧，達到解脫，所以稱為「七依處」，非想非非想處定，由於定心太細，所以無法產生智慧而達於解脫。

除了四禪八定之外，又有「無心定」，可分為「無想定」與「滅盡定」，均為滅除心、心所的定境；無想定係凡夫及外道誤認無想狀態為真正的涅槃而修習的禪定；滅盡定則是聖者修習無餘涅槃界的定境。

為什麼要修習禪定呢？為要使心統一，能以明鏡止水般的心，觀察諸法實相，獲得正確的智慧；使心空明，俾得採取適切的判斷及迅速確實的處置。

關於禪定的功德，簡單而言有如下五種：

得現法樂住：有助於身心的樂住健康。此即禪被視為安樂法門、健康法門之原由。

得觀（毘鉢舍那）：即得到開悟的智慧（漏盡智）。

得神通：即獲得天耳通、他心通、宿命通、天眼通、神足如意通等五神通。

生於勝有（殊勝幸福的色界與無色界）：投生於天界等殊勝的存有，這是一般人的看法，佛法中並不認為如此，反而認為人間苦樂攙半，適合修行，才是最殊勝的。

得滅盡定：唯有聖者才可得的清淨無心定，是比世間禪定非想非非想處定更加殊勝的禪定。

在禪定引起的神通中，有所謂的「十四變化心」，就是指在初禪、二禪、三禪、四禪所出生的神通變化。

十四變化心，是指由神境智通所引發的十四種能變化心。又稱十四變化，或十四化心。在《俱舍論》卷二中說：「神境通果能變化心力，能化生一切化事。此有十四，謂依根本四靜慮生有差別故。依初靜慮有二化心，欲界攝，初靜慮。第二靜慮有三化心，二種如前，加二靜慮。第三有四，第四有五。謂各自下，如理應思諸果化心依自上地必無依下。下地定生不生上果，勢力劣故。」

修四禪而得神境智證通，並依之而化現種種變化事時，其能變化心各於自地與下地有作用，所以初禪具有初禪地與欲界二變化心，二禪有二禪、初禪及欲界三變化心、三禪有三禪與二禪、初禪、欲界等三變化心、四禪也有自地與前四心，加起來總共有十四種變化心。

而這十四變化乃所作化事的類型，大約可分為八種類型。在《大智度論》卷六中說：「是十四變化心，作八種變化：一者能作小乃至微塵，二者能作大乃至滿虛空，三者能作輕乃至如鴻毛，四者能作自在能以大為小以長為短如是種種。五者能有主力，（有大力人無所下故言有主力）。六者能遠到，七者能動地，八者隨意所欲盡能得，一身能作多身，多身能作一，石壁皆過，履水蹈盤，手捫日月，能轉四大。地作水、水作地、火作風、風作火、石作金、金作石是變化。」

這十四種變化心，能化為八類的變化：

1. 能變小至微塵。
2. 能變大如虛空。
3. 能化輕如羽毛。
4. 能將大變小，小變大，長變短，短變長等。

5.有自主的力量。

6.能在剎那間到遠地。

7.能使大地震動。

8.能隨心所欲，一身化多身，多身作一身，物質等變化。

十四種變化心，是基本的變化，對佛、菩薩而言，其神通境界更加廣大不可思議。如《大乘義章》卷十八中就說，菩薩有二十種變化心，這是因為菩薩是四禪發神通，而上地能含下地之故，所以即使是住於初禪的菩薩，也已具有四禪的境界，所以在初禪、二禪、三禪、四禪各地時，皆能出生欲界、初、二、三、四禪等五種變化，所以共是二十種變化心。在《大乘義章》卷十八中說：「言二十者，菩薩依於四禪發通，一一皆能為五地化，所謂欲界乃至四禪故有二十，良以菩薩神通自在故能如是。」菩薩要生起種種變化事時，先作是念：「我當變化如是事。」然後入於禪定中，自然示現變化之事。

此外，佛陀的變化境界又和聲聞不同。聲聞行者依於十四變化所化現的諸多化身，要化主說話時，化身才會說，而且所說的音聲、內容都相同，而佛陀則不同。如《阿毘達磨俱舍論》卷二十七中說：

若一化主起多化身，要化主語時諸化身方語，言音詮表一切皆同故。有伽他作如是說：

「一化主語時，諸所化皆語，

一化主若默，諸所化亦然。」

此但說餘，佛則不爾，佛諸定力最自在故，與所化語容不俱時，言音所詮亦容有別。

論中說，佛因定力最自在的緣故，化主與化身所說的話不必同時，而語音、詮釋也有所不同。在《大乘義章》卷十八中，就有佛陀的化影在佛陀入滅後，仍然留在羅剎崛的記載：「如佛滅後餘留影象住羅剎崛，母從天來起坐說法。」這個化影在佛母來此石窟時，還起坐說法。

開悟者的神通

具足智慧的神通，比起世間神通及禪定神通的境界更加高明。

佛法的神通以智慧為體性。經典中常以「明」來分別悟道者的神通與世間神通的不同。而這種智慧的神通，悟道者才具有的。

佛法中常說的「三明六通」，其中「三明」就是指天眼明、宿命明、漏盡明，而六通則是天眼通、天耳通、他心通、宿命通、神足通、漏盡通。在《大智度論》卷二中，記載著「通」與「明」的不同：

「神通、明有何等異？」

答曰：「直知過去宿命事，是名『通』，知過去因緣行業，是名『明』，直知死此生彼，是名『通』，知行因緣際會不失，是名明。直盡結使不知更生不生，是名通，若知漏盡更不復生，是名『明』。」

以「宿命通」和「宿命明」為例，兩者有何不同呢？如果能了知過去宿命現象，如此名為「宿命通」，如果能進一步了知過去因緣行業，如此稱為「宿命明」。

宿命通只能看到過去生的生命現象，卻無法明晰了解其因緣；而宿命明則是除了看到現象之外，還能了解現象背後的因緣。

同樣的，能觀察從此生死後投生彼處，是名「天眼通」；能了知為何如此的因緣際會，不失正念，則稱為「天眼明」。就如同古代兩個具有神通的人，同時以天眼觀察未來，其中一人看到汽車在街上奔馳，但可能只能看到車子，卻不知道這個東西是做什麼用的。而另一個具有天眼明者，他不但看到，而且能了知這是一種交通工具，在過去是牛車、馬車，後來演變為汽車、甚至未來的太空梭、太空船。

同樣的，如果能斷煩惱，稱為「漏盡通」，但不知其未來否會再生起；如果了知煩惱盡除後，不再生起，如此稱為「漏盡明」。

這種智慧神通是已經解脫的大阿羅漢、大辟支佛才有的。但是這和如來的神通境界又有差別，阿羅漢、辟支佛雖然能了知過去、現在、未來種種因緣，卻尚不能遍達。

此外，在經典中也常將三明六通並列，以此來形容證得俱解脫的大阿羅漢。所謂的「三明」（梵語 tri-vidya），又稱為三達、三證法，達於無學位，除盡愚闇，而於三事通達無礙之智明。即：

1. 宿命智證明

又作宿住隨念智作證明、宿住智證明、宿住智明、宿命智。是指明白了知我及眾生一生乃至百千萬億生相狀之智慧。

2. 生死智證明

又稱為死生智證明、天眼明、天眼智。即了知眾生死時生時、善色惡色，或由邪法因緣成就惡行，命終生惡趣之中；或由正法因緣成就善行，命終生善趣中等等生死相狀之智慧。

3. 漏盡智證明

又作漏盡智明、漏盡明、漏盡智。這是了知如實證得四諦之理，解脫漏心，滅除一切煩惱等之智慧。

這三明相當於六通中的宿命通、天眼通及漏盡通。由於三者都是以智慧對治愚痴，所以稱為三明。在《俱舍論》卷二十七中將這三明，稱為無學明，也就是說，這三明是由無學的阿羅漢聖者所生起的境界。其中前二明有時也起於前三果的有學聖者，而不限四果阿羅漢，但是第三漏盡明則僅有阿羅漢能證得。

開悟的聖者，具足了以智慧為核心的根本神通——漏盡通，甚至更進一步從禪觀發起天眼明、宿命明、漏盡明，及天耳通、他心通、如意通，共稱為三明六通。他們所展現的神通境界，在深度和廣度上，都超越了世間的神通境界。

以「宿命通」和「宿命明」為例，以下這個故事可以很清楚的說明宿命通和宿命明的不同。

佛陀住世的時代，有一個年輕的屠夫，求見阿闍世王，向大王請求一個奇怪的願望：「大王，在節會祭祀時，必須屠殺牲畜，請大王賜我盡情的屠殺。」

阿闍世王很奇怪，就問他：「這種屠殺的事，大部分的人都不樂意擔任，你為什麼樂此不疲呢？」

「因為我往昔就是由於屠羊而獲得生天果報的。」

原來這個人生來有宿命通，能看到前生之事：「往昔我原來是個窮人，以屠羊為業，得以生活，也因此而得生四天王天，夭壽盡後來生人間，又再繼續屠羊，死後又生於第二天，如是六世皆以屠羊為業，而能六次生於天上。」

阿闍世王對他的話感到很懷疑，就去請問佛陀。

佛陀說：「此人確實沒有妄語，因為他的確看到如此。但是其宿命通剛好只能看到六生前，無法看到七生前。他在七世前，曾經遇到辟支佛，心中非常歡喜，至心諦觀，生起善心，因為這個功德，而能六次生於天上，而且具有天生的宿命通。」

佛陀說：「他所做的福報成熟了，所以受生天上，但屠羊的惡業尚未成熟，所以未報，但是，實際上當他今生命盡時，就會落入地獄受諸苦毒。由於他的宿命通很淺薄，只能看到前六世，而誤以為屠羊是生天之因。」

七天以後，屠夫果然命終，落入地獄承受苦報。

由這個例子，我們可以看到「宿命通」和「宿命明」的不同，宿命通只能看到過去生的生命現象，卻無法明晰了解其因緣，而宿命明則是除了看到現象之外，還能了解現象背後的因緣。

同樣的，能觀察從此生死後投生彼處，是名「天眼通」，能了知為何如此的因緣際會，不失正念，則稱為「天眼明」。這部分在後續會有更深入的探討。

菩薩的神通波羅蜜

神通波羅蜜是菩薩所特有，度化眾生至彼岸的善巧方便，與般若波羅蜜有密切的關係。菩薩安住在一切法空的般若波羅蜜中，卻不會如同二乘聖者一樣入於寂滅，而能生起神通波羅蜜，行如幻大悲的救度事業。這是因為菩薩的悲心廣大難思，於是能從空中生出如幻的境界，現起不可思議的神通變化。

在佛法中，小乘是以解脫為重心的，因此當一個人修證成為阿羅漢或辟支佛時，就解脫證入於涅槃。同時他不再接受無明相續的生命存有，而證入寂滅的境界。但是菩薩由於大悲心的展現，所以能在現空的法界中，不入涅槃，而生起如幻三昧，示現無邊的幻化身，來救度眾生。

由於菩薩一心行般若波羅蜜的緣故，如果發心修持神通，則能發起神通波羅蜜。如《大智度論》卷四十引經中所說：「有菩薩摩訶薩，行般若波羅蜜時，修神通波羅蜜，以是神通波羅蜜受種種如意事，能動大地，變一身為無數身，無數身還是一身，隱顯自在，山壁樹木皆過無礙如行空中，履水如地，凌虛如鳥，出沒地中如出入水，身出煙炎如大火聚，身中出水，如雪山水流，日月大德威力難當而能摩捫，乃至梵天身得自在，亦不著是如意神通。」

為什麼菩薩要學習神通呢？在《大智度論》卷九十四中說：「若菩薩遠離神通波羅蜜，不能得饒益眾生，亦不能得阿耨多羅三藐三菩提，是菩薩摩訶薩神通波羅蜜，是阿耨多羅三藐三菩提道。」

經中說神通波羅蜜是「阿耨多羅三藐三菩提道」，意思是「成就無上正等正覺」的佛道，也就是說一切神通的修學，都是以度化眾生為核心。

具足般若波羅蜜的菩薩神通

菩薩的神通波羅蜜，依大悲起用之外，並了知神通境界空幻不可得，於其中不生執著，所以《大智度論》同卷中說：「是菩薩摩訶薩行般若波羅蜜時，能生如是天眼，用是眼觀一切法空，見是法空不取相不作業，亦為人說是法，亦不得眾生相，不得眾生名。如是菩薩摩訶薩用無所得法故，起神通波羅蜜。」

而在《大智度論》卷三十七中，更進一步說明神通不可執著的道理。經中說：

問曰：菩薩何以故不作是念：「我以如意神通飛到十方，供養恭敬如恆河沙等諸佛？」

答曰：已拔我見根本故，已摧破憍慢山故，善修三解脫門三三昧故，佛身雖妙，亦入三解脫門，如熱金丸，雖見色妙，不可手觸。

又諸法如幻如化，無來無去無近無遠，無有定相，如幻化人誰去誰來，不取神通國土此彼近遠相故無咎。若能在佛前住於禪定。變為無量身至十方供養諸佛無所分別。已斷法愛故。餘通亦如是。菩薩得是五神通，為供養諸佛故，變無量身顯大神力，於十方世界三惡趣中度無量眾生。

論中說這是因為諸法如幻如化，無來無去，無有定相，不可執著，所以菩薩了知此實相，故於神通不可執著，而能示現神通廣度一切眾生。

在《大智度論》卷八十六中，引述佛陀自說其於菩提樹下神通的經驗來說明神通不可執著，與智慧相應，而得證無上正等正覺。經中說：「我於是諸禪不受果報，依四禪住起五神通，身通、天耳、知他人心、宿命通、天眼證，於諸神通不取相，不念有是神通，不受神通味，不得是神通，我於是五神通不分別行。須菩提！我爾時用一念相應慧，得阿耨多羅三藐三菩提。」

菩薩體悟神通事及己身皆不可得，由此不生執著。由於自性空故，自性離故，自性無生故，所以菩薩除了因為菩提心之外，不會生起：「我得神通的心」，同樣的，菩薩以天耳清淨，能聞天上及人間，但卻不執著，同樣的，對他心通智也是如此。

菩薩神通的特色

在《大乘莊嚴經論》卷二中說明菩薩的神通有三種廣大：

一、**自在大**，眾生由煩惱故不得自在，菩薩智力能自在安置故。

二、**歡樂大**，由常勤利益眾生一向樂故。

三、**無畏大**，行於三界中得極勇猛，如師子故。

菩薩安住於諸法實相，行般若波羅蜜，因大悲方便力而出生神通波羅蜜，如此生起天眼、天耳、神足通，及他心智、宿命智、了知眾生生死。

緣於度化眾生的悲心，及智慧的廣度不同，菩薩的神通所展現的風貌，又比二乘聖者豐富許多。除了六種基本的神通類型之外，在《華嚴經》中記載著十地菩薩具有十種神通智明：

1. **善知他心智明**：如實了知一切眾生的心念。
2. **無礙天眼智明**：指菩薩能照見種種眾生死於此處生於彼處，所投生的善惡諸趣，及其所受之痛苦快樂，乃至種種思願業行等。
3. **深入過去際劫無礙宿命智明**：菩薩得證九世眼，所以對過去世一切世界自身及他者之本生因緣，以及過去諸佛因果等，悉皆能憶念。
4. 深入未來劫無礙智明：菩薩能了知一切世界未來無量眾生的業報現象及未來諸佛的因

果。

5.無礙清淨天耳智明：即菩薩成就無礙天耳，於十方世界遠近等一切音聲皆能隨意而聞，於如來所說皆能聞持不忘失，廣說妙法而度化眾生。

6.安住無畏神力智明：菩薩能自在無礙來往參訪十方世界現在諸佛處所，讚歎供養，常聞正法，成滿勝願，修習無量妙行。

7.分別一切言音智明：菩薩能了解無量世界，無論是有佛法之地，或是無有佛法的非人等一切之語言及其法義。

8.出生無量阿僧祇色身莊嚴智明：菩薩善知一切色身，而也深入無色身之法界，隨其所應住持而變現無量無邊之色身，以度化眾生。

9.一切諸法真實智明：菩薩了知一切法之真實義，不執著世間方便之義理，也不執著究竟解脫的義理，不捨離本願，能攝取眾生，恆具足成就無礙自在的智慧作用。

10.一切諸法滅定智明：菩薩在滅盡定寂然不動，而也不捨大慈悲，滿足一切菩薩行。

除了三明六通的基本神通變化之外，菩薩大三昧的境界更是不可思議。而其中的如幻三昧可說是一切菩薩三昧的根本，也是諸佛、菩薩示現無邊妙身救度一切眾生的緣起。

大悲菩薩修習三昧——空、無相、無願三昧，而不證入涅槃實際，顯現無邊廣大的救濟事業，這是如幻三昧現起的因緣。

修持如幻三昧的菩薩，已經能夠自在地出入涅槃的境界，不受無明生命的存有限制，但是由於大悲心的緣故，仍然可以留惑潤生，不安止在寂靜涅槃之中，而廣度眾生。他可以在一切的法界因緣當中，參與救度其他生命的種種幻化。

菩薩的神通境界，其中最被廣為傳誦的，要算是觀世音菩薩的無量化身了。

化身千百億的觀世音菩薩，常以女性慈母形象出現，手持淨瓶、楊柳，此外，就有所謂的三十三體觀音，在西藏佛教中也有六觀音，金剛界、胎藏界的觀音又各有不同的形態，可說是千變萬化。

〈觀世音普門品〉中說，菩薩有三十三種應化身，這些應身都是：眾生應以何身得度者，菩薩即現何身而為說法。應以童男童女身得度者，即現童男童女身而為說法；應以佛身得度者，即現佛身而為說法。所以此時菩薩並不一定以菩薩的形象出現，他可能是婆羅門，可能是比丘、比丘尼，亦可以是帝釋身、大自在天身、夜叉身、阿修羅身，這種種身都是為了大悲教化眾生而隨順應現的。

經典中所記載的觀音化身，可以歸納為以下幾類：

聖者三位：佛身、辟支佛身、聲聞身。

天界六種：大梵王身、帝釋身、自在天身、大自在天身、天大將軍身、毗沙門身。

道外五族：小王身、長者身、居士身、宰官身、婆羅門者。

道內四眾：比丘身、比丘尼身、優婆塞身、優婆夷身。

婦童五級：長者婦女身、居士婦女身、宰官婦女身、婆羅門婦女身、童男身、童女身。

天龍八部：天身、龍身、夜叉身、乾闥婆身、阿修羅身、迦樓羅身、緊那羅身、摩羅迦身。

二王一神：執金剛身。

這些身形從佛位至道外眾生、天界到阿修羅等等，為了隨順眾生根機的千變萬化而變種種身。

為什麼觀世音菩薩能成就這不可思議的化身呢？這是由於其大悲願力不可思議的緣故。

在《華嚴經》中善財童子在參訪觀世音菩薩時，觀世音菩薩曾具體說明其本願：

善男子！我已成就菩薩大悲行解脫門。

善男子！我以此菩薩大悲行門，平等教化一切眾生，相續不斷。

善男子！我住此大悲行門，常在一切諸如來所，普現一切眾生之前。或以布施攝取眾生，或以愛語，或以利行，或以同事攝取眾生。或現色身攝取眾生；或現種種不思議色淨光明網攝取眾生；或以音聲，或以威儀，或為說法，現神變，令其心悟而得成熟。或為化現同類之形，與其共居而成熟之。

由於觀世音菩薩的悲願，救度眾生需要何種方便，觀世音菩薩就具足何種神力。

在〈普門品〉中也有載明菩薩聞聲救苦的廣大方便，並為了眾生應以何身得度即現何身而為說法的千百億化身，而遊諸國土度脫眾生，示現種種不可思議神通。

如來的不可思議神變

相較於二乘聖者及菩薩的神通，如來的神通更是廣大不可思議。

在經典中，常將佛菩薩的神通變化稱為「神變」（梵文 vikurvana），是指佛、菩薩為了教化眾生，以超越人間的不可思議神通力，所做的種種神通變化。

如《長阿含經》卷一中，就描寫佛陀：「於大眾中上升虛空，身出水火，現諸神變，而為大眾說微妙法。」《菩薩瓔珞經》卷一也說如來：「放大光明靡所不照，復以神變感十方。」在《大日經疏卷一》也提到佛菩薩以神變加持眾生，即佛菩薩為了教化眾生，於其身上示現種種不可思議之變異，並依此神變加持力，使眾生蒙受利益。

為什麼如來能示現佛陀廣大不可思議的神通呢？這是由於如來體現宇宙的實相，具足無上圓滿悲心與智慧的緣故。

如來特德的根本源自於大悲和大智。佛陀是偉大的覺者，一方面是自覺，另一方面是覺他。而這種圓滿成就大智、大悲的過程，就是自覺覺他的過程，其核心就是菩提心。

佛菩薩發起菩提心後，以大悲心為動力，並以智慧出生種種方便來拔除其他生命的苦痛，而後，依智悲行圓滿智悲果，即菩提果，也就是無上阿耨多羅三藐三菩提──無上正等正覺，也就是佛。佛是自覺、覺他圓滿，也是悲、智圓滿。

佛是成就智慧和悲心圓滿者，而菩薩則是朝向無上智慧和悲心圓滿的實踐者。小乘的聖者是智慧的圓成者，但是悲心並不圓滿。小乘聖者的智慧和大乘聖者的智慧，基本上是一樣的，但是，大乘菩薩的智慧裡必須蘊含大悲，這種悲、智交融蘊含是小乘聖者所不具足的。佛陀更是圓滿成證大悲、大智，悲智交融，成就一切智慧。

諸佛如來是以無上菩提的智慧為體性，並具足大慈、大悲及大智、大定及十八不共等法，這些不共之法，可以稱之為如來的功德法身。佛陀所示現的不可思議神通境界，乃依其大智、大悲、大定及功德所成就，而這不可思議的神通力量，也是以救度眾生、讓眾生解脫自在，乃至成就無上菩提，圓滿佛果而運用的。

在如來的十種神力中，其中有三種是與常見的六通有直接關聯的：

1. **宿命智力**：又稱作「宿住隨念智力」，就是如實了知過去世種種事之力；如來對眾生種種宿命，一世乃至百千萬世，一劫乃至百千萬劫，從此處死亡投生於彼處，並且對姓名飲食、苦樂壽命，皆能如實遍知。

2. **天眼力**：又作「知天眼無礙智力」、「死生智力」。這是說，如來以天眼通如實了知眾生死生之時與未來生之善惡趣，乃至美醜貧富等善惡業緣。

3. **漏盡智力**：又作「智永斷習氣智力」，是指如來於一切惑餘習氣分永遠斷除不出生，能如實遍知。

這三種神力是大菩薩、大阿羅漢的宿命通、天眼通、漏盡通所無法相比較的，只有佛陀獨具的圓滿神通力。

佛菩薩的廣大神變，我們在下一章將更深入討論。

十八種神變

經典中所記載的佛菩薩神變，大致可分成十八種類型，這都是佛菩薩為了教化眾生，所做的種種神通變化。這些神變又稱為「神變化」、「神」、「變」。

《大寶積經》卷八十六中則舉出如來有三種神變：說法、教誡、神通等三種神變，分別對應於意、語、身等三者。此外，最常熟為人知的神變，則是如來的十八種神變。

神足通的能變有：震動、熾然、流布、示現、轉變、往來、卷、舒、眾像入身、同類往趣、顯、隱、所作自在、制他神通、能施辯才、能施憶念、能施安樂、放大光明等十八種，又稱為十八神變。

在不同的經典中，對十八神變的內容也有不同的說法。在《法華經》〈妙莊嚴王本事品〉所說的十八種神變則是：右出水，左出水，左出火，右出火，身上出水，身下出火，身下出水，身上出火，履水如地，履地如水，從空中沒而復現地，地沒而現空中，穴中行，空中住，空中坐，空中臥，或現大身滿虛空中，現大復小。

而《瑜伽師地論》卷三十七所說的十八種神變如下：

1. **震動**：指能普動一切世界。
2. **熾然**：指身上出火，身下出水。
3. **流沛**：指流光遍照。
4. **示現**：指能隨其所欲，示現佛土。
5. **轉變**：令火成水，令水成火。
6. **往來**：謂往來山石之中，無所障礙。
7. **卷**、8. **舒**：謂能卷舒雪山等。
9. **眾像入身**：謂納大眾、大地於己身中。
10. **同類往趣**：謂能往趣彼處，同其色類。
11. **隱**、12. **顯**：是指隱身顯現出沒自在。
13. **所作自在**：指能往來去往，毫無礙難。
14. **制他神通**：指對一切具神通者所現起之神通悉能制伏。
15. **能施辯才**：指一切有情辯才窮盡時，能給與辯才。

16. **能施憶念**：指如果一切有情於法失於正念時，能使其憶起正念。
17. **能施安樂**：指能令聽法人者身心安樂。
18. **放大光明**：指身能大放光明，作諸佛事。

除了神通、神變之外，神力也是和神通密不可分的。

佛教中的神力（梵 ddhi）是指佛、菩薩示現種種不可思議的力量。在《法華經玄贊》卷十中說：「妙用無方曰『神』，威勢能摧為『力』。」其中解釋神通力的意義，「神」是指妙用廣大無邊，「力」是指能摧壞一切的巨大之力。

例如，在《法華經》中，就有〈如來神力品〉，如來示現十種不可思議的神變，使大眾生起甚深的信心，並鼓勵大眾一心受持、讀誦、流布、如說修行。

在《法華經》．〈如來神力品〉第二十一中如是記載：

爾時世尊於文殊師利等無量百千萬億舊住娑婆世界菩薩摩訶薩，及諸比丘、比丘尼、優婆塞、優婆夷、天、龍、夜叉、乾闥婆、阿修羅、迦樓羅、緊那羅、摩羅伽、人非人等一切眾前，現大神力，出廣長舌上至梵世，一切毛孔放於無量無數色光，皆悉遍照十方世界。眾寶樹下師子座上諸佛亦復如是，出廣長舌，放無量光。釋迦牟尼佛及寶樹下諸佛，現神力時滿百千歲，然後還攝舌相。一時謦欬，俱共彈指，是二音聲遍至十方諸佛世界，地皆六種震動。

《法華經》中佛陀的十種神變，被歸納稱為「十神力」：

1. 出廣長舌，上至梵世。
2. 由無數毛孔放無數色光，遍照十方世界。
3. 攝舌相而謦欬（輕咳一聲）。
4. 彈指。
5. 由謦欬及彈指這二種音聲，大地生六種震動。
6. 由震動而普遍十方世界之眾生皆來集會。
7. 天龍、夜叉等見此盛會之莊嚴，百千萬億之菩薩及諸四眾恭敬圍繞釋迦牟尼佛，生大歡喜心，於虛空中高唱奉勸禮拜恭養釋迦牟尼佛。
8. 諸眾生聞虛空中之聲，合掌向娑婆世界，歸命稱名。
9. 以種種之華香、瓔珞、幡蓋等遙散娑婆世界。
10. 十方世界通達無礙，如同一佛土。

佛陀於一切人、天大、眾面、示現巨大神力，出廣長舌直至上方梵天世，並從身上毛孔中放出無量無數彩色光明，遍照十方世界。

而在《華嚴經疏》卷五十二中則有神通與神力差別的討論，雖然神通與神力有許多交涉。但疏中認為：二者重點不同，神通是指神通外在作用自在，沒障礙，而神力則較偏重於內在的神力的勢能。

這些與神通相近的名詞，更進一步表現出種種神通變化更加豐富的樣貌。

身的神通變化

在神通顯現的型態中，身的變化也是其中常見的一種。如《瑜伽師地論》所說的十八種神變中，就有身上出火、身下出水，眾像入身、隱身顯現出沒且在等神通變化。此外佛、菩薩為了救度眾生而示現種種身，如現身佛、應化身。或是以神通力示現種種身形，為眾生說法。

此外，也有所謂的意生身，是指不假父母精血等因緣，只是因心意業力所化生的無實質之身。

《楞伽經》卷三中也提到三種意生身：「所謂三昧樂正受意生身、覺法自性性意生身、種類俱生無行作意生身。」其中「三昧樂正受意生身」者，是指三、四、五地菩薩修三昧時，能證真空寂滅之樂，普入一切佛剎，隨意無礙；「覺法自性性意生身」者，是指八地菩薩覺了一切諸法自性之性，如幻如化，悉無所有，能以無量神力普入一切佛剎，迅速如意，自在無礙；而「種類俱生無行作意生身」，是指第九、十地菩薩，覺知一切法皆是佛法，若得一身，無量身一時普現，宛如鏡中的影象，能隨諸種類而得俱生，雖現眾像，而無作為。

爾時，普賢菩薩欲重宣此義，而說頌言：

一一毛孔中，微塵數剎海，悉有如來坐，皆具菩薩眾。
一一毛孔中，無量諸剎海，佛處菩提座，如是遍法界。
一一毛孔中，一切剎塵佛，菩薩眾圍遶，為說普賢行。
佛坐一國土，充滿十方界；無量菩薩雲，咸來集其所。
億剎微塵數，菩薩功德海，俱從會中起，遍滿十方界。
悉住普賢行，皆遊法界海，普現一切剎，等入諸佛會。
安住一切剎，聽聞一切法；一一國土中，億劫修諸行。
菩薩所修行，普明法海行，入於大願海，住佛境界地。
了達普賢行，出生諸佛法，具佛功德海，廣現神通事。
身雲等塵數，充遍一切剎，普雨甘露法，令眾住佛道。

這是普賢菩薩對如來的讚歎，偈頌中說明如來一一毛孔中都有無量世界，其中又有如來坐於菩提座。如來坐於一國土，卻能充滿十方世界，廣大示現神通變化之事，使一切眾生住於佛道。

除了一般隱形、示現自在，變大變小的身形變化之外，最不可思議的是如來法身的神變。在《入大乘論》卷二中：「如入一切世界大莊嚴三昧經中說：善男子，汝見如來法身不？白言：世尊！唯然已見。於一毛孔見億百那由他諸佛世界，身、口、業等遍滿一切諸佛世界。」這是佛在一個毛孔上，一身同時示現於億百那由他諸佛世界。

在《如來密藏經》中即引：目連試探如來說法音聲之事，而《首楞嚴經》中也說：「如來處於宮中，而現無量世界初生轉法輪入涅槃。」這是說佛陀處於王宮中，而同時示現於無量世界示現出生，轉法輪、入涅槃。

如《密藏經》中說：「如來法身住於一切眾生身中，光影外現，猶如淨綵裹摩尼珠。無所障蔽亦復如是。」而說明如來法身遍在一切諸眾生中。

以上是諸佛菩薩不可思議的身之神通變化。

光明的神變

在各種神通變化中，身能放出大光明也是常見的神通顯現方式。

光明可以破除黑暗、彰顯真理，因此此由佛菩薩身上所發出之光，又稱色光、身光、外光；相對於此光明，智慧具有照見事物真相之作用，故稱為心光、智光、智慧光或內光。佛陀的光明可分為常光（圓光）與現起光（神通光、放光）二種，前者指恆常發自佛身，永不磨滅之光；後者指應機教化而發之光。常光一般為一尋或一丈之圓光。

除了以上的區分外，依發光處的不同，又可分為二種。一種為發自全身的「舉身光」；另一種則是發自某一處的「隨一相光」。例如由自毫相（眉間）發出之光，稱「白毫光」、「毫光」、「眉間光」；由毛孔發出之光，則稱為「毛孔光」等。《瑜伽師地論》卷十一中，將外光（日月等之光）、法光明（智慧光等）、身光明，合稱三種光明。

阿彌陀佛的十二種光明

如來的光明能遍照一切處而無所障礙，所以也稱無礙光明。如《無量壽輕》卷上，以無量光等十二種光，形容阿彌陀佛之光。這十二種光明分別為：

1. **無量光**：指佛光不可計數。
2. **無邊光**：對一切眾生有緣或無緣都是無所不照。
3. **無礙光**：指佛光是一切法都不能障礙的。
4. **無對光**：佛光是諸菩薩之光所不能及的。

5. **燄王光**：指佛陀光明自在無可及者。

6. **清淨光**：佛光是從佛無貪之善根所現，能去除眾生貪濁之心。

7. **歡喜光**：佛身光明是從佛無瞋之善根所出生，能除眾生之瞋恚心。

8. **智慧光**：佛陀光明是從佛無癡之善根心生起，能去除眾生無明之心。

9. **不斷光**：佛陀的光明恆照不絕。

10. **難思光**：指佛光是聲聞、緣覺諸二乘聖者所不能測度。

11. **無稱光**：指聲聞菩薩等對佛光明難以稱揚道盡。

12. **超日月光**：佛光明夜恆照，超越日月之光。若有眾生遇此等光，則身意柔軟，歡喜踊躍，而生善心。若在三塗勤苦之處。見此光明，皆得休息，無復苦惱，壽終之後皆蒙解脫。

《大寶積經》卷三十則記載，釋迦牟尼佛所發出的光明，有四十一種光明。從佛光的作用而言，佛的光明具有不可思議作用，所以稱為「神光」；佛光富於慈愛恩惠，故稱「慈光」；同時佛光代表智慧之相貌，故稱「光明智相」。此外，從佛之光明而受到利益者，稱「光益」；由光明而帶來之祥瑞，稱「光瑞」；光明能普遍照耀全世界，廣大如海，所以稱「光明廣海」。

除了佛菩薩、聖者的光明之外，魔王也有光明，但是二者有何不同呢？魔光與佛光之分別，乃在於魔光導致人心浮動、恍惚，而佛光令人心寂靜、清淨，此二種光有時也合稱二種光明。

佛身放光的神變

在佛陀所具有的三十二相之中，有一相好就是身具常光。就是恆常圍繞佛菩薩身邊，晝夜恆照之光明。又稱圓光、丈光、常光一丈、常光一尋。《大毘婆沙論》卷一七七說：「面各一尋，周佛身，晝夜常照之光明，稱為常光。」如來的身光是否只有一丈呢？《大智度論》卷八中記載：「佛唯現一丈之光明，乃因五濁惡世中薄福鈍根者，眼微不堪見，若利根福厚者，如來則為之常現無量之光明。」這是說佛陀的真實身光本來是無量無邊的，但是一般人看了眼睛受不了，所以佛陀平常只現一丈常光。而無量光明的阿彌陀佛則是由於其因位的願行，所以常光遍照十方世界。如果能見佛之常光，必得阿耨多羅三藐三菩提。

除了常光之外，還有所謂的「神通光」，是指佛為化度眾生應其因緣所現起之光明。常光身與神通光不同，神通光是特別的因緣時節發起之光明，如佛陀欲說《法華經》時，所放之光照東方一萬八千之土，這就是神通光。《大法炬陀羅尼經》卷四說常光與放光的不同，於平時唯有常光，若有因緣始放異光。因為如果佛常放殊異之光，由於這種光明太過熾盛了，會導致世間沒有日月星、晝夜時節、晦朔弦望，乃至春夏秋冬之別。

在菩薩的百八三昧中，就有所謂的「放光三昧」，這是指菩薩入於光遍處定，得神通力，自在放出種種色光，照諸三昧，悉皆明了，稱為「放光三昧」。《大智度論》卷四十七中說：「放光三昧者，常修火一切入故，生神通力，隨意放種種色光，隨眾生所樂，若熱若冷，若不熱不冷。照諸三昧者，光明有二種，一者色光，二者智慧光，住是三昧中，照諸三昧，無有邪見、無明等。」得證放光三昧者，可以出生神通力，自在放出眾生所愛樂的光明，以此光去照一切三昧，則無有邪見、無明。

在《華嚴經》卷七十四中記載，佛摩耶夫人懷胎，入藍毗尼園時，曾經示現十種光明的瑞相。

此外，摩耶夫人在無憂樹下，菩薩將要誕生之時，夫人的身上一切毛孔都放出廣大光明，普照三千大世界，無所障礙，世間其餘一切光明悉皆不現，除滅一切眾生煩惱及惡道痛苦。是這菩薩將要誕生時的第一種神變。

佛陀所發出的神光，除了常見的從口中放出光明之外，也有從身體其他部位放光。如《華嚴經》卷二十三中記載佛陀從兩膝輪放出光明之事：「爾時，世尊從兩膝輪，放百千億那由他光明，普照十方盡法界、虛空界、一切世界。彼諸菩薩，皆見於此佛神變相；此諸菩薩，亦見於彼一切如來神變之相。」

也有從眉間白毫放出神光者，如同經卷六十一中記載：「爾時，世尊欲令諸菩薩安住如來師子頻申廣大三昧故，從眉間白毫目放大光明，其光名：普照三世法界門，以不可說佛微塵數光明而為眷屬，普照十方一切世界海諸佛國土。」

這種不可思議的光明，有不可說佛微塵數的光明作為眷屬伴隨而來，普照十方一切世界海的諸佛國土。

◎大地震動的神變

大地震動也是常見的神通變化境界。

在《般泥洹經》舉出地動的三種因緣：

1.大風起時，水擾地動。這是屬於自然界變化的因緣。

2.得道的沙門及神妙的諸天示現感應時，地則大動。

3.佛陀成道時，地也大動。例如在《佛說彌勒下生經》卷一中記載彌勒菩薩成佛時，三千大千世界產生六返震動：「當其夜半彌勒出家。即於其夜成無上道。時三千大千國土六返震。地神各各相告曰：今時彌勒已成佛。」

《華嚴經疏》卷六記載，佛陀將說法時，也會示現大地震動，這是由於七種因緣而示現地動的神變：

1.為使諸魔怖畏。

2.為使眾生心不散亂。
3.為使放逸者生覺知。
4.為使眾生警悟，覺了微妙法相。
5.為使眾生觀佛之說法遍於一切智。
6.為使善根成熟之眾生得解脫。
7.為使眾生隨順而問正義。

《增一阿含經》卷三十七記載，大地震動之因緣有下列數種：一是自然界的變化，二是菩薩處母胎時，從兜率天降神處母胎時、誕生時都會有大地震動之相。再來是菩薩成道時，菩薩成道時，也有產生大地震動的瑞象，如《菩薩從兜術天降神母胎說廣普經》中說：「釋迦牟尼即將成佛時，在菩提樹下端坐思惟，發起大誓願，如果不成正等正覺，誓不起於坐，發起此誓時，感得天地六返震動。」

佛入涅槃時，地也會大震動。如《菩薩從兜率天降神母胎說廣普經》卷一中也記載佛陀捨身入滅時，十方世界皆六返震動：「爾時世尊欲入金剛三昧，碎身舍利，善哉不思議法，於娑婆世界轉此真實法。爾時世尊作是念已，十方世界皆六返震動。」

而在比丘示現大神通時，或飛行於虛空中，出沒於山石裡，自由而無礙，此時地亦大動。而諸天神來佛所現梵王或帝釋形時，此時地也會大動。

此外，佛菩薩入於三昧境界時，往往會有大地震動的神變。如《菩薩從兜率天降神母胎說廣普經》卷四中記載菩薩入於師子奮迅三昧使地動的因緣：「復次菩薩摩訶薩入不動師子奮迅三昧，能令三千大千剎土六反震動。」

時空、物質的神變

在各種神通變化中，時間、空間及物質的神通變化也是經常可見的形式。時間的神通變化，如六通中的「宿命通」及「天眼通」，宿命通可以看見過去的因緣，天眼通則能察未來的緣起，都和時間有關。

而神足通的如意變化，能使小空間變大、大空間變小，隨意自在，則屬於空間的神。物質神通則是能自在轉換物質的特性，例如：將地變為水，水變為地，或從水中長出蓮花等，都是屬於物質的神變。

在《法華經》卷四〈見寶塔品〉中記載，多寶如來在過去、現在、未來時空中旅行的神通。經中記載：在釋迦牟尼佛宣說妙法時，在佛前現起七寶寶塔，高五百由旬，寬二百五十由旬，從地踴出，安住在虛空中，以種種寶物莊嚴，四面更流出摩羅跋栴檀之香，充滿世界。當法會大眾驚歎不已時，寶塔中發出大音聲，讚歎釋迦牟尼佛說此妙法。大眾看見如此巨大的寶塔，安住在空中，又聽到寶塔中發出讚歎之聲，都奇怪著這未曾有的現象。

原來這個寶塔中有多寶如來的色身，是過去東方無量千萬億阿僧祇世界寶淨國土的如來，在其行菩薩道時，曾發願在其成佛滅度之後，在十方國土如果有宣說《法華經》之處，其塔廟為聽聞此經的緣故，皆會踴現其前為其做證明。

經中並說：「彼佛成道已臨滅度時，於天人大眾中告諸比丘：『我滅度後供養我全身者，應起一大塔。』其佛以神通願力，十方世界在在處處，若有說法華經者，彼之寶塔皆踊出其前，全身在於塔中，讚言：『善哉！善哉！』」

這是多寶如來在過去、現在、未來時劫中所示現的時間神變。

對空間的變化，自在無礙，也是神變常見的類型。在《法華經》〈妙莊嚴王本事品〉所說的十八種神變中，就有「從空中沒而復現地」、「地沒而現空中」、「或現大身滿虛空中」、「現大復小」等空間的神變。

《維摩經》中「維摩丈室」則是空間神變著名的例子。

當時以文殊菩薩為首，帶領大眾前去探視維摩詰菩薩。當大家到達維摩詰菩薩的丈室中時，卻沒有半張椅子可坐。於是維摩詰居士就以神通力，使東方的須彌相世界送來三萬二千師子座，入於維摩丈室。經中描寫道：

於是長者維摩詰現神通力，即時彼佛遣三萬二千師子座，高廣嚴淨，來入維摩詰室，諸菩薩大弟子、釋梵四天王等，昔所未見。其室廣博，悉皆包容三萬二千師子座，無所妨礙，於毗耶離城及閻浮提四天下，亦不迫迮，悉見如故。

這三萬二千獅子座，即使運來放在地球上，可能也塞得滿滿的，但是現在放在維摩丈室，卻一點也沒有局促之感，真是不可思議。這就是華嚴大小互容的神變境界。

經中又說：「又舍利弗，住不可思議解脫菩薩，斷取三千大千世界，如陶家輪著右掌中，擲過恆河沙世界之外，其中眾生不覺不知己之所住。又復還置本處，都不使人有往來想，而此世界本相如故。」

以上這段描寫看起來很不可思議，如果我們居住的地球，每天被像棒球一樣打來打去，我們怎麼可能沒感覺呢？其實，這是很有可能的。我們想想：地球是不是有自轉？太陽在動，整個銀河系在動，星雲在動，如果有一天兩顆星球撞在一起，地球上的我們未必知道。現在整個宇宙不在大動、大擴張，但大多數人卻感覺不到。

如果了解了這個道理，那麼上面這段經文所描寫的就一點也不誇張了。也許地球現在正像「宇宙大棒球」一樣被打來打去，我們都不知不覺呢！

在神通的變化中，物質的自在轉換也是常見的類型。

在《大方廣佛華嚴經》卷四十六中，記載善住比丘的神通：「我得此神力故，於虛空中行、住、坐、臥，遊騰十方，於一念中，遍至東方一佛世界、百佛世、千佛、百千佛無量佛世界，乃至不可說不可說諸佛世界。」

在《法華經》〈妙莊嚴本事品〉所說的十八神變中，就有履水如地、履地如水、空中行、空中住、空中臥。這是將地、水、虛空等物質特性，自在轉換的神通能力。

第三篇　修練神通的方法

1

如何修練神通

修持神通的正確心態

要修持神通，需要精進修行；而要獲得大神通，更要以正確的觀念及方法，努力修證。

在佛法中，要獲得大神通，必須具足兩個基本條件：

一、學習般若波羅蜜——體悟空的實相與緣起如幻。

二、具足大悲心——在體悟空的實相之後，再加上積極度化眾生的大悲心，而能從空中出生妙有。

一個具足大神通者，對宇宙構成的實相——空的原理，必須要有深入的體解，了解宇宙萬象都是由緣起所構成的，都是如幻的，所以說「法無定相」，所有的事物與現象，都沒有固定不變的狀態，這就是能產生神通變化的原理。

在各種物理和化學變化中，我們可以很清楚的看到這種原理。例如：木柴在尚未被砍下之前是樹木，但是燃燒過後就變成灰了，如果以《金剛經》的講法，也就是：「所謂木柴，即非木柴，是名木柴。」再舉水的變化，水遇冷就結冰，遇熱就蒸發成氣體。雖然現象千變萬化，但是如果回到分子、原子的結構來看，才發現這是基本元素的排列組合所產生的無窮變化。

量子物理學界，曾發表一篇研究報告，其中指出：當宇宙的能量聚集到極高時，會產生反物質現象。其實，同樣的現象，在我們的身心上也會產生：當人類的身心透過專注的修持，到達某一個程度之後，整個身心的能量也同時增強；身心的細胞旋轉到極點，拋出反物質，使整個身體產生內在小宇宙的爆炸，重新組合，而改變物質結構。

我們甚至可以說，宇宙的一切外相，完全取決於能量，而能量決定速度，速度決定時間、空間。

以我們所生存的地球為例，即使是像地球這麼大的體積，如果在高速的運轉下，也可能崩潰到比一枝筆還小的物質。在此，我們可以時空的相對性觀點，來解釋神通現象的變化：

俗語說：「天上一日，人間百年。」這其實是描寫天界與人間中，時間運轉的相對性。以離人間最近的四天王天來說，他們的一天等於人間五十年，四天王天過一天，人間已經過了五十年，雖然他感覺一天，我們也是感覺一天。四天王天的天人壽命是五百歲，相當於人間九百多萬歲。

再上去的忉利天，能量更高，他們一天等於人間一百年。忉利天人的天壽是一千歲，等於人間三千六百萬歲，但是他們一天跟我們一天的感覺是一樣的。而極樂世界的一天，則等於人間的一劫。但是我們也可以反向思考，在人間修行一天，就等於在四天王天修持五十年，在忉利天修持一百年，相當於極樂世界修持一劫。

而透過禪定的修持，在身心專注一心的狀態下，的確會產生驚人的能量，所以對自身及外界的物質現象的轉換，也具有不可思議的能力。許多悟道的聖者，在入滅時，都示現了令人驚異的神通變化。

佛陀入滅之後，阿難尊者在某一次教導佛弟子中，看到一個愚痴的人仍然堅持原來的錯誤，於是感歎正法早滅，住世無益，而決定入滅。但由於阿難是極為著名的聖者，恆河兩岸的國王都希望他在自己的國家入滅，否則不惜發動戰爭攻打對方，奪取阿難尊者入滅後的舍利子。

阿難尊者不得已，只好示現神通走到恆河中間，卻不沒入水中，然後踴身空中，示現水中出火、火中出水等十八種神變，這種要產生自體燃燒的溫度必須極高，具有極大的能量才能如此。

這是能量決定了整個身體的變化，隨時可以轉換物質，甚至可以使其起火燃燒的實例。以密宗的虹光身為例，甚至連舍利子都可完全消失，整個身體完全散為地、水、火、風四大元素，化為空，化成光明。虹光的產生，就是地、水、火、風的顏色所形成。這是用能量與相對論來說明一切法無定相之理。

當我們能了解到宇宙萬象一切都是空的，自然能夠自在變化，物質和能量自在轉變，把一切物質現象回歸到能量的狀態，再重新組合。而重新組合的變化程度，也就是神通境界的廣大狹小，則取決於腦中的創意與知識的廣博程度，而這就和是否具足悲心有關。

兩個禪定能力相當的人，神通也會有高下之分，如果腦子裡的東西少，學問差，神通就有所限制。在著名的通俗小說《西遊記》中，有一個例子可以很貼切的說明這個現象；孫悟空有七十二變，楊戩有七十三變，永遠比孫悟空多一變，神通就是比他廣大一點。

羅漢與緣覺等二乘聖者，雖然也具足悲心度眾，但主體上仍然是以解脫為主，並不像菩薩心心念念以眾生的成佛為重，眾生有多少種煩惱，菩薩就有多少種方便，因此菩薩要學習的法門無量，在四弘誓願中，就有「法門無量誓願學」這一項。

所以說菩薩必須廣學各種學問，一般以「五明」為代表。五明是指五種學藝，是古印度的學術分類方法。

這五種學問分別是指：

聲明：指語言、文典之學。

工巧明：指工藝、技術、算曆之學。

醫方明：醫學、藥學、咒法之學。

因明：論理學。

內明：專心思索五乘因果妙理之學，或表明自家宗旨之學。

菩薩必須具足五明，象徵著對世間一切學問的本質都能掌握並善巧運用，作為度眾的方便。

在極欲度化眾生的悲心驅使之下，菩薩的神通境界自然非二乘聖者所及。我們還可以用電腦來說這種差別。因為需求度的不同，電腦的功能自然也有極大的差異，只需要文書編輯功能的電腦，和需要繪圖、排版、運算功能的電腦，在容量上就有極大的差別，要掛的程式越多，容量就要越大，速度也要越快。

在體悟空的實相，具足般若波羅蜜之後，再加上積極度化眾生的大悲心，這就是獲得大神通的兩個基本要件。

綜合以上所說，我們可以歸納出三點修學神通者必須具備的態度：

為了利益眾生而學習神通

而神通者的神通境界廣大與否，與其發心有極大的關係。如果以大地比喻發心，那麼，發心救度一切眾生的人，他的心地廣大，就如同整個大地；發心小的人，只求自身解脫心地狹小，就如同花盆中的泥土。同樣的，一棵樹木的種子在大地中，只要因緣條件適宜，就能欣欣向榮，長得極為高大，供後人乘涼；而在小盆子中的盆景，不管用功多大、耗時多久，百般雕琢，還是不能長得極大。神通就像是一顆種子，發心大的人，只要條件適宜，就有很大的進展；發心小的人，進步到一定程度之後，進展就較慢了。所以發心的大小與神通的境界有極大的關聯。

如果一個人學習神通，不只是為了個人，而是為了整個廣大的生命界，那麼，他在心靈上比較不會計較個人得失，這種心態對神通的修學較有助益。尤其是以禪定所發起的神通，在禪定中，心靈的變化會隨著禪定的深入而愈來愈微妙、敏銳，因此受到觀念的影響也會愈來愈深。正確的心理，能使人心胸坦蕩，與禪定相應，而禪定的境界越深，神通的境界也更廣大。

如果能以利益廣大的眾生及造福世界的心理來學習神通，也就是發起菩提心來學習神通，如此所學及所修習的神通，稱為「神通波羅蜜」，是能以神通度化眾生到彼岸之意。

發起菩提心的人，有四個共通的願望，一般稱為四弘誓願，其內容為：

一、未度者令度，就是「眾生無邊誓願度」。

二、未解者令解，就是「煩惱無盡誓願斷」。

三、未學者令學，就是「法門無量誓願學」。

四、未得涅槃者令得涅槃，就是「佛道無上誓願成」。

簡單地說，菩薩就是希望能夠學習無量的方便，用來利益一切的生命，不僅使所有的生命能夠達到究竟安穩，也使自、他一切生命圓滿成佛，而外在的世界也能夠光明清淨，成為淨土。一個人如果能夠為了利益眾生及創造光明的世界來學習神通，那麼他的心靈將有無邊的清涼、安靜，前途充滿光明，一切善緣聚會也將幫助他學習，成就廣大圓滿的神通。

以無所得的智慧來學習神通

以利益一切眾生的大悲心來學習神通之後，還要具足無所得的智慧。

《般若經》上說：「一切智智相應作意，大悲為上首，無所得為方便。」這句話如果應用在神通的修習上，是極為恰當的。學習神通的人以智作意，以悲為導，悲智雙運，而在學習過程中能觀諸法甚深空寂，實無所得，這樣才能真實得證究竟。

為什麼說「無所得」呢？這可以從下列幾個方向來說明：

一、神通者了知諸法空寂，一切都是緣起條件所成就的，並沒有真實的實體與自他，但是為了利益眾生的緣故，所以依著善巧方便，發心廣度一切眾生，示現神通，這是「應無所住，而生其心」。

二、神通者雖然幫助眾生成就，但因為知道諸法空寂的緣故，心無所得，就如同《金剛經》所說的「如是滅度一切眾生，而實無眾生得滅度者」。

三、神通的現象千變萬化，此時，神通者觀照諸法實相，但見一切空寂，都無所得。即《金剛經》所說的「見一切諸相非相」，如此，就能超越種種神通境界，而達圓滿無相的境地。

神通的境界，十分吸引人，但如耽溺於其中的境界，便很容易進入險惡的陷阱中，無法解脫。

因此在面對一切境界的時候，如果能夠清楚地觀照了別，並且保持心中不動，就不會受到影響。如果能了悟一切皆無所得，就不會落入任何境界之中，而自然地繼續向前，達到勝妙究竟之地；相反的，如果被神通境界所迷惑、執著。如此不但悖離圓滿要法，也會使自己的生命入於歧途。

神通必須具足定力

神通者除了要具足智慧之外，還要有定力。佛教的神通，大多由禪定轉修，具足初禪以上的定力，而且可以自主、自在。然而，現在有許多人，僅僅具足一般些微感應，算不上神通者，由於缺促定力，所以，一來對所感應到的內容，就像不穩定的接收器在收訊，所顯現出來的畫面不但雜訊很多，也極不穩定，有時甚至還會斷訊，而這些感應者無法分辨，也不了解所看到的現象緣起，於是拼拼湊湊，將凌亂的畫面剪接起來，再用個人極為貧乏的知識內容加以解說，而成了荒謬不堪的「三世因果」。

其實，我們可以發現，許多自稱能看到世世因果者，所看到的前世與來生不外乎狗、牛、羊等幾種常見的動物，種類非常貧乏，既沒有遠古時代的恐龍，也沒有外國的動物。由此可以看出這些人在知識上非常狹隘，如此所看到的現象及解讀必然受限於此。

此外，定力除了能使我們穩定的接收訊息之外，當我們以宿命通觀察到往世的經驗，或是以天眼通看到未來可能會發生的事情時，只有具足定力才能使我們安住不動。例如我們如果觀察到未來地球上的某一場浩劫，如核爆或「彗星撞地球」，那種身歷其境的強大震撼，如果沒有定力是承受不了的。

或是我們以宿命通觀察過去的因緣，當我們看到過去自己所造下的惡業，或是邪惡的心念時，經常會無法接受而容易走火入魔。因此，神通者除了要具足空性的智慧、了知一切空性如幻之外，還要有定力，才能安住不動。

以上三點是有心修學神通者必須具備的心態。

如何修練天眼通

當我們具足了般若波羅蜜與大悲心的前行之後，以下我們再進一步來學習最基本的六種神通修持法。

天眼通能見自身所處世間及較低階世間六道的一切現象，不管是遠近或是粗細，無一不能明照。除了可以觀察到現在十方的世界，天眼通還能觀察未來的緣起。而觀察現在的十方世界，不只可以看到一般的鬼神而已，還可看到層層次次的天人，甚至還能看到外太空，甚至不只是看到一個太陽系而已，而是看到無窮的星系，甚至佛菩薩的淨土。

在《禪法要解》卷二中，記載修持天眼通的方法如下：

若行者欲求天眼者，初取明光相，所謂燈火明珠日月星宿等，取是明相已，若晝日則閉目，夜則無在念上明相如眼所見。常修習明念，繫心在明，不令他念，若去攝還，心得一處，是時色界四大所造清淨之色在此眼中，是眼名天，以天四大造故，名為天眼。

其中說，如果要求天眼通者，先取燈火、日、月等光明之相，無論晝夜，常修習光明的心念，繫心於彼，不使分心，如果忘失了再回攝心念，如此反覆練習，則能成就天眼。

在《大乘義章》中說，修持天眼的方法如下：「先入定心，次取日月燈明等相，作遠見想還入定中，如是多返極令純熟。」行者先入於定心，再觀察攝取日、月、燈明等相貌，待觀察明晰之後，想像這是遠方的景象。也可以近的事物觀察清晰之後，再漸次觀察遠方的景象，如此反覆練習純熟，自然出生天眼通。

修持天眼通

天眼通的修習方法，在了解萬法皆是空、無常的基礎下，以定心清淨，在禪坐時，開始觀想一切境相都是空寂的，從我們身上的所有細胞、整個身體、一切宇宙都是現空的，當我們對身、心、境的感覺越來越空寂的時候，再依於我們的慈悲心所引起的心念告訴自己：「為了幫助一切生命，所以必須能夠看到他們、知道他們需要什麼樣的幫助。」就如同佛陀在菩提樹下悟道時，為了憫念十方眾生而生起天眼通。

此時，我們再將念頭專注在：「我要看到一切生命。」

正如同《釋禪波羅蜜》中所說：「修天眼通者，行人深心，憐愍一切，發願欲見六道眾生，死此生彼之相。」

這時候我們要先找一個自己最喜歡的人來觀察，如此才容易修學成就。在初學時，千萬不要找自己最討厭的人來觀察，否則心起瞋恨，則修習難以成就。

當我們把最喜歡的人攝受到眼前觀察時，起先會產生模模糊糊的影象，漸漸開始有黑白分明的形體了，接著慢慢地可以觀察出色彩來，這就像調攝影機的焦距一樣，越調焦距愈準確，目標越清楚，到最後毛髮悉現、一清二楚時，神通現象也就快現起了。但是如果沒有智慧、慈悲心以及足夠的定力的話，現起神通可能會帶給我們很大的麻煩，讓我們的生活及心念難安寧。所以修習神通時，一定要先具備前面的基本條件。

當我們觀察一人清楚時，可以再以定心觀察，繼續精進的練習，也可以再以這樣的基礎，同時觀察多人。

當我們同時觀察二個人，也到達毛髮悉現時，也可同時觀察三人、四人、五人……在這樣不斷地觀想攝受觀察訓練的時候，突然間，就像線路接通一般，遠方的形象就這樣清楚而如實地出現在眼前，這時候天眼通也就成就了。

在這樣的境界之後，我們繼續修習。

有時候，會感覺一個人同時看到十方的法界，一清二楚，有時又像一個人身上有十個銀幕一樣，但是心裡面卻清清楚楚，不要混淆。

當我們一心努力修行時，甚至這種重重疊疊、無窮無盡的形象，到最後會昇華而進入華嚴境界。這時我們看到整個宇宙，就像無窮摩尼寶珠或水晶珠一樣，重重疊疊互相映照，但這種殊勝的天眼通境界，是佛菩薩特有的不可思議神通，一般的神通現象是沒辦法達到的。

◎成就天眼通的境界

在《釋禪波羅蜜》中說，成就天眼通有三種情況：

1. 光明常照，白天、黑夜皆無差別。
2. 對世間的遮障之物，看起來都如同虛空，無法障礙所見。
3. 具足智慧光明。這是見到眾生生此死彼輪轉現象的生死智證明。

在《長阿含經》卷十三中說，得證天眼通的人，能看見一切眾生從此處死、彼處生，行善投生到人天道中，行惡者入於餓鬼、畜牲、地獄等三惡道，隨著他生前所造的行為業力因緣，往來於前述的五道中。經中並描寫具足天眼通的人所看見的情形。

如何修練天耳通

天耳通能聽聞一切聲音，甚至不只是人間的聲音，連地獄、畜牲、餓鬼的聲音，皆能聽聞。

在《禪法要解》卷二中說，修持天耳的方法如下：

若行者欲求天耳，亦以第四禪為本，修四如意分，如上所說，調柔其心，屬念大眾音聲，取種種聲相，所聞之聲常當想念，若心餘緣攝之令還。常當一心修念，即於耳中得色界四大所造清淨之色，是名修習天耳。以是天耳，聞十方無量國土音聲。

其中說要以四禪為根本定力，調柔己心，取大眾音聲的種種音相，並繫心於彼，如果分心了再將注意力回攝。

在《大乘義章》卷二十五中，也有修持天耳通的方法：「先入定心，次取諸聲作遠聞想，還入定中，如是多返極令純熟。」其中說先入於定心，再攝取各種音聲，聽聞清楚之後，再想像這是從遠方傳來的音聲，或是先聽聞近的音聲清楚明白之後，再漸次聽聞遠方的音聲，再還入定中。如此多次反覆練習，使其純熟，自然具足天耳通。

在《釋禪波羅蜜》中說：「即聞障外，障內一切六道音聲，苦樂憂喜，言辭不同，是名天耳通。」其中說天耳能聽到障礙之外與障礙之內的一切六道眾生的音聲，不管是痛苦、快樂等不同的聲音，都能聽聞。

天耳通的修持法

如何修持天耳通呢？首先，我們先行禪坐，來使身心平靜，然後選擇一個聲音，專注去聽。

先從近的、粗的聲音開始聽起，例如聽鳥叫聲，當我們專注的聽鳥叫聲，啾啾啾啾啾……時，剛開始會覺得聲音很雜，很不清楚，但慢慢地心念平靜來了，會感覺愈來愈清晰，漸漸會感覺所聽到的鳥叫聲音變得很長，同樣的一聲「啾啾啾」的音，在平常我們會感覺到是單調的聲音；但是，當我們專注的聽一陣子之後，不僅是鳥叫聲很清楚，連鳥叫的頻率婉轉曲折都聽得清清楚楚。如此不斷修習下去時，突然間，我們周遭的聲音都能聽到，而且越來越清楚了。

除此之外，我們可能慢慢地連一切超過一般耳頻的大自然聲音，都能聽聞，如地球轉動的聲音都可以聽到的。地球有沒有聲音呢？其實地球還是有轉動的聲音，只是我們人類的耳根沒有辦法聽到而已，如果我們的耳根聽的音頻夠大，能夠微細的話，就聽見星球轉動的聲。

當我們修習天耳，耳根愈來愈利時，慢慢地，聲音從近到遠，越來越細微都可以聽到，到最後連極微細的聲音都聽得很明確。至此，我們漸漸地深入修習，遠近的聲音同時都聽到了，這時想聽什麼就聽到什麼。但是注意，不要去聽會擾亂自身修行的聲音，以免自尋煩惱。最後我們悟入一切聲音的體性，了知聲音是如幻的、是空寂時，我們才悟入天耳通的智慧。

修持天耳通的注意事項

有了天耳通之後，可能會產生一種副作用，就是：即使自己不在場，有會聽到別人的談話，尤其是談論自己的事，會感到特別難以忍受。所以，一個具有天耳通者，是不應該去聽聞別人談論自己的事情的。如果偶爾聽到，也該略過不去聽聞。所以證得天耳通者，不去聽聞他人的隱私，是一種道德，也是規範。而不去聽議論自己，是一種更高的道德。也因此希望具有天耳通者，乃至一切神通者，要具有更好的定力、慈悲與智慧，否則是自找麻煩。

如何修練他心通

他心通能了知他人心中所想，乃至其他生命的心念。

在《大智度論》中說：「云何名知他心通？知他心若有垢，若無垢；自觀心生、住、滅時，常憶念故得。」經中說，他心通能了知他者心中有垢染、無垢染，自觀心念生起、安住、消滅。

在《禪法要解》卷二中說，修持他心通的方法如下：

若行者欲得他心智，先自觀心，取心生相住相滅相，亦知心垢相淨相定相亂相等，復觀心所緣垢淨近遠多少等，自取內外心相已，然緣觀眾生色，取欲相心、瞋相心、慢相心、慳相心、嫉相心、憂相心、畏相心，語言音聲種種所作相心等。作是念：「佛如我心，生時、住時、滅時，彼亦如是，自知心所緣，他亦如是，我心有如是色相、語言、所作相，他亦如是。」常修學心相，如是習已得他心通。

經中是說，如果要修學他心通者，應先觀察自心染垢、清淨、安定、紛亂等種種心念相貌，然後再觀察眾生的神色容貌，想望之貌，生氣、傲慢、慳貪、嫉妒等表情神貌，來測知其心所想。

《禪法要解》中並舉例說明，水無法障礙明眼人見到水中的魚，來說明眾生心（如魚）雖為身（如水）所覆蓋，對具足宿命通者卻不成為障礙。而菩薩行者更可以在為眾生說法時，以他心通了知其性向、喜好，而為其說法。

《大乘義章》卷二十五中說，修他心通的方法如下：

修他時通亦三種道：一方便道，亦先入定，次觀他心測其心想，如是多返名方便道。二無礙道，由前方便熏發之力入定發慧，一無礙道斷障通壅。三解脫道，無礙道後一解脫道證除彼障，後時欲知他人之心即能知之。

一是方便道，先入於定心之中，再觀察他人的心想，先推測他人心中所想，如此反覆練習。二是無礙道，是由前之方便道熏發的力量，入定發，起智慧，斷除障礙，疏通壅塞。而解脫道則是在無礙道之後入於解脫道，除去障礙，這時要了知他人的心念就能了知。

接著，經中又說修習他心通的入門方法：「復次，觀他人喜相、瞋相、怖相、畏相、見此相已，然後知心，是為他心智初門。」

開始修學他心通時，首先要觀察他人喜悅、瞋怒、恐怖、畏懼等種種相貌，然後能知其心念，這是他心通的初入門階段。

修持他心通

首先，我們可以先攝取自己最喜歡的人在面前，了解他一心一意的變動，清清楚楚明明白白地了解，但是心中不要波動，如同明鏡一般顯現出來。如果隨著所觀想的對象跑，就會像有的通靈者一樣，被別人的心念牽著走，這是妄念紛飛，而非他心通了。

因為一般而言，我們的念頭與被觀察者的念頭都是非常地紛雜，如果我們的心念不清明或跟著對方跑時，他心通就難以修成。因此我們的心要像明鏡一樣的觀察著對方心念的起伏，清楚而不隨對方起舞，這樣子，自身紛雜的念頭都消失了，只剩下如靜水靈波般的寧靜。如此，對方內心的轉變，就能同時明顯地顯現在我們如明鏡般的心。

我們如此修學後，漸漸地，就可以同時觀察一個人、兩個人的心念了。

修持他心通的注意事項

應該等觀察一個人的心念確實堅固之後，再擴大觀察，否則難以修成，因為我們的周遭到處都是他人的心念，而我們的心念也不夠空寂、不夠清明，因此要漸次修學，否則容易受到其他心念的干擾而混亂。

佛陀就是依著自心明淨空寂的能力，所以一切眾生心念生起時，他都能如實了知，但是他不會受到干擾，因為他有最深的定力和智慧，並依此而慈悲的現起遍滿一切。如果我們也能如此，當我們這樣傾聽對方的心時，一個人的心念清楚，兩個人的心念清楚，遠的清楚，近的也清楚，這時自然別人有什麼心情，我們都能原原本本如如實實地明白。如此漸次修學，自然能成就他心通了。

如何修練宿命通

宿命通是指憶念宿世往事的神通力，能憶念過去一生乃至無量劫之自身的名姓、壽命、苦樂及生死等事。

宿命通能使我們了知宿命的各種情況，如投生之處、彼生的種族、姓名、飲食、個性、壽命長短，所有的苦樂之事，但是無法看到未來尚未發生之事。

在《長阿含經》卷十三中說，修習宿命智：「便能憶識宿命無數若干種事，能憶一生至無數生，劫數成敗、死此生彼、名姓種族、飲食好惡、壽命長短、所受苦樂、形色相貌皆悉憶識。」

《禪法要解》卷二中，記載修持宿命通的方法如下：

若行者欲知宿命，先自覺知今所經事向所經事，轉至昨夜、昨日、前日，如是一月，從今歲乃至孩童，譬如行道，到所至處思惟憶念所經遊處，如是習已，善修定力故，憶念生時、處胎時，知某處死此胎生，知是一世、二世、三世、乃至百世千萬無量億世，以宿命智，自知己身及他恆河沙劫所經由事，悉皆念知。以宿命事教化眾生。

其中說，可先從今天所經歷的事情，再回想昨夜、昨日，乃至前日所經歷之事，如是一個月前，今年，乃至童年的事。就如比我們曾到過某處，回家後回想所經歷之處。如此輾轉回溯到處於母胎時，乃至前一世從何處死亡，再到達前二世、三世乃至百世……成證宿命智，了知自身及恆河沙劫以來所經歷之事。

在《大乘義章》卷二十五中說，修持宿命通的方法如下：「先入定中，次起心想，尋憶過去所更之事，從近至遠，次第尋之，還入定中，如是多返。」

要修持宿命通者，先入定中，再回想過去經歷之事，從最近的事，漸次回想到久遠以前，再入於定中，如此多次反覆練習，而無礙道與解脫道則和他心通相似。

在《釋禪波羅蜜》中說，如果要了知今生，乃至百千萬生宿世的因緣，應當在禪定中以回溯心念來修持：

若欲自知己宿命及他宿命，百千萬世，所作事業，即當於禪定中，自憶己所於日月歲數中，經作之事；乃至歌羅邏（指初受胎之後七日的受精卵）時，所作之事，如是憶念一心，願欲知之。若心明利，便發神通，即自知過去一世，乃至百千萬世劫數中，宿命所作事業之相，了了分明，乃至知他宿命，亦如是，是名宿命通。

此中不但可以了知自身的宿世因緣，還能了知他人的宿世因緣。

◎修持宿命通

如何修持宿命通呢？我們在坐禪的時候，從這一個念頭開始，憶起上一個念頭。平時我們上一個念頭做了什麼，自己都忘記了，大部分都是在無記的狀況，也就是在習慣性的下意識念頭中做事，而自己不清楚。

在修宿命通的時候，要超越這樣的習慣，要清清晰晰、明明白白地了解自己的念頭，然後一個念頭、一個念頭一直往前追溯，乃至以前所做過的種種事情，都會浮現在意識當中，這時很多原本沒有印象的事都會記起來了。

當我們過去的心念一一浮現出來，回溯到最後，甚至進入住胎的狀況。但有時候這住胎中的一段會不十分清楚，應當一心觀察。當我們進入住胎的狀況時，現起嬰兒住在母胎的情景，再下去則浮現了入胎之前，接著是上輩子的情況、再上上輩子的情況。如此，心念回溯尋求，如此所有的過去生也會在這過程中一一浮現。一般而言，只要能憶起上輩子的情況，則上上輩子等過去生就容易現前了。

修持宿命通的人，如果沒有慧力，不知道這一切都是因緣所成的，是空的、是如幻的，就會落於罪相之中，無法悟入實相。

在《大寶積經》卷一〇五中記載，當佛陀說法時，會中有五百菩薩，已經證得四禪，得五神通，但是尚未悟入實相，不能了悟如幻之理。

由於他們證得宿命通，看見自身往昔惡行，有殺父殺母者，有殺害聖者，或是毀戒、破壞僧團等諸惡業，於是深深生起憂悔，無法證入實相。這是由於這五百菩薩還有人我的分別，陷入罪相之中，因此不能獲甚深法忍。

這時，世尊為了破除五百菩薩分別心的緣故，以威神力覺悟文殊師利菩薩。於是文殊師利菩薩承佛神力從座上起，整理衣服，偏袒右肩，手執利劍，直趣世尊。

法會大眾見到文殊菩薩竟然仗劍要殺害佛陀，都被震懾住了，也忘了自己的憂悔，目瞪口呆的看著這驚人的一幕。

就在文殊菩薩即將行逆害之時，佛陀忽然說：「且住！且住！汝不應造此逆行。我若被害，必為善被害，如果內心見有我相、人相，如此彼已害我。」

這五百位菩薩聽佛如此開示，心中即思惟：「一切諸法悉如幻化，眾中無我相、無人相、無眾生相、無壽者相，乃至無佛、無法、無僧、無有此逆罪，也無有造逆者，豈有造逆之事呢？」

由此思惟，而使五百菩薩脫出罪相，悟入實相如幻之理。

尚未開悟者，在發起神通後，見到以往的生命境界，由於未悟入實相、空、如幻之理，很容易產生如前所說的，落入罪相中無法脫出的情形。因此，就禪宗而言，沒有破初關，是不准閉關的；也就是沒有初步的開悟境界，是不能獨自閉關的，以免有境界發生，無法處理的危險，這也是在尚未開悟前發起神通的險處之一。

修持宿命通的注意事項

進入到這個階段時，要注意這時如果我們沒有足夠定力和智慧，絕對不能自己一個人到山上修行，因為修到最後，除了我們從小到大所發生的事情以外，這些事情背後所伴隨的心念，每一個念頭中的自私自利或是邪惡的部分，都會一清二楚。

當我們發覺自己的心念竟然如此時，會心生恐懼，不能自安，甚而沒有辦法面對自己，不能接受自己竟然是這麼樣的一個人。這時候如果沒有訂立，精神可能會因此崩潰。

如何修持如意通

如意通是指隨意自在飛行、自在轉變境界等的神通力。具有如意通的人，能於空中飛行自在，能移置遠方的空間使變近，不必走路、移動，只要心念一動，就能到達要去的地方。此外，也能自在改變物質形體、現象，如將大變化作小，小能變化作大，一能作多，多能化作一，種種諸物皆能自在轉變。

在《長阿含經》卷十三中，提及比丘修學神通所產生的種種變化，大多是屬於如意通的範疇：「變化一身為無數身，以無數身還合為一，身能飛行，石壁無礙，遊空如鳥，履水如地，身出煙燄，如大火焰，手捫日月，立至梵天。」經中並以工匠能善治物為比喻有如意通者，對自身及外境的一切能自在轉變無礙。

在《禪法要解》卷二中，記載修持如意神通足的方法：

> 若行者住於第四禪，依四如意分，一心攝念觀身，處處虛空如藕根孔，取身輕疾相，習之不已，身與心合，如鐵與火合，滅身麤重相，但有輕疾身，與欲、精進、思惟及助行法合之。

欲等善行力故，身則隨逐如火在鐵，輕軟中用。又復色界四大造色，在此身中與身和合，令身輕便隨意能去。

如人服藥，令心了了身則輕便。譬如色界四大造色明淨，在此身故眼則明淨，如人學跳習之轉工絕於餘人，如鳥子學飛漸漸轉遠，身通如是，初得之時。或一丈二丈。漸能遠飛，是變化神通有四種。一者身飛虛空如鳥飛行，二者遠能令近，三者此滅彼出，四者猶如意疾。彈指之頃有六十念，一念中間能越無量阿僧祇恆河沙國土，隨念即至，用是神通身得自在，一身能為多身，多身能為一身，大能為小小能為大，重若須彌輕如鴻毛，如是等所作如意。

經中是說，要修學神足通者，應住於四禪，一心觀察自己的身心，如同藕根孔一樣空虛不實，取身輕快迅疾之相，滅除身粗重之相，就如同幼鳥學飛一般，剛開始能飛一丈、二丈，漸能遠飛。修學如意神足通也是同樣的道理。

在《釋禪波羅蜜》中說：「次明修身如意通，行者既知宿命，若欲得身通變化，當於三昧中，繫心身內虛空，滅粗重色相，常取輕空之相，發大欲精進心，智慧籌量，心力能舉身未，籌已自知，心力已大，能舉其身，譬如學跳之人，常自輕舉其身，若觀心成就，即發身如意通。」

修持如意通

如何修持如意通呢？如前所述，首先我們要了知一切是空，並具足大悲心，以此為行神通的根本基礎，以悲智來指導修習。

在修習如意通時，首先要具足定力，我們的意念要了知一切都是空的，而用這一切皆空的意念來觀照我們的身體。

這時，我們很粗重、很實在的身體，在意念不斷地觀照之下，身體開始會有變細、變輕、不實在的感覺。在這樣的感覺下，我們可以了知自己長成什麼樣子，是跟我們腦中的決定有關；換句話說，我們可以用意識來改變自己的身體基因！一旦我們的身體與意念完全相應的時候，神足通就可以修成了，這是最根本的方法。

如果這時還沒辦法體會，可以隨時隨地觀想我們身體的變化；走路的時候，觀想身體粗重的現象沒有了，身體的質量變得很細微、很輕。

然後我們隨時保持這樣的感覺，隨時掃瞄自己的身體，將緊張、有壓力的地方鬆開，感覺到我們身體的每一個地方都很輕，很舒服，很空，隨時隨地感覺身體很空、很輕。這樣持之以恆練習的結果，會使我們走路的時候感覺到身體很輕，會有輕相現起。到最後，腳跟一提起來，甚至會有浮在空中的感覺。此時要修成神足通就有可能了。

當我們的定力越好，我們對改變身體的執行能力就越強，對自己身體的自主就越來越有把握。當我們感覺身體輕時，結果身體真的輕了，以此類推，整個身體漸漸能隨心所欲，自在改變了，再依此繼續作深刻的觀照，如此神足通就能成就了。

如何修持漏盡通

漏盡通是指煩惱淨盡，內心的染污分完全消除，而發起的神通，也就是佛法中的解脫境界。證得這種境界，則不再墮入生死輪迴，這是佛法最重要的神通。

證得漏盡通者，其內心的貪嗔痴等諸毒盡除，就像樹木的根被刨起來，雖然枝幹暫時還會繼續生長，但終究會乾枯。而證得漏盡通的聖者也是如此，雖有些習氣尚未完全去除，但是根本會輪迴的煩惱已經斷除了。而前五種神通是凡夫也能證得的神通，而漏盡通則是聖者的境界。在佛法的「三明」之中，這種境界也是其中之一，稱之為「漏盡智證明」。

在《長阿含經》卷十三中說明修持漏盡通的方法：

彼以定心，清淨無穢，柔濡調伏，住不動地，一心修習無漏智證，彼如實知苦聖諦。如實如有漏集，如實知有漏盡，如實知趣漏盡道，彼如是知、如是見，欲漏、有漏、無明漏，心得解脫，得解脫智。生死已盡，梵行已立，所作已辨，不受後有。

這是以苦、集、滅、道四聖諦的修持，如是知、如是見，心得解脫，得解脫智。而本書第一章的介紹的因緣法、三法印等修學悟入，都能達到漏盡通的境界。

修持神通，最直捷有效的方法，還是先修持禪定，如果能證入初禪至四禪的境界，再依據修通的方法練習，自然容易引發神通，而且比較沒有後遺症。

以定力為基礎，再修習神通，一向是神通修證的主要方法，而且依此有成證的神通，不只更加鞏固，而且具有更大的力量。當然要修得更廣大高明的神通，更需依靠智慧與慈悲心，如此才能修證神通的最高境界。

2 容易引發神通的禪觀法門

神通主要是透過專注的定力，加上特殊的方便技巧，所激發的深層生命能力。由於神通的修習，主要依靠定力，及特別的運心技巧，因此，有些禪觀法門，特別著重在定力修證及運心技巧方面，特別容易引生這樣的深層生命力量，而發起神通。

在本單元我們就特別探討此類的修持方法。一類是佛法基本禪觀法門，如四念處、因緣觀、通明禪等；另一類是大乘佛教的三昧，例如：如幻三昧、圓覺二十五輪三昧、首楞嚴三昧等，都能引發廣大的神通。首先介紹容易引發神通的禪觀法門。

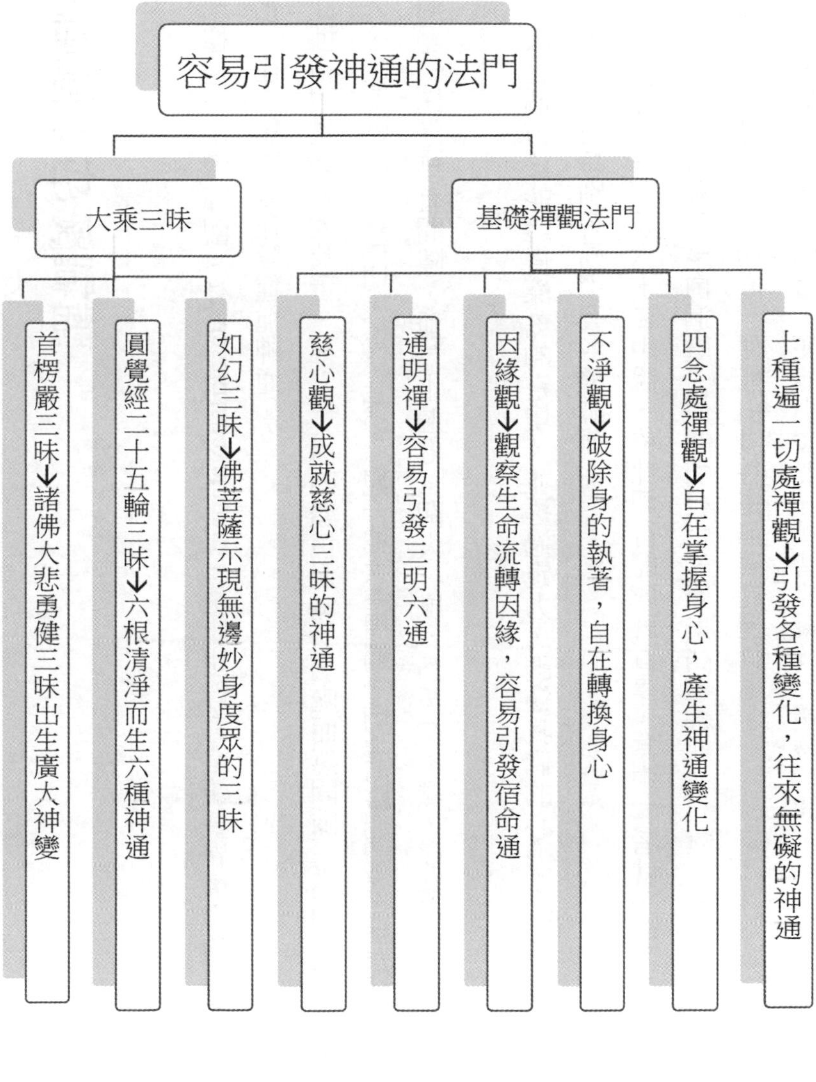
容易引發神通的法門
大乘三昧
基礎禪觀法門
首楞嚴三昧↓諸佛大悲勇健三昧出生廣大神變
圓覺經二十五輪三昧↓六根清淨而生六種神通
如幻三昧↓佛菩薩示現無邊妙身度眾的三昧
慈心觀↓成就慈心三昧的神通
通明禪↓容易引發三明六通
因緣觀↓觀察生命流轉因緣，容易引發宿命通
不淨觀↓破除身的執著，自在轉換身心
四念處禪觀↓自在掌握身心，產生神通變化
十種遍一切處禪觀↓引發各種變化，往來無礙的神通

十種遍一切處禪觀

十種遍一切處禪觀（梵dasakrtsnayatanani）是能使行者遠離三界煩惱的禪觀，能引發各種變化、往來無礙自在等種種神通。

此種禪觀是觀六大及青、黃、赤、白四顯色遍滿一切處而無間隙。又名為十一切處、十遍、十遍入、十遍處定、十一切入等。其中，觀「地大」周遍一切處而無間隙，稱為地遍處；觀「水大」周遍一切處無有間隙，稱為水遍處；觀火、風，乃至空、識，稱為火遍處、風遍處乃至識遍處。

由於這個方法能證得深刻的定境，並透過定力，調鍊我們的心力，來轉觀一切存有的物質萬相，因此也特別容易引發各種神通。

《瑜伽師地論》卷六十二中說，依此觀行能成就五事，其中一者就是能引發神通。

由修習地遍處等乃至白遍處，便能引發化、變事諸聖神通。

由修習空無邊處一切處，便能引發往還無礙諸聖神通。

由修習識無邊處一切處，便能引發無諍願智無礙解等諸勝功德。

由識無邊處遍處成滿，便能成辦無所有處解脫及非想非非想處解脫。由此成滿因故，使能證入想受滅解脫最勝住所攝。

另外依南傳《清淨道論》所說，「識遍處」則為「光明遍處」取代，其中並說依十遍而修習，皆各有成就，能變化種種神通。即：

1. **地遍處引發的神通**：能以一成為多等，或於空中、水中變化作地，而以足行走或坐立其上，或以少及無量的方法而得勝處。
2. **水遍處引發的神通**：能出沒於地中，降下雨水，變化江海等，或震動大地、山岳、樓閣等。
3. **火遍處引發的神通**：能出煙及燃煙，能降炭雨，以火滅火，欲燃則燃，或作諸光明以天眼見東西。
4. **風遍處引發的神通**：能速行如風，降風雨。
5. **青遍處引發的神通**：能變化青色，作諸黑暗，或依於妙色及醜色的方法而得勝處、證淨解脫。
6. **黃遍處引發的神通**：能變化黃色，點石成金，或依於妙色醜色的方法而得勝處、證淨解脫。
7. **赤遍處引發的神通**：能變化赤色，並如上述證淨解脫。

8. **白遍處引發的神通**：能變化白色，離惛沉睡眠，消滅黑暗，為以天眼看東西而作諸光明。

9. **光明遍處引發的神通**：能變化輝煌之色，離諸惛沉睡眠，消滅黑暗，為以天眼見東西而作諸光明。

10. **虛空遍處引發的神通**：能開顯於隱蔽，在大地中及山岳中亦能變化虛空，作諸威儀，可以在墻垣上自由步行。

十遍處觀是依勝義的觀想生起禪觀，並非以眼見的事相做為修法的依止因緣。以寂定的心觀想地、水、火、風及各種顏色周遍而廣大，遍滿一切宇宙法界，這種方法對於修行人的幻化觀及心的廣大，具有極為有力的調鍊作用，能使我們的心念生出廣大的威力，現起廣大的神通境界。

由以上所述可知，透過十遍處觀的禪法，我們能自在的調練心力，轉化宇宙的萬象，因此能引生各種廣大的神通境界，並且能證得解脫。

四念處禪觀

四念處（梵文 catvarismrty-upasthanani）是三十七菩提分法中的一部分。三十七菩提分法是原始佛教與部派佛教中，一套最具代表性，也是最重要的實踐法門，而透過四念處直觀身心的禪法，也能自在掌握轉換身心的能力，獲得神通能力。

四念處又稱四念住、四意止、四止念，或單稱四念。即身念處、受念處、心念處、法念處。也就是觀身不淨、觀受是苦、觀心無常、觀法無我，以對治常、樂、我、淨等四種顛倒妄想的觀法。所謂「念」是指與觀慧相應的心念；「處」是指身、受、心、法四境。於此四境起不淨、苦、無常、無我等觀慧時，能令念止住於其境。因此稱為念處或念住。

由於四念處法門，是正確觀察我們的身體、感受、心念及眾法的禪觀。因此，在修持時，由於身心感受及諸法都依禪觀，而現起正確的眾相，所以在產生定力後，十分容易引生身心的深層力量，而現起神通。四念處的觀察如下：

一、身念處：觀色身不淨之旨而破不淨顛倒。身之不淨有五種：

1. 種子不淨，指父母之赤白二渧種子不淨。

2. 住處不淨，胎內十月住於母之臟中，故不淨。

3. 自相不淨，出生後於不淨中起臥。

4. 自性不淨，自身中之骨髓、毛孔，臭如死狗。

5. 究竟不淨，命終後手足屍首分散是為不淨。

二、受念處：眾生有見兒女、財寶等以為樂，或行淫慾以為樂等之受。故宜觀此種受實是苦。

三、心念處：我等之心乃念念生滅，剎那剎那轉變，故觀心無常。

四、法念處：觀萬法中無我、無我所，於法不起我與我所之顛倒想。

當然，更究竟的是了知身、受、心、法等四者皆不可得，又稱為「四不可得」，身如虛空，受不在內不在外，心唯有名字，法不為善不為不善，故不可得。

《諸法無行經》卷上：「若行者見身如虛空，是為身念處。若行者見受不得內外兩間，是為受念處。若行者知心唯有名字，是為心念處。若行者不得善法不得不善法，是為法念處。」

如果能如實修此四念處觀法，則能了知身、受、心、法皆不可得，進而了知不淨、苦、無常、無我之理。

天眼第一的阿那律尊者，就是以修習四念處而成就天眼通。《雜阿含經》卷二十中，阿那律尊者告訴阿難尊者：「我於四念處修習多修習，成此大德大力。何等為四？內身身觀念處繫心住，精勤方便，正念正知，除世間貪憂。如是外身、內外身，內受、外受、內外受，內心、外心、內外心，內法、外法、內外法，觀念處繫心住，精勤方便，除世間貪憂。如是，尊者阿難！我於此四念處修習多修習，少方便，以淨天眼過天、人眼。」

阿那律尊者告訴阿難尊者，自己就是在四念處精勤修習，而證得清淨天眼。

四念處法門在生活中隨時可修持，是很生活化的禪觀。

以身念處為例，我們在行、住、坐、臥、睡眠、晨寤醒覺時，將心念專注在自己的身上，能夠如實的現觀自身，並如實的產生了知、見、明、達的境界，而解脫開悟，這是觀身如身的身念處境界，當然這種觀法對開發身體的神通境界，幫助極大。

由此可知，身念處觀的範圍極大，其實我們每天從早到晚二十四小時的生活中，所有身體的現象，都是身念處的對象。不管坐車、打電話、看電視、吃飯、旅遊，也無非是身念處的範圍。只要我們用明覺的心，立念在身，自然能證得身念處禪觀，如果修證得宜，也能讓我們在日常生活中，逐漸修證具備神通能力。

四念處法門是直觀身心的眾相的禪法，是最有力、直接的禪法。透過如此的修持，能夠讓我們很快速的開悟解脫。同時，我們如果能在直觀身心的方法中，掌握自在轉換身心的能力，自然容易生起神通的境界。

不淨觀

自古以來，不淨觀就與數息觀，並被稱為「入道二甘露門」，也就是修行中兩種極為重要的入道之法。不淨觀（梵語 asubhasmrti），是觀照身體不淨實相的禪法，又稱為「不淨想」。就是以觀想之法，看見自、他色身之不淨，藉以對治貪欲障礙的禪法。而在這樣的觀察中，也由於破除對自己身體的執著，因此也具備轉換身心的力量，所以容易引發神通。

《禪法要解》卷上說：不淨觀可對治六種欲，經文中說：

若淫欲多者應教觀不淨。不淨有二種：一者惡厭不淨，二者非惡厭不淨。何以故？眾生有六種欲：一者著色，二者著形容，三者著威儀，四者著言聲，五者著細滑，六者著人相。著五種欲者令觀惡厭不淨，著人相者令觀白骨人相。又觀死屍若壞若不壞，觀不壞斷二種欲：威儀、言聲。觀已壞悉斷六種欲。

這是說明眾生對身體的執著大約可分為六類，一是執著色相，二是形容，三是威儀，四是言語音聲，五是皮膚細滑的觸覺，六是著人相。因此從不淨觀來對治這六種執著。

在南傳佛教中，不淨觀也是重要的禪修法門。依《清淨道論》所載，有所謂「不淨業處」者，又稱十不淨。是修不淨觀時所觀想的十種現象。此即觀察死屍自腐爛以至成為白骨的十種狀況，使行者心生厭惡、脫離貪愛執著。

這十種不淨業分別是：膨脹相、青瘀相、膿爛相、斷壞相、食殘相、散亂相、斬斫離散相、血塗相、蟲聚相、骸骨相。這些都是為死屍之不淨。

如何修持不淨觀呢？《大毗婆沙論》中說：「修觀行者，繫念眉間，或觀青瘀，或觀膨脹，或觀膿爛，或觀破壞，或觀異赤，或觀被食，或觀分離，或觀白骨，或觀骨鎖。」

不淨觀的修持法，首先觀人初死之時，方才還能辭談言笑，忽然死亡，氣息消滅，身體寒冷，無有覺知。這時家室驚動，呼天搶地，之前尚能言語，為何忽然便已離去？這是人生之大怖畏，但卻無法可脫免者。

行者如此思惟已，即取自己所愛之人，或男或女，脫衣露體，臥置地上，於前置之身體觀如死屍，一心定觀，觀此死屍，心中甚為驚畏恐怖，因而破除愛著之心，以此來破除身的執著，自然容易發起神通。

因緣觀

因緣觀（梵名 dvadasanga-pratitya-samutpada）又稱為緣起觀、緣性緣起觀、觀緣觀等，是順逆觀察十二因緣、破除生死的法。由於因緣觀對生命流轉的現象觀察得特別深刻，因此在修學的過程中，往往能衝破此生的意念限制，體悟過去世的因緣，印證宿命因緣，成證宿命通。

所謂十二「因緣」，是指十二法緣。因為輾轉能感果報，所以名為「因」；因互相依藉而有，稱之為「緣」。因緣相續，以致生死往還無際，如果使無明不起，則生死輪迴皆息，能出離而得解脫。

什麼是十二因緣呢？

「無明」緣「行」，「行」緣「識」，「識」緣「名色」，「名色」緣「六入」，「六入」緣「觸」，「觸」緣「受」，「受」緣「愛」，「愛」緣「取」，「取」緣「有」，「有」緣「生」，「生」緣「老死」，這十二種使生命輪轉不已的因緣，稱為十二因緣。

十二因緣，是我們觀察整個生命的過程，所有的生命現象，都是從生到老、病、死；所有生、老、病、死都是不斷地循環著。當我們出生的時候，是由母親最深刻的痛苦當中而來的；然後隨著年月的增長，身體逐漸地長大有力；但是等到年紀逐漸老大的時候，所有生命的力量也就逐漸衰微了。

在這個過程中，有快樂，有痛苦，但最後還是難逃年老、疾病、死亡一途。在這樣的現象中，會引發我們的思惟：

人難道永遠是在生老病死當中，輪迴不止嗎？

為什麼永遠要面對著死去的親人的死亡，而心生痛苦？

我們如何去止息生、老、病、死的現象呢？

佛陀教育我們要斷絕死亡，就是要斬斷輪迴的鍊鎖。有生必有死，所以要斬斷死亡，只有證入無生的境界當中。

而這生、老、病、死的種種現象之中，都是有因有緣的，生老死的痛苦是來自我們的自心，從心的貪執、執取，而產生的現行、存有的現象，那麼我們的我執突破我們的感官去執取種種的萬物萬象，終將使我們的生命，生生世世永不止息。此時發起現在就要超脫一切無明枷鎖的決心，幫助所有眾生脫離這生老病死苦的輪迴。

在十二因緣的修持法上，十二因緣之觀法有順、逆兩種。順為流轉，逆為還滅，也就是所謂順觀十二緣起，觀察：因「無明」而起「行」，「行」緣「識」，「識」緣「名色」，「名色」緣「六入」，「六入」緣「觸」，「觸」緣「受」，「受」緣「愛」，「愛」緣「取」，「取」緣「有」，「有」緣「生」，「生」緣「老死」，而生起種種憂悲苦惱。這是世間染污之門，一切眾苦由此出生。

因此，要斬除這十二因緣，應當逆觀還淨之門。要斷「老死」當斷「生」，「有」斷則「生」斷，「取」斷則「有」斷，「愛」斷則「受」斷，「觸」斷則「愛」斷，「六入」斷則「觸」斷，「名色」斷則「六入」斷，「識」斷則「名色」斷，「行」斷則「識」斷，「無明」斷則「行」斷。當無明斷除之後，則一切業行皆轉為清淨好行，自在解脫，生起漏盡通。

當然修證因緣觀，最重要的是要自在解脫，證得漏盡通。但是如前所述，修學因緣而證入禪定時，可能破除此生的障礙，而證得宿命通。此外因緣觀了澈眾緣的生成。因此，不管是生此死彼的天眼通，了知一切因緣音聲的天耳通，觀察他人心識的他心通，及照破身相因緣的神足通，都可在依因緣觀而成就的禪境中，以各種修習神通的方法，自在證得。

通明禪

通明禪禪觀，由於其特別能引發六種神通三種智明，所以稱為「通明禪」。

由於修此禪定時，先通觀息、色、心三事，所以為通；此定明淨，開心眼，觀一達三，徹見無礙，所以稱為「明」。修學此禪定可為得神境、天眼、天耳、他心、宿命、漏盡等六通，又得宿命、天眼、漏盡等三明，所以稱為通明。雖然其餘禪法也能發起六通三明，但是都不及此禪法迅速直接，所以唯有此禪稱為通明禪。

通明禪法能夠光明清淨，能夠開發我們的心眼，沒有任何暗處，所以不但能觀一達三，還能徹見無閡。因為能觀一法而又能達於三法，徹見無閡，所以叫通明禪。

如果善行修學這個禪法，必定能夠發起六種神通、三種智明。六通就是天眼通、他心通、宿命通、天耳通、神足通、漏盡通等六通，三明指的是宿命明、天眼明、漏盡明。三明、六通是一般成證阿羅漢者能達到，外道雖能得證五神通，卻還不能證得解脫的智慧——漏盡智慧通。三明，是大阿羅漢能得，在佛則名為「三達」。在《大集經》中說：「法行比丘修此禪時，欲得神通即能得之。」

由此可知，通明禪觀的修法十分犀利，力量十分強大，要正念修習，否則引發神通境界，卻邪心而增長惡業，是十分可惜的，所以一定要以禪觀的智慧作基礎。

對一個菩薩行者而言，必須要有大悲作根本，以大悲觀慧作基礎；此外，使心安住於平等實相，以實相心，以諸佛如來果地心、平等實相心，來修學這個禪觀，如此才是圓頓平等無差別相，於善巧如幻中現起修習，廣度一切眾生。

通明禪初始時主要是調鍊心、息、身三者，使之一如。修此禪法要動靜一如，在行、住、坐、臥之中，都能保持明淨。

在通明禪裡的未到地定境界中，不只看到體內的內臟，連內臟組織皮的薄膜也會看得到。所以不只能看到心臟而已，心臟裡面的每一個組織，每一個瓣膜都可以看到。不只能看到我們的皮膚而已，連皮膚一層一層的膜都十分明晰。

剛開始我們會觀察到身體的內臟，感覺到十分不淨，在此能會通於「不淨觀」。再來更深刻一點，連裡面的蟲、細菌都看得到，甚至可以看到它們在體內的活動。修習到這種程度，有時候會聽到它們的語言，也懂得它們的含意，轉而通達一切眾生的語言，之後整個身心會像琉璃一樣，完全清淨。

在通明禪的修證中，有一般的行人，有修四聖諦的聲聞行者，會悟覺四聖諦，通達正道諦。有些是修緣覺的行者，能通達緣起。另有修習菩薩行者，通身會淨如琉璃，毛孔現佛，得菩薩三昧。不同見地與發心的行者，修習此禪，所得到的證相境界也不相同。

慈心觀

慈心觀又稱為「慈心三昧」、白光明慈三昧、大慈三昧，一般用來對治眾生的瞋恚。此外，慈心觀也能成證廣大神通，如《華嚴經》中所說，過去、現在、未來的「十世齊觀」境界，就可以由此入手。

慈心觀能有大福德，亦可修入慈、悲、喜、捨四無量心三昧。慈是與樂之義，若行者在禪定中，觀想令眾生得樂，名為慈心觀。

在經典中記載，有比丘因為修慈相應心，而獲得無瞋、無恨、無怨、無惱，廣大無量的境界。修持慈心觀時，首先應心念十方眾生，要使其得快樂，此時心中所生之念，稱之為慈。

在南傳佛教的《清淨道論．說神變品》中，曾記載著修持慈心觀而示現神變的故事。

有一位郁多羅優婆夷，她是富蘭那迦長者的女兒。而另一位尸利摩妓女，由於某種因素而對她起了嫉妒心；有一天，就用一鍋煮開滾燙的油潑灑到她的頭上。郁多羅即在那一剎那入慈心定，那熱油竟然如同水滴自蓮葉上滾落下去一樣，郁多羅毫髮無傷。這是入於慈心三昧所產生的神變。

又有一位，另一位修持慈心三昧生起神通的，則是優填王的王后差摩婆帝。當時有一位摩健提婆羅門欲謀以自己的女兒為王后，就設想了一個毒計，將毒蛇放於琵琶中，假王后之名，敬奉國王。然後再對國王說：「大王啊！差摩婆帝要謀殺殿下，將毒蛇藏於琵琶中。」

國王盛怒之下，立即拿起弓及毒箭，要去殺害王后差摩婆帝。

王后看到憤怒的國王前來，她卻一點也不驚慌，反而生起慈和之心，和她的五百侍女，一起對國王修慈心三昧。國王被慈心的光明照耀著，一動也不能動，更別說是拿起武器來傷害王后了。王后於是慈和的說：「大王，你疲倦了嗎？」

「是的，我疲倦了。」

「那麼放下你的弓箭吧！」

於是箭即落於國王的足下。

王后就對國王說：「大王，請勿傷害無惡之人！」

當提婆達多密謀殺害佛陀，放出醉象衝向佛陀時，佛陀也是以慈心三昧降伏醉象。

平時我們也可以隨分修學慈心三昧，先我們一心喜悅，觀自心喜樂無比，而且願將自己所受用的快樂，全數給與他人。

首先我們在禪坐中，讓身心完全放鬆、觀想自己很喜樂；觀想自己最喜愛的人在面前，看見他非常喜樂。

當我們看見自己所愛的人快樂，自己感到更加快樂，這種快樂的力量是相加相乘的。

再進而觀想一般人，乃至討厭的人都很快樂，再從空間上擴大，進而擴大到過去、未來的時間，自己隨時隨地都安住在喜樂之中，遍滿光明。讓自己隨時隨地安住慈心喜樂。

3

修學最高神通的大乘三昧

修學大乘三昧神通的要素

經典中我們常可看見諸佛菩薩示現不可思議的廣大神變，這都是入於高階三昧而產生的不可思議境界。而要能圓滿修證成就種種大乘三昧，最重要的是必須具足智慧與悲心，才能現起諸佛菩薩不可思議神通。

修證大乘三昧的要點

1.具足正見

修學大三昧，首先要能具足正見。正見就是了悟三法印，了悟性空的實相，再依此正見來指導我們的身心修行；依正見產生正確的觀察、正確的修行，就能產生正果，而證得這些大三昧境界；如果沒有正見，一切都是枉然。

2.具足大悲心

除了正見之外，要圓滿證得這些大乘三昧，還要加上大悲心，我們要有大悲的願力，才能夠修大行、成就大法。如果心力不夠大，就只能形成小枝大葉，不能成為大樹，所以當大法來臨時也沒有福德承受，只能白白空過無法具足修證大法的力量。

我們可以用種盆栽的比喻來說明這種情形。譬如一棵榕樹，我們很努力地將榕樹種在盆景裡，每天小心翼翼的看護著，很寶貝的澆水、施肥、剪枝、塑形等等，辛苦地辛勤照顧，過了幾十年，這榕樹還是只有一點點大。如果將這棵榕樹種在大地上，就能長成大樹，供無數的眾生棲息、乘涼。這就如同我們心地廣大猶如虛空，以整個大地、整個法界為安住之所，人間的一切恩怨情仇、小枝小節都是很快地隨風而過。

將樹種在大地上，就像菩薩發大心度眾生，所成就的神通變化自然廣大不可思議，不是一般世間人及二乘者的神通變化可以比擬。在經典中記載：菩薩入初禪會見到毛孔流佛的境界，看到淨土，而阿羅漢或是一般人，即使進入四禪的高深禪定境界，都還無法看到這不可思議的境界。這是心地廣大與否的問題。

菩薩的三昧和阿羅漢的三昧內容不同，但是由於他們的發心不同，產生的神通變化也有所不同，甚至見到如來神變的境界也不同。

在《大方廣佛華嚴經》卷六十〈入法界品〉第三十九之一中，記載如來於逝多林入於師子頻申三昧時，當時法會中上首的諸大聲聞：舍利弗、大目犍連、摩訶迦葉等，在現場的聲聞眾都看不見如來神力、莊嚴及種種境界等，也看不見不可思議的菩薩境界、菩薩大會、菩薩遊戲等。因為這些聲聞行者滿足於自身解脫的聲聞後，遠離大悲，捨於眾生，無法幫助眾生積集智慧，或幫助眾生趣入、通達佛界，所以不能見到如來廣大的神變境界。

修學大乘三昧的五大心要

修行大乘三昧的心要，可以總攝成五大口訣：1願力廣大；2現了如幻；3大悲相續；4細密勝行；5生心無住。以下分別說明之。

1.願力廣大

要修學廣大三昧，首先願力也一定要廣大，廣大的願力才能扭轉無緣之處，才能為最深苦的環境增加力量，所謂：神通不敵業力，業力不敵願力，清淨無染的願力是可以超越各種障礙的。

2.現了如幻

現了如幻，是要具備般若智慧；明了空性，現觀宇宙的現象本如夢中花、第二月，皆是夢、幻、泡、影，像一場大遊戲，只是因為眾生在無始無明的籠罩下，步步糾纏，一一執著，輾轉層層累積，自我漸漸膨脹，自由自在也漸漸滅失，彼此的彈性空間也愈來愈狹。

如此一來，不僅願力無法清淨有力，更會形成為個人我執的展現，徒增無明的強度。所以，我們要現前了知：萬事萬法皆是如幻空性，皆是因緣所生，因緣和合而有，因緣散失而滅。雖然有因緣所生之相，但並無不變獨立的體性；雖然是空性，卻有因緣之相。這就是如幻。而且如幻是現觀了悟的，並非推演而得。後者可以是入門方便，但不是究竟之意。現了如幻、不假思量，如此才能清淨三昧修學的歷程，這是修學三昧的根本正見。

3.大悲相續

行者了知一切如幻之後，有時會生起懈怠的心念：「反正一切都是空的，不必執著，到處遊戲人間就好了。」這種心念是小乘解脫者的心，不能達到佛境，仍居於小乘之位。這時應該回過來使自己悲心發起，而且要相續不斷、無間無止，如此才是大慈大悲。

有了願力、如幻觀之後，加上大悲相續，就能潤澤體性，遊任濟度眾生於苦難中。因為願力的緣故，大悲能充沛不竭；因為如幻的緣故，大悲能清淨無染，如此修學三昧，才能展現大作用而無障礙。

4.細密勝行

具足願力、智慧、大悲之後，還要切實的修學各種法門，廣學菩薩行，以此來具足度化一切眾生的能力。經典中比喻眾生有八萬四千種煩惱，這是一種約略的分類，來代表眾生的煩惱很多。而菩薩為了度化眾生，也當該修學八萬四千種法門來相應之。為了落實悲心願力，切實利益眾生，相應眾生各個根基，所以要在各種細微的、顯密的殊勝法門修學上下功夫，這就是四弘誓願中的法門無量誓願學。

5.生心無住

廣學各種千萬萬的細密勝行之後，我們當面對眾生無明煩惱而要施與救濟時，則要「生心無住」。這是《金剛經》中「應無所住而生其心」這句話的修行方便。「無所住」，是心寂滅、無所執著，具足般若智慧、空性、無有顛倒夢想，就像《心經》所說：「無眼、耳、鼻、舌、身、意，無色、聲、香、味、觸、法，無眼界乃至無意識界，無無明亦無無明盡，乃至無老死亦無老死盡，無苦集滅道，無智亦無得。」當我們了知空的實相之後，在生活中也當如此實踐。

發心修學三昧者，以行菩薩道為志向，面對眾生要懂得生心無住，否則空有生心救度之念，沒有無住為明鏡，會造成更多的自身或他人的煩惱、無明；也可能加添自己的貢高我慢，志得意滿，驕傲不已，或因度眾困難而懷憂喪志。如果空有般若無住智，而無法生起心慈悲，也是枉然。所以修持大乘三昧的第五個要點，是將修學三昧之境界，依願力、智慧、大悲、廣博細行，而對眾生生心無住，實踐永遠的菩薩行。如果我們能體會契入、篤行實踐這五個口訣，必定能幫助我們成就廣大三昧，也能讓我們的神通境界，更加圓滿。

了解以上的觀念之後，我們再進一步介紹各種容易引發神通的大乘三昧法門。

如幻三昧

如幻三昧，是一切菩薩三昧的根本，也是諸佛、菩薩示現無邊妙身救度一切眾生的緣起。大悲菩薩修習三昧——空、無相、無願三昧，而不證入涅槃實際，顯現無邊廣大的救濟事業，這是如幻三昧現起的因緣。

因此，在《大寶積經》卷一百五．善住意天子會〈神通證說品〉中，善住意天子請問如幻三昧的境界，文殊師利菩薩即為他示現了如幻三昧：

時，文殊師利如言即入如幻三昧，應時十方如恆沙等諸佛國土一切境界，自然現前。

文殊菩薩為善住意天子示現如幻三昧，同時現身於十方如恆河沙數那麼多的世界之中。由此可見文殊菩薩如幻三昧的廣大威力，也可了知如幻三昧能自然顯示一切諸佛國土微妙眾事。

另外龍樹菩薩在《大智度論》卷五十中更說明入出如幻三昧的因緣：

入如幻三昧者，如幻人一處住，所作幻事，遍滿世界，所謂四種兵眾，宮殿城郭，飲食歌舞，殺活憂苦等。菩薩亦如是，住是三昧中，能於十方世界變化，遍滿其中：先行布施等充滿眾生；次說法教化，破壞三惡道，然後安立眾生於三乘一切所可利益之事，無不成就。是菩薩心不動，亦不取心相。

入如幻三昧的人，就好像幻化的人住在一起，所作幻事，遍滿世界，能變化出種種軍隊、宮殿、城市，日常中的種種飲食、歌舞娛樂，也有恐懼、悲傷、快樂等種種情緒。菩薩也是如此，當其安住於三昧時，能在十方世界變化，遍滿其中，作種種空華佛事，利益眾生，但是菩薩心不動，也不會執著外相。

這種如幻三昧的現起，是住於八地的人菩薩所證得的大三昧。這是由於其順入眾生心，順觀一切眾生心之所趣，而發起大悲之後的成就。因為菩薩若住於七地，不著我等二十種法見，盡行十八空而成具足空，一切無可得，欲取涅槃；這時，因自具大悲種種因緣及十方諸佛擁護，所以還生度一切眾生心，生起如幻三昧，示現不可思議境界。但因根本體性無著的緣故，所以心自不動，亦不取任何心相；因此，如是救度一切眾生，實無一眾生得度者。

菩薩常入如幻三昧，安住大悲，現觀一切眾生、法界如幻，而能予以無邊的救度。這時，由於如幻堅固如實，所以引生報生三昧，現起無邊身廣度眾生；這時，眾生應以何身得度者，則現何身而為說法，就如同觀世音菩薩一般隨處應現，這是菩薩大悲如幻三昧不可思議的變化。

在《法華經》觀世音菩薩普門品中，舉出觀世音菩薩有三十三種應化身，就是如幻三昧的廣大境界。

在《佛說救面然餓鬼陀羅尼神咒經》中，也記載觀世音菩薩在鬼道化現為鬼王的故事。

有一天夜晚，阿難尊者正在林間打坐入定，忽然看到一位餓鬼，他自稱為燄口，身形醜惡，指甲長利，腹鼓大如山，喉細如針，臉上噴著火焰。阿難一見到餓鬼的形態，非常驚怖，也感到很同情，於是請問他為什麼會變成這樣。

餓鬼回答阿難：「這是因為我生前慳吝，貪心不捨，所以死後墮入餓鬼道中，變成這種身形，並且長年受餓，備受諸苦。」

餓鬼又告訴阿難：「三天後，你也會命盡，墮入餓鬼道中。」

阿難聽了更加恐怖，就問餓鬼有何方法得以解脫，燄口餓鬼告訴阿難說：「只要你能施食予無量餓鬼，並能為我供養三寶，如此就能增壽消災，並能令餓鬼離苦生天。」阿難聽了之後，內心惶恐不安，就到佛陀尊前請求開示救度方法，佛陀於是為阿難及大眾說燄口及施食法門。這就是瑜伽燄口流傳的因緣。

佛陀接著告訴阿難，這位燄口餓鬼是觀世音菩薩化現的，為了救度餓鬼，特地示現鬼王身，使阿難祈請佛陀宣說燄口施食法門，以利益餓鬼眾生。

除此之外，觀世音菩薩也曾化現為蟲類，應化有情：

觀自在菩薩摩訶薩有一次前往波羅奈大城糞便集中穢惡之處，裡頭有無數百千萬種蟲蛆之類，在其居住。觀自在菩薩為了救度這些有情，就化現成蜂形，鑽入蛆蟲的口中，發出聲說：「曩謨沒馱野（南無佛）！」這些蟲類聽見自己口中發奇怪的聲音，就隨著所聽聞的聲音而皆稱念：「曩謨沒馱野！」因為這稱念福德音力的緣故，這此蛆蟲得以往生極樂世界，皆生為菩薩，共同名為妙香口菩薩。

這是觀世音菩薩以廣大神變，於各種生命界示現救度眾生的事蹟。

在《大智度論》中，接續如幻三昧說明道：

菩薩得如幻等三昧，所役心能有所作；今轉身得報生三昧，如人見色，不用心力。住是三昧中，度眾生安隱，勝於如幻三昧，自然成事，無所役用。如人求財，有役力得者，有自然得者。隨眾生所應善根受身者，菩薩得二種三昧，二種神通，行得、報得；知以何身，以何語，以何因緣，以何事，以何道，以何方便而為受身，乃至受畜生身而化度之。

依此而言，「報生三昧」可說是如幻三昧的任運果位作用。而如幻三昧尚待起心用觀，有所持作，為修習起用的如幻三昧；而「報生三昧」則可說是成證任運的如幻三昧，本質都是大悲如幻起用，並無不同。

如幻三昧的根本是如幻現空的實相，但以無大悲來發起。是悲智相攝的廣大三昧，所以筆者在此立名為「大悲如幻三昧」，以彰顯龍樹菩薩「般若是諸佛之母，大悲是諸佛祖母」的深義；也使修習如幻三昧的行者莫失大悲。在修學的過程中，更能體悟悲空相益的妙用。這就是所謂「空愈大，悲愈大；悲愈大，空愈大」。如幻、大悲二者交相證成的大用，這也是菩薩能成就廣大神變妙用的因緣。

圓覺經二十五輪三昧

圓覺經二十五輪三昧出自於《圓覺經》，本經稱為《大方廣圓覺修羅了義經》。對如幻的深刻了解，是整個《圓覺經》很大的一個入徑。它的修行本無漸次，但因眾生的緣故，而開展出一些修行漸次，所以最後開展出三個修持法來統合，一是奢摩他（止），二是三摩鉢提（觀），三是禪那。

圓覺經二十五輪的修持次第，是從身，再到心，再到塵。先觀察身是四大和合而成，是空的；身既是空的，對身的執著就消失了，幻身也就滅了。然後，心的造作也是幻的，幻身滅故，幻心亦滅，所以外界的色、聲、香、味、觸、法六塵亦滅。身、心、塵都消滅了之後，所有幻滅全都消滅，只有「非幻不滅」，也就是不屬於生滅變化的非幻境界不滅。就像磨鏡，垢盡光生，鏡子上的塵垢擦乾淨了，自然能明照萬物。由於凡夫的身心都是幻垢，「垢相永滅，十方清淨」，體悟真理之後，把身、心、塵的妄境全部消失、化除之，就生起覺悟。這是奢摩他行。

我們把垢相全部遠離了，諸幻的境界全部消滅了，就證入「無方清淨」的境界。一切沒有方所，沒有固定的方位，沒有固定的次第，一切都是現前清淨，無邊的虛空覺性。在此境界中，是如來的止，是絕對圓滿的。如果說到修持則有漸次，是由身、心到塵全部的清淨，清淨完整後，光明就顯現，有如大圓鏡一樣，遍滿十方世界。

有覺悟圓明之後，顯示出心的完全清淨，就像燈一開，室內就亮了；同樣的，心一照就亮了。心清淨的緣故，外界眼根所見的塵也清淨。見的力量清淨，所以眼根也清淨，眼根清淨故眼識也清淨。心清淨故，耳根聞塵也清淨，聞清淨故耳根清淨，耳根清淨故耳識清淨，耳識清淨故，覺塵清淨。如是乃至鼻、舌、身、意，亦復如是。六根清淨之後，就會開發出不可思議的神通境界，而天眼通、天耳通、他心通、宿命通、神足通，乃至漏盡通等都能具足。

首楞嚴三昧

首楞嚴三昧（梵語 Suramgama-samadhi），又稱作首楞嚴三摩地、首楞伽摩三摩提、首楞嚴定。意譯為：健相三昧、健行定、勇健定、勇伏定、大根本定、堅固攝持諸法之三昧。經中說，遊戲首楞嚴三昧的菩薩，能出生廣大神變，於一坐處，能震動十方一切世界，能於自身出現一切眾生……等，不一而足。

此三昧為百八三昧之一，是諸佛及十地之菩薩才能證得的禪定。在《大智度論》卷四十七中說：「首楞嚴三昧者，秦言健相。分別知諸三昧行相多少深淺，如大將知諸兵力多少。復次，菩薩得是三昧，諸煩惱魔及魔人無能壞者，譬如轉輪聖王主兵寶將，所往至處，無不降伏。」

菩薩得此三昧，則諸煩惱及惡魔皆不得破壞之，並且恰如大將率領兵眾，一切三昧悉皆隨從。

根據《首楞嚴三昧經》卷上記載，首楞嚴三昧非初地乃至九地的菩薩所能得，只有十地的菩薩能得此三昧。所謂首楞嚴三昧，就是修治心猶如虛空、觀察現在眾生的諸心、分別眾生諸根利鈍、決定了知眾生之因果等一百項法集合而成的大三昧。

此三昧不以一事一緣一義可知，一切禪定解脫三昧，神通如意無礙智慧，皆攝在首楞嚴中，譬如陂泉江河諸流皆入大海。所以菩薩所有禪定都在首楞嚴三昧，所有三昧門、禪定門、辯才門、解脫門、陀羅尼門、神通門、明解脫門等諸法門悉皆攝在首楞嚴三昧。

首楞嚴三昧有降伏魔王的威力。在《佛說首楞嚴三昧經》卷一中描寫：當佛陀在宣說《首楞嚴三昧經》時，舍利弗很奇怪的問如來：「奇怪，如來現今宣說首楞嚴三昧，惡魔卻沒有來擾亂。」

於是世尊就從眉間放光，法會中的大眾都看見惡魔被綁著，動彈不得。

舍利弗好奇的問：「惡魔是被誰所綁著呢？」

如來回答：「這是首楞嚴三昧的威神力，當惡魔一發心要阻擾如來說法，由於首楞嚴三昧威力故，自動會被捆綁繫縛。」

在《大乘悲分陀利經》卷三中，菩薩以首楞嚴三昧的威力，入於地獄中，為地獄眾生說法，乃至畜生、餓鬼等諸道眾生，皆能隨眾生受生之處，於中化現而為其說法，使其得證無上正等正覺：

世尊！我以首楞嚴三昧入地獄中，化作其身而為說法。勸以菩提令彼發心，於中命終得生為人，值現在世說法諸佛，令彼眾生從佛聞法得不退轉地。如是畜生、餓鬼、夜叉、羅剎、阿修羅、龍、緊那羅、摩羅伽中及與天上……如是世尊！隨眾生處而受其形，順彼眾生業行因緣受若干苦樂，若有種種工巧伎術，隨類而入現說所行，巧言方便得眾生心，然後誨之正法，勸以阿耨多羅三藐三菩提，令住不退轉無上正遍知。

在《度諸佛境界智光嚴經》卷一中說，遊戲首楞嚴三昧的菩薩，能出生廣大神變，能於一毛孔示現一切世界，成就過去、現在、未來諸佛清淨的住處，並能以智慧相應。於一坐處，能震動十方一切世界；於一佛土，卻普遍能莊嚴十方諸佛世界，能於自身出現一切眾生；於一佛身上，能示現多如來，而於多佛身，能現一佛身。能使自身現十方世界。

這都是得證首楞嚴三昧所獲致的廣大神通三昧。

第四篇　神通的戒律

1 神通的運用與限制

佛法認為神通並非究竟解脫之道，而是為了度化眾生的方便而學習神通。

在《大寶積經》卷八十六中記載，如來有三種神通變化來度化眾生：

1. **說法神變**：如來以無礙大智了知眾生善惡業因及善惡果報，現一切神變而為說法。
2. **教誡神變**：如來教諸弟子應作、不應作、應信、不應信、應親近、不應親近、雜染法、清淨法等，現諸神變而為教誡。
3. **神通神變**：如來為調伏憍慢眾生，或現一身而作多身，或現多身而作一身，山崖石壁出入無礙，身上出火，身下出水；或身下出火，身上出水；或入地如水，履水如地等。以各種神變調伏眾生。

此外，在佛菩薩為了教化眾生，而示現身、口、意三業之德用之中，也有所謂的三種示導。在《大般若經》卷四六九中記載，菩薩的示導可分為：神變示導、記說示導及教誡示導三種。神變示導是菩薩悲憫地獄眾生受苦，示現神通力，滅除湯、火、刀劍等種種苦刑器具，使一切眾生藉此神變，從地獄脫出，出生於天、人道中，受用種種快樂。

而《俱舍論》卷二十七中，也有神變示導、記心示導、教誡示導等三種示導。

這三種示導則通於六種神通中的三種：神通示導相當於神足通，記心示導相當於他心通，教誡示導相當於漏盡通。其中神變、記心，是為了降伏、化導眾生，使其歸伏、信受；而教誡神變則更進一步使其發心修行。

在《大智度論》卷二十五中更強調神通波羅蜜是度化眾生的重要方便說：「菩薩摩訶薩行般若波羅蜜時，住神通波羅蜜中，為眾生作利益。須菩提！菩薩若遠離神通，不能隨眾生意善說法，以是故，須菩提！菩薩摩訶薩行般若波羅蜜時，應起神通。須菩提！譬如鳥無翅不能高翔，菩薩無神通，不能隨意教化眾生。是故，須菩提！菩薩摩訶薩行般若波羅蜜，應起諸神通，起諸神通已，若欲饒益眾生隨意能益。」

其中並說，菩薩用天眼觀察如恆河沙等一切國土，看見是國土中的眾生，並用神通力前往彼處，了知眾生的心想隨其所相應而為之說法，或是說布施，或是說持戒，或是說禪定，乃至於宣說涅槃之法。又菩薩用天耳聽聞人、非人二種音聲，並用天耳聞十方諸佛所說之法皆能受持，並如所聽聞之法，來為眾生宣說。

菩薩具足清淨的他心智，用他心智了知眾生心，隨其所相應而為其說法。

菩薩的宿命智，能憶念種種本生處，除了自憶之外，也能憶起他人的本生。菩薩以此宿命智，憶念過去一切諸佛名字及弟子眾。如果有眾生信樂宿命者，菩薩則為示現宿命之事而為其說法。菩薩運用如意神通力到種種無量諸佛國土，供養諸佛，從諸佛種善根還來本國。

雖然菩薩修學神通，具不可思議的神通力，但是卻不會執著。在《大智度論》卷四十二中說：「菩薩摩訶薩欲行般若波羅蜜，諸神通中不應住。何以故？諸神通、諸神通相空，神通空不名為神通，離空亦無神通。神通即是空，空即是神通。世尊！以是因緣故，菩薩摩訶薩欲行般若波羅蜜，諸神通中不應住。」菩薩了知般若波羅蜜多，因此對種種神通不會執著，因為神通的體性及現象都是空幻不實的，雖然看似有種種現象，卻沒有不變的體性。

因此，在六種神通之中，佛法最重視解脫智慧所成的漏盡通，再由此加修前五種神通，以此而能隨意受生，對苦樂都不染著，譬如諸佛所變的化人，能作一切事，卻不染一切苦樂。菩薩摩訶薩行般若波羅蜜時，就是如此遊戲神通，能清淨諸佛國土成就眾生。

神通是度化眾生的方便

在經典中有許多佛陀示現神通教化眾生的記載。例如在《撰集百緣經》中，就有一則佛陀以神通教化憍慢者的故事。

有一次，如來在迦蘭陀竹林說法時，城裡正好有一位著名的舞女，她非常聰明，而且辯才無礙，但是她仍有些疑惑無法明了。有人告訴她，一切智者佛陀在竹林精舍說法，她可以前去請益。舞女聽了之後，雖然半信半疑，還是和朋友們一起前往。沿途她一邊唱歌一邊跳舞，即使來到竹林精舍，她見到世尊時，還是憍慢放逸的戲笑，並不敬奉如來。

當時世尊看見她這麼放肆，知道現在如果說深法她也無法信受，就先以神通將她變成百歲的老婆婆，髮絲蒼白，臉上充滿皺紋，牙齒動搖掉落，俯僂而行。舞女失聲驚叫，知道這必定是佛陀的威神變化使她如此，於是就在佛前深深生起慚愧之心，並對佛陀懺悔。世尊知道此時舞女心中已然調伏，便以神通力變化舞女之身如前一般青春無異。

當時在場的大眾，看見這個舞女，一下變老變醜，一下年輕貌美，無常變化，各生厭離，心開意解，有證得阿羅漢者，也有人因此而發無上菩提心。

示現神通使眾生生起信心

除了佛陀之外，在如來的弟子裡，具有神通的弟子不計其數。在《賢愚經》卷六中記載，佛陀及具有大神通的弟子於應供前先示現神通，使施主生起信心的故事。

佛陀有一個弟子名叫富那奇，具足廣大神通，有一次，以天耳聽聞其兄羨那遭遇海難求救之聲，於是富那奇立刻以神足通，在經典中描寫他在「猶如身健丈夫屈伸臂」的時間內，變身化作專吃龍族的金翅鳥王，到了大海，龍看見金翅鳥，害怕地潛入海底，於是包括富那奇在內的商人，都安然返家。

富那奇希望能度化其兄，就叫其建一座小堂，外表以珍貴的栴檀香木製成，並教其兄請佛來受供。但是當時如來離他們很遠，富那奇與羨那持香爐，共登高樓，遙向佛陀所在的祇樹給孤獨園，燒香歸命佛及聖僧，心中並祈願：「唯願明日，如來能臨顧鄙國，慈悲開悟愚矇盲冥眾生。」

如是作願之後，香爐的裊裊香煙，就像知道二人的心意一般，乘虛空往至世尊頂上，而且相結合聚化作一香煙蓋。後來二人又遙以水洗世尊足，由於富那奇的神通力，水也從虛空中，猶如釵股一般，流洗到世尊足上。

當時佛陀的侍者阿難，親眼看見這個不可思議的現象，感到很奇怪，而問佛：「是誰放煙、水呢？」佛告訴阿難：「是富那奇羅漢比丘，他現在於放鉢國，勸化其兄恭請如來前往受供，所以放煙水，以為信請。」

佛陀因此敕命阿難，前往僧團中，告訴一切具有神足的比丘，明日悉皆前來，前往應羨那請，為其示現種種變化，以遊化彼國。

到了第二天清晨，如來弟子中有神足通者，從虛空中浩浩蕩蕩的前往羨那處應供。第一個抵達的，是僧團中的伙頭師，每天都為僧眾飲食服務。他在空中結跏趺坐，身上放出光明，四出照曜，而他的身後皆是煮食的廚具：瓢杓健支，百斛大釜，皆飄在空中跟隨其後，乘於虛空飛行，羨那看得目瞪口呆，就問富那奇：「這是你的導師嗎？」富那奇說：「不是，他是僧團中備辦飲食者，所以帶了一堆廚具來幫忙。」

緊接著又有沙彌均頭等十六人，各自以神足通，在空中變化樹林，採集各種鮮華水果，種種變現，演身光明，晃曜天地，在虛空中絡驛不絕，陸續抵達。

羨那又問：「這是你的老師嗎？」富那奇回答：「不是，這些人和前者一樣都我的同門師兄弟，年紀才七歲，就已證得羅漢道，一切煩惱永盡，具足神足通，所以先來採華及果。」

接著，一些耆年大阿羅漢，變化作千龍，盤結身體為寶座，龍頭皆四出，發出雷吼震天，而其龍口悉皆雨下七寶，又在其上，施設廣大寶座，飛昇虛空，身上放出光明，照曜天下，而來此國。羨那又問富那奇：「這是你的老師嗎？」

「不是的，是我師之弟子，名為憍陳如，當初佛初得道時。在鹿野苑，初轉法輪，廣度眾生，憍陳如等五人，最先受到度化，於弟子中，第一上首，神通具足，無所罣礙。」

羨那聽了之後，對如來又倍加欣仰。

接著陸續有摩訶迦葉、舍利弗、大目犍連、阿那律等大阿羅漢，變化不可思議神通。

經中說，如是次第有「五百神足弟子，各各現變，不可稱計」，可見，佛弟子中具足神通是極為普遍的。

神通可作為教學的方便

在佛法中是以智慧與慈悲為修證的核心，而神通則可視為副產品。當然從甚深的智慧神通觀察，禪定、智慧、慈悲與神通，已完全統合在一起，成為救度眾生的廣大方便。但在基本的修習上，神通是附屬的工具。

神通除了是一種修行的副產品外，有時也會成為一種特殊的教學工具，成為佛陀教化弟子的方便。當然有時在需要時，神通也被認為是神變示導，也就是示現不可思議的神通力，來令他人信服，以引入正法。因此，將神通視為一種教化的工具，也是佛法教學中的一種方便。

在神通的教化中，現代人最能理解的，應該是遠距的視聽教學。

現代無遠弗屆的交通及傳播工具，讓地球成為地球村，然而，在兩千五百多年前的印度，遙遠的距離卻是聞法的實際困難。而神通除了用來教化眾生之外，也可以做為遠距教學教化的工具。

我們在本書開始曾經提到，當佛陀住在舍衛城祇樹給孤獨園時，目犍連和舍利弗正在王舍城的迦蘭陀竹園遊化，二人共住在一間禪室中，佛陀曾與目犍連從事遠距教學，我們在此再簡述一下。

有一天，舍利弗與目犍連共處於一個禪室，舍利弗感覺到目犍連幾乎沒有呼吸，甚至屋中就像沒有他的存在一般。舍利弗以為目犍連是入於滅盡正受，但目犍連卻回答他並非入於寂滅盡正受的甚深禪定，而是以天眼通和天耳通在與佛陀共語，請教修行上的問題。

在佛陀一生的教化之中，以神通能力為教化方便所占的比重相當高。以宿命智了知過去諸佛事蹟及弟子之本生，或是以天眼通了知眾生死後往生情形的預見，以自由來往三界、示現神變，為天人等各種眾生說法（如意通）等等，都是如來度眾的方便。

有時佛陀會以天眼通預示未來，但是並非所有的人都能信受。世尊早期的侍者善星比丘，就是一個例子。

有一次，佛陀與侍者善星比丘住在王舍城中時，當時城中有一位裸形外道，名叫苦得，常常如此倡言：「眾生的煩惱，無因無果，眾生的解脫也無任何的因緣。」善星比丘就對佛陀：「世尊！世間如果有阿羅漢的話，這位苦得一定是最為上首的。」

佛陀說苦得不是阿羅漢，一點也沒有了悟阿羅漢道。

沒想到善星比丘卻反問：「佛陀，難道您是對他生起嫉妒之心嗎？」

善星比丘說了如此不如法的話語，佛陀只好斥責他說：「癡人！我對於阿羅漢不生嫉妒，是你自己心生邪惡的知見而胡思亂想罷了！苦得並非阿羅漢。」

佛陀並以天眼觀察，看到在七日之後，苦得將因為腹痛而致死，死後將投生於餓鬼道之中，屍首被棄置於寒林之中。

這時，善星比丘就趕快前往苦得的處所通風報信，告訴他說：「長者！沙門瞿曇現在預記你在七日之後，會因消化不良腹痛而死，死後會投生於餓鬼道中，而同修也會將你的屍首放置在寒林之中。長老！你一定不要被他說中了。」

苦得為了斷除這個預言，就開始斷食，從第一日斷食至第六日，到了第七天後，心想應該已經沒問題了，心中鬆懈下來，於是便開始吃黑蜜，吃了黑蜜之後，又飲用冷水，沒想到才喝完水，卻突然腹痛而不治死亡，死後同修們就將他的遺體放置於寒林之中，而苦得也投生為餓鬼，守在屍身之旁。

善星比丘聽到這件事後，馬上趕到寒林中，也看見苦得投生為餓鬼的身形。

但是，善星仍然欺騙佛陀：「世尊！苦得尼乾命終之後，出生在三十三天帝釋天上。」

顯然善星並不相信如來的神通，仍然想欺騙世尊。

佛陀說：「事到如今你為何還不知悔改，證得阿羅漢的人不再受生，也沒有中陰身了，你怎麼會說苦得生於三十三天上呢？」

佛陀時常為善星比丘說真實的法要，而他卻還是絲毫沒有信受之心。即使善星比丘在隨侍如來的期間，看到如來所示現的神通，仍是妄想堅固，無法信受如來的真實語，甚至在死時因謗佛而投生地獄道。可見神通也不是萬能的。

如來的神通，如果如法修持，是每個人都可以達到的，因此，在如來的弟子中，也有無數成證廣大神通者，說明了神通在佛法中是很普遍的現象。

在佛弟子中，目犍連被譽為「神通（或神足）第一」。在僧團裡，凡是發生需要神通才能解決的困難時，大家往往會想到目犍連。

在《雜阿含經》卷十九中記載，當釋尊以神力上升忉利天為摩耶夫人說法，過了三個月，還未回到人間。這時僧團中有很多弟子想念釋尊，但是大部分人又沒有神通可以上升忉利天，因此，央請目犍連上天祈求釋尊早回人間。

目犍連接受大家的請託，上升忉利天，並看到了釋尊為天界眾生說法的盛況。在敬禮釋尊之後，他傳達僧團師兄弟的心意，釋尊也應允在七天後返回人間。

神通的限制

神通廣大不可思議的力量令人羨慕，因此，有些人亟於獲得神通，以滿足自己的興趣或期望。但事實上，具有神通的人，就如同現代人有了汽車、火車、飛機等交通工具或其他新的器具一樣，在使用這些器具時，自然有其條件限制與規則，並不是能完全隨心所欲，而不必負責任的。如果完全不依照根本原則與現象，並且不注意到自身使用神通的極限，那可能造成自己及他人的極大危險。這就像有人沒有良好的訓練就實際開車或開飛機一般，而造成車禍與空難，使自己及他人都蒙受深刻痛苦。

像提婆達多因為自己的好奇與欲望而追求神通，當他獲得神通之後，又妄用神通來滿足自己的欲望，結果引發頻婆娑羅王被其子阿闍世王禁閉而亡的慘劇，並分裂佛教教團、殺害修行者，實在令人遺憾。

因此我們必須深切了知，由於神通是因緣條件所構成的，所以神通是有其限度的。雖然神通力量似乎十分強大，但還是受到因緣條件的限制，無法改變業力，因此而有「神通不敵業力」的說法。所以，想用神通來消除過去所造的惡業，或是憑空得到福報，並不可能。

如果以我們現有的資產負債來做比喻，神通在短期借款中，改變存款、付款的次序，但並無法改變資產的內容。所以，想用神通來消災解厄，或是獲取福報，是不可能的。即使暫時看似達成目的，其實可能只是改變業力、果報的順序而已，並不能改變生命總資產的內容，因為這一切還是要靠自己的修行，如果不了解這一點，只是純粹依靠外力，對後續的情境造成的干擾，絕不會比原來更好。

神通不敵業力

儘管佛法的神通是如此不可思議，佛陀對神通的態度是很清楚的，神通並非究竟之道，佛陀以自身為我們做了最好的教誨。

在公元前四八六年，印度憍薩羅國的毗琉璃王，為了報復幼時受到釋迦族侮辱的仇恨，而興兵攻打佛陀的母國迦毗羅衛國，誓願要徹底消滅釋迦族。

當時佛陀已經七十九歲了，為了慈愍琉璃王及拯救母國，所以在琉璃王出征時，先在軍隊必經的道路中，在印度的炎陽下，高達攝氏四十幾度的氣溫中，捨棄樹蔭而靜坐於無蔭的枯樹下。

當琉璃王見到佛陀時，即下車禮佛，並問佛陀：「世尊！為何捨棄枝葉繁茂蔭涼的好樹，而坐在惡樹之下？」

佛陀回答：「枝葉繁茂的好樹固然蔭涼，但是親族的蔭涼更勝餘蔭。」

琉璃王了解佛陀話中的含意，就撤軍了。後來琉璃王第二次、第三次興兵時，都受到佛陀同樣的勸阻。

但是，畢竟釋迦族的業報成熟了，最後琉璃王終於大舉進攻迦毗羅衛城，展開恐怖的屠城行動，城中血流成河，數百人被半身活埋於土中，哀嚎遍野，宛若地獄。佛陀的弟子看了，都非常的悲傷不忍，只有世尊心不動如山。

神通第一的目犍連尊者，得知琉璃王大軍包圍了迦毘羅衛城的消息以後，請問佛陀：

「佛陀！迦毘羅衛城受到琉璃王的侵略，我們有什麼辦法嗎？」

佛陀慈和的回答：

「目犍連！釋迦族受宿世罪業之報，這是共業所感，事到如今，果報已經成熟了，不懺悔罪業，一味驕橫，就如同腐蝕的房屋，終要倒下來的！」

目犍連尊者聽了佛陀的話後，雖然知道這是事實，但他還是想試試看，就以自己的最擅長的神通來營救釋迦族的人民。

琉璃王用百萬大軍將迦毘羅衛城，密密圍住，任何人都無法通行。於是目犍連就以神通騰空飛入城中。目犍連進入城內，在釋迦族中選了五百位優秀的族人，升到空中，用把他們攝裝起來，再由空中飛出。出城之後，到了平安的地方，目犍連打開手中捧著的，想放出五百位的釋迦族人，沒想到中藏著的釋迦族人卻都化為血水了！大家才知道佛陀的深意。

而神通第一的目犍連尊者，死於外道的暗殺，尊者以身示現，說明了神通不敵業力的事實。

神通敵不過業力，並非究竟之道，佛陀自身與目犍連尊者為我們做了最好的說明，也是佛法面對神通的基本態度。

神通並非萬能

佛陀很明白的告訴我們，神通並不是萬能的，也無法改變既成的事實，它只是緣起法則的產物而已，並非究竟之道，目犍連尊者到地獄救母的故事，就是一個最好的實證。

夏季的印度，正值雨季，每當雨下起來時，就如同瀑流一般，道路根本無法行走，加上雨後毒蛇、蟲蝎出沒，非常危險，因此，這段期間，佛陀就帶領僧眾在精舍內專心修持，稱為「結夏安居」。

這時，在禪修中的目犍連，繫念著母親：「自從出家之後，就不曾回家探望母親，不知道她老人家是否安好？」於是他以天眼觀察世間，竟然看到母親已經往生，而且投生在餓鬼道中，沒有任何的飲食可喫，身體皮銷骨立，瘦得骨頭與皮膚幾乎都黏在一起了，十分痛苦。

目犍連看到這種情形，心中十分的悲痛，立即以盛飯，運用神通力，前往餵食他的母親。母親急忙抓起飯塞入口中，但沒想到，食物還沒有化入口中，就化成了火炭，根本無法喫食。

目犍連運用了無窮的神通威力，還是無法讓母親喫得半點的飲食。他不禁大叫悲號哀泣，自己神通廣大卻無法解除母親的業報。哀痛欲絕的目犍連，只好以神通力，馳還給孤獨園中，向佛陀哀告這樣的情形。

於是佛陀教導目犍連在七月十五日，當僧眾自恣日時，供養僧眾，以此功德為過去七世的父母、現在世的父母，及在厄難中的人消災祈福。

在七月十五日，不管是大乘、小乘的聖者，經過三月的專注修行，修證特別圓滿，並且都會共同一心的來受用這些供養。

具足清淨戒行的聖眾，他們的道行功德宛如汪洋般廣大深遠，如果能夠供養這些自恣清淨的僧眾者，那麼現在的父母、過去七世的父母、六親眷屬，都能夠出離，免除畜牲道的血塗、餓鬼道的刀塗及地獄道的火塗等三塗的痛苦。他們應時即能解脫，自然獲得衣食。

目犍連尊照佛陀的教誨，果然讓他的母親得以出離餓鬼道的痛苦。

2

神通者應遵守的戒律

不依靠鬼神的力量

神通是一種生命技術，也是在因緣條件下所展現的特殊樣貌。因此，擁有神通並非只是一種能力的獲得，應當更深刻體解生命的責任與因緣的眾相，否則神通不僅不會帶來生命的幸福，甚至帶來更多的煩惱與障礙。

神通有其局限，就像宇宙中任何的現象，在因緣中相對的存在下，自有其相對性的限制。所以，想以神通為所欲為，不僅絕不可能，甚至其所造成的反挫自傷，更是超出一般人的想像。所以，我們要詳細神通的限制及規範，否則由於自我心靈的混亂與障礙，小則失去神通，大則造成極大的傷害，害人害己，得不償失。因為這一切因緣中的行事，更大的能力，必然有著更大的責任、更重的制約。

所以，佛陀曾不斷地告誡弟子，千萬不要妄用神通、錯用神通。因此，在這裡提出一些神通者的規範，讓想學習神通與擁有神通者共勉。

一般人面對神通這種奇異的能力時，心中經常會生起崇拜之感，而盲目的仰信。例如，許多人對預知事情的能力，或是看到鬼神的人，都崇拜不已。其實，關於這種感應能力，越原始的民族感應能力越強，例如非洲的原住民，馬來西亞的巫師，都是有特別的感應能力。此外，像狗等動物也能感應到鬼神的存在，但卻很少有人會崇拜狗。

佛陀住世時，當時印度宗教已經有許多信仰的神祇，佛陀的態度是尊重其存在，但卻不會去尊崇、皈信。在戒律中，甚至有出家眾不准奉事供養天神的戒律。如《根本薩婆多律部攝》卷十中說：「若至天神祠廟之處，誦佛伽他，彈指而進，苾芻不應供養天神。」

經中說：不應該敬事天神，但也不應該毀壞神像。佛教不否認這些神鬼的存在，但卻不像一般人一樣崇拜，反而認為這些神鬼都在生死流轉中，是可憐憫的，應該接受佛陀的教化，趣向解脫。

在經典中常有天上的梵王來人間請佛陀說法，而佛陀初成道時，也有四大天王供奉的記載。在許多法會中，聞法的天人和許多大眾一樣，都悟入解脫。這是佛教對鬼神的態度，在面對印度固有宗教的態度上，則是在平等相互尊重的基礎上，溫和的改革。

在佛教常見的天龍八部的守護神之中，有些是有善心，尊敬佛法的；有些是暴惡的，如以人為犧牲祭祀之用等，所以經中常可見降伏惡夜叉、降伏毒龍的記載。這些眾生大多成為佛教的護法神，至少也不會來障礙佛法。在《雜阿含經》的〈八眾誦〉中，諸天每每於夜晚來請見佛陀或比丘，有的禮拜，有的讚歎，也有的是為了問法而來。如《長部》的《阿吒曩胝經》中記載，毘沙門天王說，四大天王及其統屬的鬼神，都願意護持佛的四眾弟子，發願護持佛法。

佛弟子並不尊崇、皈依，或是有求於天神，反而是要幫助他們解脫，這是佛教對鬼神的態度。

相反的，佛教認為，人類是最光明的，只有人間是最適合成佛的，鬼神界的生命因緣並不易解脫。所以《阿含經》中說：「諸佛皆出人間，從不在天上成佛。」在經典裡面，許多偉大的阿羅漢、菩薩，都到他方世界教導鬼神。經中並記載：許多鬼神天王、藥叉王、龍王等，為了表示對佛陀的崇仰，曾跪在地上，懇請佛陀從其背上走上經壇。我們了解佛教的基本態度，再來觀察鬼神的神通，就不會盲目的仰信。

然而，現代許多人對鬼神及其靈神卻是盲目崇仰，或是希望鬼神來附身，卻不知道，在被附身之後，大多是身體無法自主，意識無法控制。我們自己的身體，自己會好好的愛護，但是讓鬼神附身，就如同把車子借給完全不認識的人，別人一點都不會珍惜。有時我們看到被附身者皮銷骨現，或是在地上爬來滾去、嘔吐，這時我們不僅要思惟：人的尊嚴到底在哪裡呢？當我們面對具有神祕不可知的力量者時，難道就失去了理智的判斷，而放棄了生命的尊嚴嗎？

佛教面對鬼神的態度，提供一盞明燈，能作為我們面對鬼神神通的正確依止。

示現神通前須審慎考量

無上的大覺者佛陀，具有不可思議的神通變化力，但他卻不輕易示現神通，除非是為了度化眾生。即使在必要示現神通時，佛陀的思慮也是非常周密的，在示現的程度、方法上也都恰如其分，能使各類眾生都得到最大的利益。

例如在《根本說一切有部毘奈耶雜事》卷二十九中，就記載佛陀從三十三天下降人間時，在示現神變前所作的考量。

當時帝釋天請問佛陀：「世尊！現在要回到人間，您是要以神通力回去呢？還是以步行的方式？」

「步行即可。」佛陀回答。

於是帝釋天就命巧匠天子，化作黃金、琉璃、真珠三道寶階，世尊居中走琉璃道，大梵天王在佛的右邊，手執白拂，以色界諸天為侍從，帝釋天在佛的左邊，手執傘蓋護持世尊。

這時，佛陀心想：「我如果以步行回人間，恐怕外道會議論紛紛的說：『佛陀以神通力往三十三天，見到天人微妙的色身、五欲快樂，心生愛著，失去神通，所以才會以步行而還。』但是，如果以神足通回人間，那麼會使天匠疲於奔命。現在我應該半以神通，半為步行，回到人間。」於是世尊循著寶階而下。

這時，天上的天神雲集來送行，而地上人間的佛弟子們也群聚等著迎接佛陀。人間的氣味，往天上直薰，如同屍臭一般，一切前來送行的天人幾乎窒息，無法呼吸了。於是世尊就化現牛頭旃檀香林，香氣芬馥，不但消除了人類體臭之味，聞者無不歡喜。

佛陀心中又想：「如果人間的男子見到天上天女，女人見到天男，必定情生愛染，由於婬欲心極為熾盛的緣故，會毆出熱血，悶絕命終。現在應該以神通力使人間男子見天男，女子觀天女，使其不會因為染愛擾亂其心。」於是在場的大眾，果然男子只能看見天男，女人只能看見天女。

從佛陀示現神通的考量中，我們可以知道，觀察因緣時節，恰當的運用神通，也需要甚深的悲心和智慧，才能為眾生創造最大的利益。

不為名利私欲學習神通

在神通者的戒律上，有一個極為重要的原則，就是不能因為個人的私欲而求取神通。在經典中最常被提出來討論的例子，就是提婆達多為學習神通的例子。

當初提婆達多求佛陀教他求取神通之法，但是佛陀知道提婆達多時常心生邪曲，就對他說：「你可先清淨持戒，勤修定力與智慧，如此才可學習神通。」

提婆達多看到佛陀不願為其說神通之法，就去找憍陳如比丘。憍陳如比丘以神通觀察，知道佛陀因為提婆達多常生惡念，如果具足神通，恐怕會有不好的影響，於是就對他說：「你於色相如理觀察，不但可以獲得神通，還可以得到殊勝的利益，於受、想、行、識也是如此。」

提婆達多碰了軟釘子，還是不死心，又去找馬勝比丘等五百位上座，請其教授神通之法，但是這些上座比丘都觀察到佛陀及其餘比丘不願教提婆達多神通的因緣，而不願教授其神通。

後來提婆達多到他的弟弟阿難處，哭哭啼啼的請求阿難教他神通，也有說是十力迦攝波教他的。

由於阿難尚未具足神通，不知道佛陀和其他長老不願教提婆達多神通的理由，加上提婆達多又是自己的親哥哥，就教他學習神通的方法。

提婆達多資質聰穎，在當天夜裡入於初禪的定境，即發起神通，轉一為多，轉多為一，或是顯現或是隱形，對各種山石、岩壁障身之處皆能通過無礙，入地中如進水中，履水如履平地，示現種種神變。

但是由於提婆達多的名利薰心，學得神通之後，就處心積慮如何奪得權勢，後來他觀察頻婆娑羅王的太子阿闍世王，可以幫他達成目的，於是就去拜見阿闍世王，並示現種種神通變化。

擁有神通的提婆達多，決定利用神通去爭取摩揭陀國王位繼承人阿闍世太子的支持。他到了阿闍世太子的王宮，將自己化為白象，從大門入，從小門出，忽而變現原形，忽而變為駿馬，忽而成為牛王，在大門小門之間忽隱忽現。待見到阿闍世之後，他又變成小兒坐在阿闍世膝上。並示現神變與阿闍世嬉戲，甚至嚥下阿闍世吐在他口中的唾液。

阿闍世王看見這種種神通變化，以為提婆達多的神通已經超越佛陀，加上提婆達多曲意奉承，阿闍世王轉而支持提婆達多。

在《鼻奈耶》卷五中記載，阿闍世太子甚至每日命人送給提婆達多衣被、飯食、床、醫藥等物資，而且每天送五百釜飯去供養他的新僧團。因此提婆達多在獲得大量物資之外，在社會上的聲譽也迅速提升。加上當時發生嚴重的饑饉天災，釋尊僧團的弟子們出門托鉢，往往一食難求，然而提婆達多團體則物資寬裕。一時之間，提婆達多團體的聲勢似乎超過了原來的佛教僧團，而有些識見不清的佛弟子，也受到提婆達多的誘惑，為了豐厚的物資而投奔他。由於阿闍世的護持，其大臣將帥也信仰提婆達多，王舍城的百姓也有不少原來信仰佛陀的人改信提婆達多。

在《法句譬喻經》卷三中記載，在阿闍世對提婆達多最為信服的時候，甚至於還下令「國人不得奉佛，眾僧分衛（托鉢）不得施與」。而使得釋尊的弟子托鉢時經常空而回，只好紛紛出走他國。最嚴重的是，提婆達多曾與阿闍世訂立協定，提婆達多是要在殺害釋尊之後自立為新佛，阿闍世太子則是殺父王之後自立為摩揭陀國的新王，這使得提婆達多造下極大的惡業，於臨終前就落入地獄。

提婆達多的心有邪曲，因而學得神通之後，以之做為謀奪權勢的工具，終於使自己走上不歸路，是所有想學習神通及擁有神通者應引以為鑑的。

提婆達多雖然沒有廣大的神通，卻淪為求取個人名利的工具，在野心的蒙蔽下，造下極大的惡業，而墮入無間地獄。

以定力、智慧與悲心守護自身

修學禪定時，由於心靈的寧靜與集中，身心往往會產生很大的威力，不了解的人，不免感覺驚奇，但對於一個努力修持的人而言，這是很平常的境界。往往有許多習禪而引發神通的人，由於不了解其中的道理，或基於其他理由，在有了一些徵兆經驗之後，就以為得道，眩奇惑異，現起了一些常人所沒有的能力，而且也引來許多人的禮敬，漸漸地也就成了一派的宗師了。

這些人或是為人治病，或是自稱為某某佛菩薩、神明，或自稱能了知過去、未來、三世因果等，種種不一。但是，如果我們以前面所說的神通檢驗標準，可以發現這大部分是些微的感應現象，而不是真正的神通。

具有神通能力的人，切不可由於身心的變化而眩惑他人，藉以博取別人的尊敬或供養。想要擁有神通的人，一定要記得定力、智慧與慈悲心，才是神通者最重要的守護與導引力量。

神通力的獲得主要依循定力與智慧，但是也有因報得、咒力等其他方便獲得的神通。但不管以任何方法獲得神通，在修習神通前，我們心中要清楚的思惟：「現在獲得神通理想嗎？」

因為神通的境界，是超出過去經驗範疇的狀況與力量。其中有光明的清淨境界，也有光怪陸離的詭異惡境。因此，心中沒有準備好，也沒有定力，看到了這些境界，不是貪戀不捨，就是駭異萬分，甚至所有的正常生活、思想、時間，都被這些隨時會現起的境界所掌控，生活在極為混亂的時空境界，甚至身心遭受煎熬，宛若失控。

因此，想擁有神通時，先想想是不是準備好接受這未知的一切？是不是有定力來安住自心，不讓外境掌控，乃至不受誘惑、傷人害己？是不是擁有足夠的智慧，來體悟到這一切如幻的境界？是不是有慈悲心，來容受宇宙中各類的生命與現象，並幫助他們？

當我們如此思惟清楚後，才是擁有神通者的初步，而在後續上更應以定力、智慧、慈悲心來守護、導引神通，並昇華神通，成為大智、大悲、大定的不可思議神通。

因此，神通者在消極上應遵守神通的規範，在積極上更應以定力、智慧、慈悲心，來增長、導引、守護神通，讓神通成為自己人生與世界的光明。

不以神通觀察他人的過錯及穩私

在關於神通的戒律中，有一則特別的戒律，在《薩婆多毘尼毘婆沙》卷三中說：「眼根者，必使清淨無病，見事審諦，可依可傳，唯聽肉眼，不聽天眼。以有天眼不說人惡。」

經中說，有天眼者，不應以天眼所觀察之事，來說別人的過錯。為什麼呢？經中說：「復次若聽天眼說過者，人誰無過？但有大小天眼，無往不見，若聽說過者，則妨亂事多。」因為如果以天眼來觀察他人的過錯，於天眼無所不見，那麼會產生很多問題。同樣的，對所聽見的事，要斷定是非，也不能以天耳為主，而要以一般的耳根為準。

由這樣的立場，我們可以了知，雖然有些人證得神通；但由於人間的因緣，是以肉眼及耳根來做為觀察與聽聞的重心。因此，當一個具有天眼、天耳通的人，在談論研討事情時，還是以肉眼、耳根為標準，而不以天眼、天耳所聞見的事情，評論他人的過錯。這也是佛法中，不壞世間緣起之義，在人間當然要應用人法來運作。

所以，以這樣的觀點看來，如果以神通力去窺探他人的過錯與隱私，是十分不道德的行為，更是修習神通者的禁戒。當一個神通者以天眼、天耳去說人過錯，不只無法禁絕過錯，反而引發無窮的八卦、煩惱、混亂，也是對生命根本權利的嚴重侵犯與傷害。

不為競爭而示現神通

為了競爭而示現神通，是佛陀所不為的。

在《根本說一切有部毘奈耶雜事》卷二十六中所記載的故事，明確的表達了佛陀的態度。當時勝光王欲請佛陀與六道外師較量神通，但是佛陀並未允許，而說：「我於聲聞弟子作如是說：『汝等苾芻勿於來往沙門婆羅門、長者、居士等前現神變，作上人法，汝等苾芻於善勝法應須掩護，罪惡之事發露為先。』」佛陀要求弟子在居士面前不應示現神通，反而要虛心檢點自己不足之處。雖然勝光王再三勸請，佛陀還是如此回答。

但勝光王不懂佛陀的用意，不死心地一再勸請，於是佛陀便告訴大王，佛有五事必須做，一者使未曾發心者發起廣大菩提心，二者為久植善根之法王子灌頂授記，三者於父所令見真諦，四者於室羅伐現大神通，五者因佛化度眾生皆悉解脫。

於是佛陀觀察：「古來諸佛皆於何處示現大神通？」而見到其皆於室羅伐城示現神通，加上七日之後將會有無邊大眾聚集於彼城，將有無量眾生因此蒙受利益，因此而與勝光王訂下七日之約，示現神通。

在這段記載中，我們可以很明確看到如來的態度，並不為比賽神通而示現神通，在平時對弟子的教誡中，也告誡弟子不可於居士面前示現神變，反而應先發露自己的過錯。

不隨意示現神通

佛陀住世時，與弟子大眾居住安止於王舍城中，神通第一的目犍連經常告訴身邊的比丘大眾，自己天眼見到的奇異現象：「諸位長老，有如是眾生從虛空中經過，我聽到他們身骨相互碰觸的聲音。」由於其他比丘並沒有神通，就說目犍連胡說，犯戒，而跑去告訴如來。如來卻說目犍連說的沒錯，的確如此，他並未犯戒。

又有一次，目犍連對比丘們說：「我看見有眾生全身以針為毛，自於其身或出或入，受苦無量，號哭大喚。」但是那些比丘沒有天眼通，看不見地獄裡的眾生，於是就說目犍連妄語。於是他們又去報告佛陀，佛陀便說：「我先前也曾看見目犍連所說的這個眾生，但是我卻不說，因為恐怕眾生不信，反而生起毀謗，造下罪業，於長夜中受苦。」

不久以後，有一次目犍連又告訴其餘的比丘：「我看見有眾生坐在鐵床上，鐵床出火，由使其全身燒焦，連衣、坐具也都燒焦了。」沒有天眼通的比丘，認為怎麼可能有人受如此的苦刑，於是議論紛紛的說：「目犍連是妄稱自己得上人法，犯戒，非比丘。」而去向佛陀報告，佛陀卻說：「這個眾生我先前也曾看到，只是我不說而已。恐怕有不信的人，橫生毀謗，造下惡業，長夜受苦。」

從上面這段記載，我們可以看到，神通第一的目犍連經常以天眼觀察到人間之外的生命存有狀態，如地獄道眾生，或是虛空中的眾生，而他也常隨口告訴身邊的比丘，但這也引起一些議論與未具有神通者的質疑。

如來的神通遠遠超過目犍連，目犍連能看得到的境界，如來當然能見到，甚至連這個眾生為何會如此的因緣，都清楚明白。

如來擁有更大的神通力，處理方式卻和目犍連不同；如來「知而不說」，因為如果不是因為說法教授或特別的因緣，佛陀是不會去說出天眼、天耳所見境界的。佛陀說，這是因為：「恐人不信，其不信者長夜受苦。」許多未能見到者，難免生起毀謗，造下惡業，長夜受苦。

由此我們可以了知，佛陀面對神通所見的境界時，在宣說與不說之間，是非常審慎周密的，不會造成不利於眾生的因緣。由此我們也可以看出，佛陀在運用神通的智慧與遵守的規範，與二乘聖者的不同。

雖然神通的獲得是極為如理的，但是對一般不了解的人，還是容易受到迷惑，而誤以為具有大神通者，必定是有德的修行者，甚至解脫者；因此若非必要，佛陀是不允許弟子示現神通的，尤其是在一般大眾面前，恐大眾只是迷惑於神通現象，而不求真正的究竟解脫之道。

在《根本薩婆多部律攝》卷九中說：「若對俗人現神通者，得惡作罪，若苾芻尼對大師前，現神變者，亦得惡作。」文中明確的制定，不應於世俗之人面前示現神通。但其中也有例外的情形，就是為了顯現聖教希有事，自說自己的德行，或是要使其所教化的有情眾生心調伏的緣故，雖然於世俗人面前示現神通，並無罪。同文中說：「無犯者，為顯聖教現希有事，自陳己德，或欲令彼所化有情心調伏故，雖說無罪。」

在《四分律》卷五十一中，就記載著賓頭盧示現神通，被如來所呵責的事。

當時王舍城中有一位鉅富長者，得到旃檀木所製成的鉢，極為珍貴，就將此懸在幾丈高之處，並宣布若有神通者可來取此鉢。當時許多外道有神通者都前來嘗試，皆無功而返。

賓頭盧知道這個消息，就去告訴神通第一的目犍連，並問他為何不去取鉢？目犍連卻回答他：「我未曾在白衣面前示現神通，況且因為取鉢而示現神通，並不恰當。」賓頭盧看目犍連無意取鉢，就自己前往。就連同坐著的石座，踴身空中，遶王舍城七匝，使城內人爭相走避，以為巨石將落。

賓頭盧的神通表演，贏得滿堂采，長者也以此旃檀鉢供養給他。

但是旁觀者之中，有知慚知愧的比丘，就嫌責的說：「賓頭盧怎麼在白衣面前示現神通呢？」並前去稟報佛陀。

於是在大眾的集會時，佛陀問明賓頭盧此事屬實，就呵責他：「你所做為是不對的，非威儀、非沙門法、非淨行、非隨頭陀行，是不應為。你這樣在白衣前示現神足，和婬女為半錢在眾人面前脫衣服有何兩樣呢？你也是這樣，為了一個弊木故，在白衣前現神足。」於是佛陀就制戒：不應於白衣前現神足，也不應畜旃檀鉢。其實賓頭盧尊者已經是一個離欲的阿羅漢，不是因為貪心而去取，但是作法並不恰當，因此佛陀還是予以懲誡。

當時許多外道聽見佛陀不准弟子在白衣前現神通的消息，非常高興，如此一來就少了許多競爭對手。而且他們知道，佛陀一旦制戒，絕不會違犯。有一群外道開始四處說自己已得神通，而且遠遠超過佛陀。他們心想，反正佛陀制戒，不准於白衣前示現神通，這樣他也無法證明自己有神通。

當時有一位長者誤信外道的話，就在王舍城的一處廣大平地上，持香、瓔珞飲食等，要供養外道婆伽婆。正當他伸手到容器中取供養之物時，手一入內部卻不得而出。

此時剛好佛陀經過此處，長者心想取來供佛，手竟然就能自由出入，於是他心想：「如來神通的確不可思議」，而邀請佛陀及僧眾明日前來應供。

次日清晨，佛陀便帶領千二百五十位比丘前來應供。當時佛陀舉足行動之處，有大神力，天人在虛空中，以天上曼陀羅華、旃檀末香等種種天花，敬奉在佛陀行跡之處，並演奏種種天樂供佛。

前來恭迎的長者奇怪著怎麼會有樂音出現？舉頭仰望，才發現是天人所獻，而生起稀有讚歎之心。

由此大家了解到，佛陀教導弟子不可示現神通，並不是表示沒有神通，但是對神通的使用限制極為嚴格。

示現神通之前，必須審慎考量，評估對他人產生的影響。

當初佛陀前往忉利天宮説法，即將返回人間時，四眾弟子思慕如來，無不希望在佛陀下降人間時，能第一個見到佛陀。

尼眾中神通第一的蓮花色比丘尼，以神通力化現為輪王，有九十九億軍眾圍遶，猶如太陽放出千道光明，又如同一朗明月出現於星河之間，蓮花色比丘尼以神通變化出這不可思議的壯盛陣容，來到世尊前。其餘大眾看見這種壯闊的氣勢，忘記了遠道而來的疲勞，心中生起的欣羨的心願，覺得當國王真好，而希望自己也如此。

在這種氣勢的鎮懾下，大眾自然讓出一條路，讓蓮花色比丘尼所變現的輪王走到佛前。

這時大眾中有一位鄔陀夷苾芻在大眾中，就對旁人説：「這不是輪王，而是蓮花色比丘尼以神通力所變現的。」他人奇怪的問：「何以見得？」

鄔陀夷比丘回答：「你們沒發現這個軍陣瀰漫著濃郁的蓮花香，而且都呈現蓮花的顏色，由此可見是蓮花色比丘尼所變現的。」

果然這個壯大的陣容，到了佛陀面前，就變回蓮花色比丘尼原來的形貌，大眾無不譁然。世尊安座之後，就對蓮花色比丘尼說：「妳現今可去，勿當佛陀面前站立，比丘尼在佛陀面前現神通，是不合乎法理之事。」

佛陀心想：「比丘尼對佛前示現神通，有如是過，應制定比丘尼於大師前不可示現神通的戒律。」於是佛陀就對比丘大眾說：「從今以後，比丘尼不應於大師前示現神通，如是作者，得越治罪。」其實，不僅比丘尼，佛陀對其他弟子示現神通的戒律也是同樣嚴格。

當時大眾看見輪王有大威勢，心生願樂，而願求生人道，或見到諸天光明可愛，皆生起願樂求往生天道。世尊發現此事，為了使大眾發起修行解脫之心，遮卻其生於人天的心願，就隨其機緣為其說微妙之法。大眾中聞法之後有得、初果、二果、三果、四果阿羅漢者，或是有出家斷煩惱獲阿羅漢果，或是發聲聞菩提心者，或是緣覺菩提心者，或是發無上大菩提心者，使大眾都皈依三寶。

最後，世尊就說偈頌：

「假設作轉輪王，或是生於天上，雖然能獲得勝定，不如得證預流果。」

由於神通並非究竟之學，但是眾生多迷惑於神異，所以，除非是特別的因緣，是不應於佛前示現神通的。世尊一向的教誨，都是教導弟子觀察身心、宇宙的實相，所以，除非特別的因緣，否則在佛前示現神通是不恰當的。

像蓮花色比丘尼這次示現神通的因緣上，佛陀覺得並不恰當，但是弟子思慕如來的心意，佛陀也能體諒，所以在處理的方法上，卻極為溫柔。

當蓮花色比丘尼以為自己是第一個見到佛陀而歡喜時，佛陀卻告訴她，她並非第一個見到佛陀的人，第一個見到佛陀的，是須菩提。

原來，當大家忙著去迎接佛陀時，須菩提正在靈山的石窟中縫僧衣，本來他也想趕往曲女城，但是他迴觀自心；自問：「如何是如來呢？如來身是如來嗎？」須菩提不斷觀察，而了悟「見空之實相即見如來」，於是他就一心觀察空之實相。

因為這個因緣，所以佛陀說須菩提是第一個見到如來的。

而這也讓蓮花色比丘尼和法會大眾，都能了知見實相即是見如來，正如同《金剛經》所說：「若以色見我，以音聲求我，是人行邪道，不能見如來」的深意。

而當大眾被蓮花色比丘所變化的轉輪聖王所鎮懾，乃至生起願為轉輪聖王的心念之時，佛陀就開示微妙的勝法，使大眾發起解脫的心念，菩提的心念，而不是發心求生於人天道中，求取富貴、威勢，乃至受用生活中種種妙好享受。

而當時也有許多大眾聞法而開悟了。在這次蓮花色比丘尼示現神通的事件中，佛陀以廣大的悲心和甚深的智慧，讓所有大眾的心念，趣向解脫圓滿成佛。

對於一般人而言，神通的力量是極其誘人的，擁有神通者必須善自珍攝，以悲心、智慧和定力來作為示現神通的考量。

示現神通時不驚擾眾生

菩薩的神通，除了具足更廣大的智慧方便之外，還有一個很重要的特色，就是示現神通時，「不驚擾一切眾生」。

在《華嚴經》十迴向位中，第八如相迴向位的菩薩有十種無礙用，神力無礙用就是為其中之一。在《八十華嚴》卷五十六〈離世間品〉中說這十種神力是：

以不可說世界置於一塵中而無礙。

於一微塵中顯現一切法界、佛剎而無礙。

於一毛孔容受一切大海水，能周旋往返十方世界，而不觸擾眾生。

於不可說世界內自身中示現一切神通而無礙。

以一毛繫不可數金剛圍山持行十方，而不令眾生恐怖。

以不可說劫作一劫，一劫作不可說劫，顯現成壞差別，而不令眾生恐怖。

於一切世界顯示水火風災等種種變壞，而不煩擾眾生。

一切世界三災壞時，悉能護持一切眾生資生之具，而不令損缺。以一手持不可思議世界擲於不可說世界之外，而不令眾生驚怖。說一切剎同於虛空，令諸眾生悉得悟解。

在《維摩詰經》中，也有提到神通不擾一切眾生之事。

舍利弗讚歎維摩詰居士能將東方須彌相世界的廣大師子座取來此土：「居士！真是未曾有啊！您如是小室，卻能容受如此高廣之座，於毗耶離城無所妨礙，而於閻浮提聚落城邑及四天下諸天龍王鬼神宮殿，也不迫迮。」

維摩詰居士回答：「唯然！舍利弗！諸佛菩薩有解脫，名為『不可思議』。如果菩薩住於此解脫者，以須彌山一般高廣的空間，乃至芥子那麼小的空間中，都無所增減，須彌山王本相如故。……以四大海水入一毛孔，不嬈魚鼈黿、鼉水性之屬，而彼大海本性如故，諸龍鬼神阿修羅等，不覺不知己之所入，於此眾生亦無所嬈。」

「對一切眾生都無所擾亂」，這是示現神通時很重要的一個重點。具足不可思議解脫法者，能以四大海海水入於一毛孔，卻不會驚擾到一切眾生，這是一切神通者都應遵守的。

第五篇　佛教神通檔案解祕

序曲

神變感應的事蹟，十分的眩惑迷人，但如理理解神變感應的內容、修行與意義，並讓我們得到啟示，當是更重要的。

本書第一篇綜觀神通的現象及其原理與修練，本篇則著重在神通事蹟的理解與分析。在書中將神通依神通型態做了分類，挑出有代表性的神通事蹟，然後解析其神通的作用、修習方式、使用得失、使用限制、具有者應有的心態與建議等，希望讀者能從中體悟神通真正的意義與修證、使用方式，使生命得到光明的增長。

本篇共分六章，在序章中開宗明義為〈佛陀的悟道與神通〉。佛陀悟道時所證的神通可以說是神通學的真正開始。在過去的神通境界，大多是神所示現，或依於神所修練、加持而成，因此，人在此並非主體。而過去所現的神通，也是繁雜不清，神蹟、感應與神通混淆難知。但是當佛陀在菩提樹下，得證無上菩提的過程中，超越了一切身心限制，依度眾與伏魔的需要，而證得圓滿的六種神通，以圓具慈悲與智慧的無上菩提。

在這過程中，我們看到了依人類身心完整神通的修持方式，也看到清楚而系統化的神通引現。而這些神通的修練是依據人類自己的條件，以定力、慈悲、智慧來成就，完全不需要透過外在的神祇，乃至其他外物、外力。

更重要的是，神通的境界已被佛陀昇華，超越了一切神力的範疇，而以智慧加以純化。所以六種神通中，一切神通的最高境界，統攝其餘神通的是智慧的神通——漏盡通。也就是在窮盡一切煩惱，具足無上智慧之後，神通才算圓滿。而這樣的智慧裡，當然擁有大慈、大悲，並具足無上菩提。這樣的內涵，超出了一切三界諸神的範疇，使神通昇華產生新的意義，並使所有人不必在神通的迷霧中迷失，而可以在充滿智慧光芒的大道中，證得最圓滿的生命境界。

而第一章的勝妙神通中，選擇了不同時空的各種形式的神通，其中大部分為兩種神通型態與境界的相互撞擊，十分可觀又有趣，當然其中也有糊裡糊塗的慘劇發生。透過這些神通境界，我們可以了解不同型態神通的用法及修習方式，並體悟神通妙用的真諦。

第二章是六種神通事蹟的解說，不管天眼、天耳、他心、宿命、神足與漏盡等神通，在佛典中都擁有無比豐富的事例與內涵。在這裡有七個例子，說明這些神通的運用與證得方式。從第一篇及第二篇中，說明了六通更完整的修法，而本篇的神通運用，更可以幫助大家對六通更加理解。

第三章談到宇宙六大元素中，火三昧與水三昧所現起的神通。火三昧與水三昧是佛陀與其弟子常使用的神通，而佛陀常以大智火，使難以教化的眾生得度。火與水是宇宙及人類生命最重要的元素，而使用起來，更是充滿聲光效果，精采萬分，大家可在書中得到印證。

第四章是以生死的神通遊戲為論述主軸。生與死是人生大事，而證得生死自在的大成就者、大神通者，他們如何面對死亡的到來，而死亡對他們而言，到底是不是真有那回事？其實不管從佛陀、目犍連、舍利弗乃至大迦葉等，我們都看到，死亡好像不像一般人所想像的那麼可怕，其中竟然還有許多的遊戲空間。

第五章慈心的神通，是說明慈悲心即是廣大神通，在遭遇到外力攻擊或無理的事情時，佛陀或成就慈心三昧的人將如何面對？他們當時的心念為何？為何最後總能獲致圓滿的結局？慈心的神通力量是比威伏的神通力量，圓滿得多。

在第六章大乘經典的神通中，展示了佛菩薩不可思議的神通境界，佛菩薩的神通不再是以定力技巧為中心，他們是以融合了大定、大智、大慈、大悲的無上菩提為根本，現觀法界實相，而展現廣大究竟的神通。因此時間、空間、大小、法界眾相，都只是幻化的遊戲而已。這樣不可思議的神通境界，如何理解、修習？在本章中將加以剖析說明。

第七章是說明了神通的禁忌與退失，有些人以無比的毅力，精進練習，而得到神通，但這些神通境界，為何沒有帶給自己與他人幸福光明，反而帶來許多的傷害，讓自己身纏在業障當中，難以脫出？有些人努力證得神通之後，為何神通會退失，甚至難以再證得？這些神通的禁忌與退失現象，在本章中將予以仔細說明。

一個修學神通的人應當具有正確的心態，並遵守神通者的規範，這樣，才能在修學過程中，正確而且快速的成就神通，同時也能保護自身在證得神通之後，不會受到傷害。因此，本書在最末神通的禁忌與退失中，特別加以說明，一個神通者應遵守的規範及退失神通的因緣。

書中所描寫的神通者，有可做為殷鑑者，更有大成就者的神通風範，可做為我們的典範。希望神通力量的理解或追尋，帶給我們的不是更多的怪力亂神，而是更圓滿的智慧、慈悲與光明的生活，祈願大家能如實的證得佛陀無上圓滿的神通！

佛陀悟道的神通

如果要徹底的了解神通，必須從佛陀身上，才能找到完整的答案。佛陀悟道時所證的神通可以說是神通的真正開始。

自古以來就有各種神蹟、神祕現象及超自然的神通力量，這些力量有些來自宗教或其他神祕力量的來源，可見不可思議的神通現象，並非從佛陀開始。

但是如果要清楚的解開神通力量的根由，了解神通並非神祕不可知，甚至建構完整的理論體系、修習、掌控方法乃至合理的規約者，卻必須從佛陀開始來探討。

佛陀證得神通，必須從佛陀在菩提樹下悟道的因緣說起。

佛陀在菩提樹下，成證無上正覺時，超越了一切身心限制，依度眾與伏魔的需要，而證得圓滿的天眼、天耳、他心、宿命、如意、漏盡等六種神通。

在這個過程中，我們看到了依人類身心為主的完整神通的修持方式，也看到清楚而系統化的神通引現。而這些神通的修練是依據人類自己的條件，以定力、慈悲、智慧來成就，完全不需要透過外在的神祇，乃至藥物、咒術等外物、外力，徹底昇華了神通。

以下的故事出自於《過去現在因果經》、《方廣大莊嚴經》及《阿毘曇毘婆沙論》。

現在，就讓我們回到兩千五百年前，重回佛陀在菩提樹下悟道，成證圓滿神通的場景，跟隨佛陀，一步步開啟修證神通的次第。

佛陀降魔

悉達多太子，為了追尋徹底超越生老病死的真理，捨離了至親的父王母后、王妃耶輸陀羅，及王室的一切榮華富貴，在尼連禪河邊的苦行林中，潛心苦行，每天只食一粒麻和一粒米，一心精進坐禪。

如此，經過了六年，太子原本壯碩健美的身軀，變得就像枯木一般的羸瘦，全身的肌肉乾枯了，皮膚緊貼著骨頭，就像掛著骨架的布人一般，顫危危的拖著身子，往尼連禪河走去。

他的全身都已成了灰黑色，只剩下一些淡淡的金點，用骨瘦如柴還不足以形容他的身體狀況，他的肋骨一根一根清清楚楚的浮現，而腹部也完整貼在脊骨上了。這是六年苦行的結果。

經過六年的苦行，悉達多太子了悟到苦行並無法解脫，虛弱的身心是難以悟道的，苦行除了鍛鍊堅忍的意志力之外，對悟道並沒有直接的助益。於是，他決定離開這裡。

他拖著羸弱的身體，想在尼連禪河洗浴，卻連站都站不穩，差點被河水漂走，還好抓住了樹枝，才勉強爬到岸上。

太子勉力往前走，遇到了牧羊女難陀婆羅。

牧羊女心想：「這位修行者容貌舉止如此安詳，精進修行以至於羸弱至此。我應當供養他才是。」於她便以乳糜，恭敬的對太子奉上供養。

由於乳糜的滋養，太子的體力漸漸恢復了，於是他繼續前往菩提伽耶，在菩提樹下舖上吉祥草，這就是他決心悟道的金剛寶座，也是諸佛曾於此成道的寶座。他發誓道：「如果不成就正等正覺，誓不起此座！」一心誓求無上正等正覺的悉達多太子，現在是追尋往昔諸佛聖跡的菩薩。

菩薩在樹下進入甚深的禪觀，一心精勤的求道，引起魔宮極大的震動。

魔王知道悉達多太子即將成道，如此一來，不只是太子即將永久脫離魔王的控制，也將為無數眾生開啟解脫之路，出離三界，大大震驚了魔王。

凡是要超越欲望脫出生死輪迴者，就等於是要脫出魔王的轄區。號稱為欲界至尊的魔王，決心要阻撓太子，使他退失道心。

魔王有三個女兒，無數的修行者在她們的誘惑之下，都捨棄了修行，耽染於愛欲之中。

她們帶著諸多魔女，化現為各種不同年齡、類型的女人，有天真清純的小女孩，有正值花樣年華的妙齡少女，有初嫁的少婦，有成熟的女性，或是露齒淺笑，或是婉轉歌唱，或是若有所思地用嫩白的腳在地上畫著圈圈，或是若隱若現地露出性感的酥胸美臀，全身薰上最勝妙香，佩著最閃亮的首飾瓔珞，她們用女人各種最能媚惑人心的百態，包圍著菩薩。

「太子，您在樹下坐這麼久，累了吧？請吃一些東西，這是我們姊妹親手為您準備的。」

「您貴為太子，出生即有萬神侍候，何苦要捨棄榮華富貴，受這種苦呢？讓我們替你按摩按摩吧！」魔女伸出嫩藕似的雙手奉上寶，用銀鈴般悅耳的聲音此起彼落地說著。

太子不但不為所動，還告訴她們：「你們只因種植了一些微小的善因，而得以生於天上，感得美貌姝麗色身，卻不知感念無常，而作此妖媚狀，來壞人道行，如此死後，要免除落於三惡道受苦，恐怕也很難吧。你們回去吧！我不需要你們。」

忽然間魔女們美好細滑的肌膚，像變成透明一般，不但露出血淋淋的內臟，連胃裡的食物，腸子裡的糞便都一清二楚，體內無數微小的怪蟲，啃食她們的細胞。原本青春美好的女郎，忽然變成髮白面皺、齒牙動搖的老太婆；細緻光滑的皮膚變得乾癟，性感的細腰變得腹大如鼓，要以柱杖支撐才能勉強站立。她們驚叫地掩面退去。

看見菩薩不被愛欲所誘惑，魔王更為震怒，立即發動無量魔軍，手持種種可怖的武器，來到菩薩處。他們有著龍頭、熊、羆、虎等種種可怖怪獸的頭，有的一身多頭，有的多頭上各有一目，有的大腹長身，有的長腳大膝，或身著虎皮，或身上纏繞著無數毒蛇，或是頭上放著瞋恨的火焰；無量的魔眾，有的在空中旋轉，有的咆哮怒吼，威嚇恐怖，圍繞著太子，就像要把他撕裂成千萬片一般，他們瞋心熾盛，甚至連毛孔中都流出血來，將天空擠得如同烏雲密布，發出恐怖的聲音，天地震動。天人善神驚恐的退避遠處，憂心地看著被魔軍圍繞的太子。

但是太子卻不被這一切恐怖威嚇所動，面不改色，就像獅子處於鹿群中一般。

有的魔鬼口中吐著長長的舌頭，搖動下頷，露出銳利的牙齒，作勢要咬他，有的鬼怒睜雙眼，像獅子一樣，耳朵拳曲成像鐵鉤一般，恐怖地走來，有的鬼張口仰立，雙眼直視，一副要將他吞下的樣子。有的鬼想用長刀擲向他，刀卻粘在手上，有的鬼舉起巨石要丟向他，不是粘在手上，就是停在虛空中掉不下來，或是自然碎成粉末散在各處。有的惡魔從空中降下火雨，但是到了菩薩身上就變成美麗的天花。有的魔鬼從口中吐出各種毒蛇，要螫咬菩薩，但是爬到了菩薩附近，卻都像著了咒一樣動彈不得。有的快速衝向菩薩，卻老是在附近打轉，無法靠近。

魔軍發出獅虎豺狼等種種野獸的吼聲，或是喊著：「打！打！打！」「殺！殺！殺！」空氣中瀰漫著殺氣。魔軍使盡各種威力要摧毀太子，憤怒叫囂，以各種武器發動攻擊，在菩薩眼中卻像小孩子的遊戲一般，這讓魔眾更加憤怒，而採取更強大的攻擊。

奇怪的是，種種雷電戰火，到了菩薩頂上就化成了五彩繽紛的天花，惡龍所吐出來的毒氣，變成了和煦的香風，各種恐怖醜惡的形貌，欲惱害菩薩者，卻無法動菩薩一毛。只見菩薩身心泰然，一點也沒有瞋恨怨怒的心想。這些魔眾，卻於無怨恨處，橫生忿恨，然而，這種愚痴的行為，卻像人手持火把燒天一般，只是徒自疲勞，一點用處也沒有。

經過一番陣仗，魔軍使盡全力，卻像遇到虛空一般，一點也使不上力，自然崩散，大眾容憔悴，一點也沒有先前的威風，武器散落在林野，無精打采的退散而回。

這時，菩薩心意澄淨，湛然不動，天空一點煙霧也無，風息靜止著，落日已然西沈，月輪澄澄澈澈，星空璀璨，天人從空中雨下諸天妙花，舞動天樂，慶賀著太子的勝利。

悉達多太子以慈悲之力，降伏魔眾，放大光明，入於禪定中思惟，了知過去世所造一切善業惡業，父母眷屬、姓名及諸行業，而對眾生起大悲心，心想：「一切眾生，沒有救濟者，於六道中輪迴不休，不知解脫，於各種虛偽情事中，執著為真實，生起種種苦樂。」

在中夜時分，菩薩攝持一心，證得憶念過去宿命的智慧，通觀過去自己及他人投胎受生的情況，完全了知一生、二生乃至十生、百生、千生、萬生、億生、百億生、千億生……乃至成劫、壞劫，及無量的成劫、壞劫等時空因緣的變化，完全憶知。一一的住處，不管是名或姓、長相、飲食、苦、樂、生、死等。所有的形相、住處、事業，不管是自己或他人，都完全了知。

太子在得到宿命通，魔眾退卻之後，他對魔眾生起了慈愍之心。這時菩薩不見魔眾，就心念著魔眾，生起天眼觀察魔眾；這時見到了魔眾，卻聽不到他們的聲音，所以又生起了天耳通，來聽聞他們的聲音。

太子得證天眼通之後，觀察世間，皆能完全徹視。就宛如在明鏡中，見到自己的面相，見到一切眾生，種類無量，從此死亡而生於彼處，隨著所行的善事、惡事，受著苦樂的果報。

太子又以天眼觀察、天耳聽聞十方六道的眾生。為了了知他們的心念，又生起了他心通。終於，在金剛座上經過七日的禪觀，於清晨破曉時分，東方昇起一顆明亮的曉星之際，菩薩廓然大悟了，證得無上圓滿的覺悟，成為偉大的覺者——佛陀。

佛陀在悟道的過程中所成證的神通，徹底將神通的境界昇華，超越了一切神力的範疇，而以智慧加以純化。因此，在六種神通中，一切神通的最高境界，統攝其餘神通的是智慧的神通者——漏盡通。

也就是在窮盡一切煩惱，具足無上智慧之後，神通才算圓滿。而這樣的智慧裡，當然擁有大慈、大悲，並具足無上菩提。這樣的內涵，超出了一切三界諸神的神通範疇，使神通昇華，而且產生新的意義，也讓我們不會在神通的迷霧中迷失，而可以在充滿智慧光明的大道中，證得最圓滿的生命境界！

1

不可思議的勝妙神通

在本章裡，選擇了不同時空的各種形式的神通，其中大部分為兩種神通型態與境界的相互撞擊，例如舍利弗的金剛三昧境界與大力惡鬼，小沙彌與婆羅門，密勒日巴和外道比賽神通等，各式各樣的神通，十分可觀又有趣，當然其中也有糊裡糊塗的慘劇發生。

例如，大力鬼用足以擊碎須彌山的神力，一拳打到舍利弗新剃好的光頭，沒想到舍利弗正好入於金剛三昧，只感覺到頭有點痛，大力鬼卻因造下惡業掉到地獄裡去了。

透過這種種的神通境界，我們可以了解不同型態神通的用法及修習方式，更進一步體悟神通妙用的真諦。

舍利弗入金剛三昧的威力

這個故事出自《增壹阿含經》卷四十五，文中敘述舍利弗尊者入於金剛三昧的威力，使得一拳足以打裂須彌山的大力鬼，打到舍利弗的頭，卻只像樹葉飄下，無法造成任何傷害。

故事

當時，佛陀與大比丘眾五百人在羅閱城迦蘭陀竹園弘化。有一天，舍利弗在靈鷲山，入於金剛三昧的甚深禪定。

這時，有兩位鬼王：優婆迦羅和伽羅，毘沙門天王派他們前去毘留勒天王處討論事務，正好經過這裡，遠遠的就看到舍利弗尊者結跏趺坐。尊者新剃的光頭，閃閃發亮。伽羅為了展現自己的神力，就對優婆迦羅說：

「優婆迦羅鬼王！你猜猜看，我一拳擊向這個沙門的頭，會有什麼結果？」

優婆迦羅驚恐的說：「你快不要這麼說！這一位沙門具大威德，是佛陀聲聞弟子中，智慧第一的，名叫舍利弗，如果對他生起害意，將會長夜沉淪，受苦無量。」

「哼！我才不信邪，你看著好了！」伽羅硬是要試。

「如果你不聽我的勸告，你就待在這兒，我要先走了！」

「你難道畏懼沙門嗎？」伽羅想用激將法。

「是的，我的確畏懼沙門，如果你用拳擊此沙門的頭，將有可怕的果報！」

正說著時，忽然一陣狂風暴雨，大地也振動著，諸天人驚動，四大天王也驚怖。

「快走吧！四大天王已經知道你即將造下極大罪業了！」優婆迦羅著急的勸他。

「哼！膽小鬼！看我的！」伽羅惡鬼仍然一意孤行，使盡全力一拳揮出。這時，天地大動，四面八方狂風暴雨湧至，地面裂開，惡鬼就這樣活活墮入地獄的熊熊火焰之中。

而尊者從金剛三昧中出定，四周風平浪靜，一點也看不出方才發生了什麼事。舍利弗整一整衣服，到迦蘭陀竹園拜見佛陀。

佛陀問道：「舍利弗！你現在身體有任何不適嗎？」

「佛陀，我的身體一向沒什麼病痛，只是今天有點頭痛。」

「舍利弗，這是因為伽羅鬼王用手打你頭的緣故。平時這個大力鬼王以拳擊巨大的須彌山，都能令其分成二分，你卻毫髮無傷。」

「為什麼舍利弗尊者並未受傷呢？」其他比丘好奇的問。

「這是因為舍利弗入於金剛三昧的緣故。入於金剛三昧時，即使整座須彌山飛來打在頭上，也不能傷其分毫。」

接著佛陀又告訴大眾一段關於金剛三昧威力的故事。

往昔在拘屢孫如來住世時，其座下有等壽、大智等兩大聲聞弟子，就像今日如來座下智慧第一的舍利弗和神通第一的目犍連尊者一樣。

當時兩位比丘都證得金剛三昧。有一天，等壽比丘在野外閑靜之處，入於金剛三昧。附近有牧牛的人和撿柴的樵夫，好奇的在一旁觀察了許久，發現比丘動也不動，以為他已經坐化了，就好心的取來一些木柴和薪草，堆在比丘身上，點火要將其火化。

他們看火點著了，就各自回家去了。

不久，薪材都燒盡了，等壽比丘剛好從三昧中起定，毫髮無傷，也渾然不覺方才發生了什麼事，第二天早上照常著衣持，入村中乞食。

方才為等壽比丘「火化」的人看了大驚失色，以為活見鬼了。後來他們確定等壽比丘還活著，就相互說道：「太不可思議了！這個比丘昨天明明坐化了，我們還取了薪材為他火化，今天卻又復活。我們應該為他立字號稱為『還活』。」

於是等壽比丘又被稱為「還活」。

「比丘們！如果有入於金剛三昧者，是火所不能燒，刀砍不入，大火不能漂溺，也不被他人所傷，這是金剛三昧的威德神力。今天舍利弗即是證入金剛三昧，才沒有死於大力鬼手中。大家應該要以種種方便行金剛三昧才是。」佛陀如此勉勵大家精進修持。

解析

舍利弗的神通示現常帶有智慧性的幽默，甚至在出奇的寧靜中，展現出驚天動地的甚深境界。而舍利弗入金剛三昧的示現，也帶有著寧靜的智慧性幽默，甚至帶有一些黑色的幽默。

這個故事的起始，其實就是又酷又勁爆。當佛陀正在竹林精舍說法時，智慧第一的弟子舍利弗，卻躲在靈鷲山上的山洞中縫補衣服。

智慧第一的舍利弗，似乎對縫補衣服有特別的興趣。

有一次佛陀在阿耨達無熱池說法，舍利弗不在，於是佛陀就叫目犍連去請舍利弗來。目犍連以神足通來到了舍衛城中舍利弗的住處，舍利弗正好在縫補衣服。目犍連就說道：「舍利弗！佛陀要我來請你到阿耨達池邊說戒的地方去。」

「謝謝你，但是請稍等一會，等我把衣服補好。」舍利弗回答。

由於目犍連急著要叫舍利弗去聽法，就對他說：「如果你不立刻出發，我就用神足通把你連同這石室放在手掌心，帶到佛陀說法的地方去。」

舍利弗看見目犍連對自己的神通力很有自信的樣子，於是就把衣帶放在地上，對他說：「那麼你先試試看移動這條腰帶。」

目犍連就用手去拿，卻不能移動一絲，於是他以神通力盡力舉起，甚至大地都為之震動，衣帶還是不為所動。連阿耨達池法會的大眾都感受到大地震動，而請問佛陀為何會如此？佛陀微笑的回答：「這是目犍連在取腰帶。」原來師兄弟兩人的神通遊戲讓大地都震動了。

而此時，當舍利弗縫補舊衣時，初禪的梵眾天們並不希望他無事可做。所以一萬位梵眾天人，就從梵天來到舍利弗處，請求他示現甚深的解脫大禪，讓他們依止。

於是，舍利弗答應他們的要求，而證入了金剛三昧。金剛三昧是指能破除一切煩惱的禪定，由於此定如同金剛一樣，能摧斷一切，所以稱為金剛三昧或金剛喻定。又此定能發起智慧，斷除煩惱，所以也稱為金剛無間道、金剛三昧或金剛心。聲聞、菩薩在修行究竟，斷滅最後煩惱時所生起的禪定。

當他入於金剛三昧的甚深禪定時，竟然有人想在他頭上動土，並不知不覺的引發了一場悲劇。

因為，這時剛好有兩位鬼王，優婆迦羅和伽羅，是毘沙門天王的部下，正好經過這裡，看見舍利弗尊者結跏趺坐。於是惡鬼想用舍利弗的頭來試試自己的拳力，善鬼知道這會造下大惡業，不斷勸阻，無奈惡鬼聽不進去，仍然全力一擊。這時，金剛三昧顯現出不可思議的防護威力，整個天地大動，四面八方狂風暴雨湧至，地面裂開，惡鬼就活活墮入地獄之中。

這金剛三昧就像威力無雙的防護罩一般，防護著入定者。而證入三昧中的舍利弗，雖然受到大力惡鬼用能爆破大山的拳勁攻擊頭部，卻在金剛三昧的防護下，一點也不受影響，還安心入定，享受定中的喜樂，渾不知覺，並安詳的起定。

舍利弗出定之後，也不覺得有任何異樣，佛陀問起時，他只覺得頭有點痛。

原來，在金剛三昧的防護下，惡鬼的拳頭打在舍利弗頭上，就像被樹葉打到一樣，有一些痛，卻不礙事。佛陀一問，舍利弗才仔細感覺了出來。

佛陀並告訴大家，入於金剛三昧時，即使整座須彌山飛來打在頭上，也不能傷其分毫。

但是，我們要了解，這是舍利弗入於「金剛三昧」時的力量，如果沒有入這個定，就沒有這種力量。就像目連尊者有大神通，平常還是肉身，所以執杖外道擊殺他時，由於業力所持，卻不能憶起神通，現起金剛身或由空中飛走等神通，還是會受到傷害。

其實，佛陀的這番話對於現代人比古代人更加的必要。因為比起二千五百年前，現代受到水、火、刀、槍等傷害的機會大多了。而且不管是地上的車禍、天上的空難及風災、水災、火災，乃至人禍戰爭，都比古代可怕。

所以，如果我們常入金剛三昧，當然就更吉祥了。

而且，雖然我們不能了解，進入金剛三昧時，能不能抵禦可怕的核子彈的傷害，但是多多修學金剛三昧，也可做為現代人昇華生命的最佳方法！

目犍連一腳震動天宮

這個故事出自《雜阿含經》卷十九。內容描寫目犍連到帝釋天處，看見其貪著巍峨莊嚴的堂觀，無心於修行，就以神力震動天宮，使其了悟：再美好的一切都是無常，不可依恃。

故事

印度的夏天，高達攝氏四十度的高溫，讓人望而卻步。

靈鷲山上的石洞禪窟，卻是令人身心內外皆能清涼寂靜的好地方。

這時，尊者目犍連，正在禪窟中獨自坐禪，思惟法要。忽然間念起帝釋天釋提桓因。

「有一次，天帝釋提桓因在界隔山的石窟中，曾請問世尊『愛盡解脫』的法義，世尊為其宣說，他聽了之後，似乎非常歡喜，很有收穫。我去問問他體會了何等深意。」

於是目犍連尊者就以神足通，在力士屈伸手臂那麼迅速的時間內，就從靈鷲山上消失，到達帝釋天王所居住的三十三天。

當時天帝正與五百位采女在浴池遊戲，一邊歌唱，音聲美妙。沒想到目犍連忽然出現在浴池旁，本來玩得不亦樂乎的天帝，看見目犍連，趕緊叫天女退下，親至尊者身邊，頂禮目犍連尊者雙足。

「尊者今天來到這裡，有什麼指教呢？」天帝問。

「上次你在界隔山問世尊愛盡解脫的法義，聽了似乎很歡喜，感受良深，而且好像有更深入的問題要請問世尊，是這樣嗎？」

「尊者！我們這些三十三天的天人，大多貪著放逸欲樂，有些事記得，有些就忘了。當時在界隔山的事，我實在記不得了。現在世尊正在竹林精舍說法，尊者何不直接去請問世尊呢？」帝釋天漫不經心的回答。「倒是尊者今天既然來到這裡，就請您順便來看看我剛落成不久的堂觀。」

目犍連默然受請，就和天帝釋一起進入堂觀。天女們本來只看見帝釋天，都歡喜的奏起美妙的天樂，舞動曼妙的身姿，待看到目犍連尊者也隨後走進來，都慚愧得躲起來。

「尊者，你看我這堂觀的地面美好平正，你看看這牆壁上雕的，重重樓閣，羅網上都以寶珠裝飾，都是世間罕見的哦！」帝釋天自誇的說。

「帝釋，這都是你先世所修之善法的福德因緣所致啊！」目犍連尊者也隨喜讚歎。

沒想到帝釋天又繼續不停的一再自誇，目連也都如是回答，但帝釋天卻一點也不自覺。

目犍連尊者看帝釋天這麼貪著自己的堂觀，心想：「這個帝釋天如此執著，讚歎自己的堂觀，我應當使其生起厭離心。」於是目犍連尊者就入於三昧，以神通力，僅僅用一個腳趾頭的力量，這座莊嚴華麗的堂觀忽然產生了大地震，而目犍連也即時從天宮中消失。

天女們看見堂觀震蕩動搖，無不恐怖尖叫，慌張奔走。逃到宮殿外驚魂甫定的天女們，很快就忘了方才的恐怖，而問帝釋：「方才那位是您的老師嗎？否則怎麼具有如此大功德力？」

「不是的，他是我大師的弟子目犍連，梵行清淨，具有大威德、大神力。」帝釋天看自己心愛的宮殿被震得東倒西歪，欲哭無淚，也領教了目犍連不可思議的神通力。

「連佛陀的弟子都具有如此的神力了，更何況是佛陀呢？」天人們對佛陀無不生起稀有的讚歎。

解析

目犍連尊者的神威驚人，有時不只在人間大顯神通，更跑到天上威攝教化諸天的天神。以上目犍連運用一根腳指頭，就差點把帝釋天的天宮拆毀，就是一則典型的目犍連神通遊戲。

目犍連身為如來的左右手，在佛法的教化上占有極重要的地位。如果以一所學校來比擬，佛陀就宛如教授兼校長，舍利弗則是助教授兼教務長，而目犍連則是副教授兼訓導長。

因此，這一天當佛陀住在王舍城中，而目犍連則住在附近的靈鷲山上自己一人的在靜處禪思。這時他忽然想起要作巡迴的教化督導工作，所以想起帝釋天王釋提桓因，曾在界隔山的石窟中，詢問佛陀如何修持愛盡解脫的道理。而佛陀也為他說明了。當時，釋提桓因聽了佛陀的教誨後，十分高興，但似乎還想再問下去，但後來就沒問了。目犍連認為現在應當前去詢問他心中到底是如何歡喜及其心意到底如何？

其實，這是目犍連為了督導同學的修行，而起了心念。而這心念一起，他就以神通力從靈鷲山中消失，在三十三天中現身。在經典中常將這飛空的速度，形容為如同力士屈伸手臂的快速。可見大神通者的如意神通，是多麼的有力。

其實，在目犍連的心中，應當對他的同學釋提桓因的情形十分了解，所以故意前來抽查學習進度。果然，帝釋天王正忙著與天女們，在天上的浴池中遊戲，天女們還唱著美妙的天樂。而釋提桓因看到了目犍連大駕光臨，趕快叫天女們不要再唱歌了，可見他也有自知之明。

不過，這帝釋天王還是放逸慣了。當目犍連尊者提起他先前問佛愛盡解脫的道理之後，到底是聽佛說法之後心生隨喜，還是還要有所詢問而隨喜時，竟然顧左右而言他，要目犍連尊者自己去竹林精舍問佛陀，並要目犍連聽佛的教法之後，應當受持，真是不知所云。

不只如此，他還趕快拉著目犍連去參觀他新建好的美麗天宮。在介紹天宮時，還十分自豪的誇耀。

而當目犍連尊者忍不住提醒他說：「這是你過去所修的善法因緣，才成此妙果，應當精進修行。」但是帝釋天還是繼續自嘆自誇。

這時，目犍連尊者已提醒三次，帝釋天也自誇三次。目犍連尊者看到帝釋天王如此放逸，執著他的神仙境界，為了使他體悟無常而心生厭離。所以就進入三昧境界，以神通力用一根腳指頭，就使無比莊嚴的天堂宮殿，產生了大地震。而且二話不說，立即掉頭，消失不見，留下愕然尷尬的帝釋天王。

而在天界的天女們，那裡曾經遭逢強烈地震，嚇得驚惶恐怖跑來跑去，完全不知如何防災。

等到驚魂甫定，她們才問天王說：「這是不是您的大師佛陀的力量所致，因為只有他才有如此的大功德力吧！」

天王嘆了口氣說：「這不是我的師父所為，是大師的弟子目犍連所做的好事。因為他有著清淨的梵行，而且有大威德、大神通力。」

這些大女們還十分讚歎的說：「善哉！天王！你能有如此梵行清淨、大德大力的同學。如果如此，大師的德力又是如何呢？」

由此看來，一位大德聖者的神通力是無量無邊，不可思議，也沒有時地限制的。天帝的神力比起他們來可是小巫見大巫了。而目犍連顯現神通力時，先入三昧。因此，我們要具有更高明而完美的神通力量，先要將禪定三昧修持好，而且如果能再具足智慧與慈悲心，就更完美了。

目犍連的神通示現，對於現代人而言，有著無比的啟示。世間無常、地震頻繁，像一九九九年，台灣的九二一大地震，讓我們大家經歷了遠超過天女的驚恐。雖然說我們要在這個打擊中，再重新站起來，但也當更深刻的體會無常的實相，而精進修持，讓自己能在任何危難中得到自在。

除此之外，二〇〇一年紐約世貿大樓的九一一事件，更是一件令人目瞪口呆的恐怖事件。如此高大強盛，彷若將與天齊的堅固大樓，竟然在剎那間，被飛機撞垮。這個世界與生命，竟然是那麼的危脆無常，人類如果不能體會這個事實，而以智慧來超越無常，以慈悲心來和平相處，盡心盡力的相互幫助精進成長，實在是太無知了。

連天界都那麼脆弱無常，何況是人世間！我們必須體會，只要不斷地精進修行，並增長智慧、慈悲，才能夠使我們超越苦難，成為一位具足大神通，並永遠幫助眾生的成就者。

小沙彌與阿育王

這個故事取材於《阿育王傳》卷七，內容描寫阿育王所遇到年紀幼小、卻具有不可思議神通的小沙彌，使阿育王降伏慢心，對佛法更加敬信。

故事

信受佛法之後的阿育王，對三寶非常禮敬，但他畢竟還有著身為國王的慢心，尤其是對小小年紀的沙彌禮敬，讓他非常不習慣，也覺得有失他的身分地位；但是不禮敬，又非佛弟子所應做。

今天，他正好碰上了這個難題，一個七歲的小沙彌就站在他面前，讓他坐立難安，不知是要保持國王的威嚴，還是要善盡一個佛子的禮儀。

「有了！」阿育王靈機一動，摒去左右，帶著小沙彌到隱密無人之處，才向沙彌頂禮。但是他又怕沙彌出去張揚，就對小沙彌說：「你可千萬不要對人說我向你頂禮的事啊！」

這時小沙彌面前正好有一個舀水用的澡瓶，小沙彌忽然變化入於瓶中，不一會又冒出來。

阿育王看得目瞪口呆，小沙彌就神祕地對阿育王說：「大王！你千萬不要告訴別人小沙彌方才入於瓶中又冒出來的事。」

阿育王慚愧地說：「我一定會告訴別人，不會再隱藏。」阿育王終於了解：沙彌年紀雖小，卻不可輕乎；沙彌雖小，卻能度人；王子雖小，卻能殺人；龍子雖小，卻能興雲致雨電雷霹靂。所以這三者雖然年紀小，卻不可輕視。

由於阿育王極為擁護三寶，經常供養佛教僧眾，這引起了婆羅門教徒的嫉妒，於是商議出對策。他們推出一個善於咒術的婆羅門，化身魔醯首羅（大自在天）身，從空中飛行到王宮門口，而其餘四百九十九位婆羅門耆宿也在此時隨從其到王宮門口，遣宮人前去通報阿育王：「虛空中有魔醯首羅，帶著四百九十九位婆羅門從空中飛下來，現今在王宮門外欲求見大王。」

宮人入內通報之後，阿育王便召其入內晉見。

「魔醯首羅，什麼事讓您屈駕前來呢？」阿育王問道。

「我們需要一些飲食。」魔醯首羅回答。

「這有什麼問題！」阿育王立即敕命廚房準備五百桌飲食出來。沒想到他們卻同聲說道：「我們從出生以來就未曾吃過這種食物。」

阿育王有點驚訝的說：「先前未說明，不知你們都吃些什麼？」

「我們只吃剃頭的禿人。」五百婆羅門又異口同聲說著。

阿育王沈吟了一會，就派遣一個大臣前往雞頭末寺，叫他對尊者說：「王宮內現在來了五百位婆羅門，其中一人自稱魔醯首羅，不知是人還是羅剎，祈願阿闍梨來為我驅遣，使其離去。」

沒想到這位大臣是邪見婆羅門的弟子，到了比丘僧眾中，他隱瞞阿育王的旨意，而對眾僧們說：「阿育王有五百婆羅門，外貌似人，言語卻像羅剎，他們說要捉沙門作為食物，請你們指派一人同我前往王宮。」

於是上座阿闍梨就集合大眾，說明緣由之後，就起身辭別眾僧而說道：「我身已老邁，當為僧眾作此事。」第二上座聞言，立刻站起來說道：「上座不應去，我對大眾最沒有用處，應該是我去才對。」如此展轉乃至沙彌，所有的僧人，大家都爭相自願為大眾犧牲。

最後有一位資歷最淺、七歲的小沙彌，從大眾中起立，長跪合掌而說：「一切高僧大德，不必擾動諸位，我年紀既幼小，不能堪任護持佛法，唯願大眾允許我前往。」

上座心中雖不捨，也為小沙彌捨身為眾的心意感到歡喜。於是為小沙彌摩頂，允許他與使者回去。

阿育王在宮中等了許久，好不容易等到使者回來，就問使者：「如何，有誰隨同你回來嗎？」

使者故意隱瞞實情，回答道：「他們推來推去，最後派了一個小沙彌來。」

阿育王聞沙彌前來，親自出來迎接，將其接至御座上。

五百位婆羅門耆宿非常生氣，心想：「我們這五百位長老來，大王都未起身迎接，如今這小兒來，大王卻親自出迎。」

小沙彌問大王：「大王何事召喚我來此呢？」

「這些魔醯首羅想以阿闍梨您為食物，隨您的心意，願以身施食與否都無妨。」阿育王回答。

小沙彌回答：「我年紀幼小，早上到現在尚未進食，給他們吃也吃不飽，不如大王您先施我食，讓我吃得飽飽的，然後再充作他們食物。」

於是阿育王就命廚房取出食物給沙彌，沒想到小沙彌吃了一桌還要再吃，直到把五百桌的食物都吃光了。

旁人看得睜大了眼，小沙彌卻說還沒吃飽。

「那麼，把剩下的食物都拿出來吧！」阿育王下令。

廚房趕緊把所剩的食物都拿出來，但是沙彌吃了還是說不夠。接著連王庫中所有的乾糧都拿出來，小沙彌沒兩下就吃光了。

阿育王就告訴沙彌：「阿闍梨，食物都吃光了。」

小沙彌就說：「把下面的婆羅門捉來給我吃！」婆羅門還來不及反應，小沙彌已經生吃了一個婆羅門，沒想到還是不夠，底下的婆羅門大驚失色，紛紛欲離座逃走，卻被小沙彌一個一個吞入腹中。最後，化身為魔醯首羅的婆羅門，飛向天空欲逃走，只見小沙彌從空中一把捉住他的頭放入口中，一下子就連身體也吃光了。

阿育王和大臣們看了驚駭恐怖，心想：「這些婆羅門都吃光了，接著是否要吃我們呢？」小沙彌知道阿育王心中所想，就對他說：「大王，您是佛法的大施主，我不會傷害您的。」阿育王聽了稍稍安了心。

「大王，您可否與我一起至雞頭末寺去一趟呢？」

阿育王連忙說：「不管您上天入地，弟子皆當隨從。」

於一行人就前往雞頭末寺。到了寺中，阿育王驚訝地發現，小沙彌早上所吃的食物，眾僧人正分著一起吃，而其所吃掉的五百位婆羅門，現在都剃除鬚髮，穿著法衣，在眾僧最下行末尾安坐。最先被吃的坐在最上座頭，而最後一個被吃的魔醯首羅則在最行末。

這五百個人看見阿育王及小沙彌，都生起慚愧的心念：「我們連小沙彌的神通威力都比不上，更何況是其他比丘呢？這就好像小蚊子不自量力要和大鵬金翅鳥比賽飛翔、小兔子找獅王挑戰一樣。」

由於這五百位婆羅門心生慚愧，竟然在剎那間證得初果阿羅漢。

解析

這裡的兩則小沙彌與阿育王的故事，不只十分有趣，而且有些誇張，但是可呈現出奇妙的神通幻化境界。

第一則故事中，阿育王雖然信奉佛法，但心中還是有我慢。因此，要他向一位小沙彌公開頂禮，確實太困難了。所以，當他看到七歲小沙彌時，就將小沙彌帶到大家看不到地方，方才頂禮，而且還特別交代：「不要向人說起我向你頂禮一事。」

沒想到這小沙彌十分幽默，而且願意配合，趕緊拿了身前一個舀水的澡瓶，然後進入小小的瓶中，再鑽出來，並告訴阿育王千萬不要告訴別人，小沙彌鑽入澡瓶，又鑽出來的事。

小沙彌的神通變化震憾了阿育王，從此他不再有我慢，並且不再輕視小沙彌。

其實，小沙彌最可敬的不僅是年紀幼小就具有大神通力，而是能輕輕鬆鬆地擁有神通，又毫不造作的運用智慧展現，用幽默的方式教化阿育王。

所以，當我們擁有大神通時，可以依這位小沙彌為師；當需要顯現神通時，輕鬆一點、有智慧一點、幽默一點，顯現時更要不造作，自然的顯示，不要讓人覺得十分特別或了不起的嚴重，當然這也需要慈悲柔軟的心來調治了。

第二位沙彌的神通故事，則充滿了黑色而慈悲的幽默。其中劇力萬鈞，充滿了肅殺之氣，最後又成為慈悲的喜劇。

首先登場的是供養權爭奪戰。由於阿育王時常供養三寶，引起了其他教派婆羅門的嫉妒。因此，他們推派了五百位菁英，共同研究抵制辦法。

其中有一位擅長持咒的婆羅門，他能以咒術顯現神通。所以，他就告訴其他婆羅門，等他七日的持咒修行。在七天之後，他就能化作大自在天的形象，飛到王宮，其他婆羅門就可跟隨其後前往。

七天後，他果真依持咒力化作大自在天，飛身到王宮門頂，而其他四百九十九位婆羅門，也跟隨來到王宮門頂。可見這婆羅門的咒力神通，也實在十分可觀。

當這些婆羅門從空中降下，就要守門的人告訴阿育王，大自在天正在宮前的虛空中。大天神從空中而來，阿育王當然馬上迎進宮內。但這是婆羅門的殘忍陰謀，他們要求阿育王供養飲食，並且宣稱他們只吃禿頭的出家人。

阿育王是正信的佛教徒，因此也不為所動，並立即派人前往雞頭末寺告訴耶奢尊者：「王宮內來了五百位婆羅門，其中一位自稱是大自在天，不知他到是人，還是羅剎惡鬼所化？希望阿闍梨前來為我除遣。」

沒想到，阿育王所派的使者，是邪見婆羅門弟子，竟將阿育王所交代的話故意顛倒，宣稱阿育王要僧眾派人前去讓婆羅門作食品。

結果，首座長老齊集眾僧，要辭僧眾前往被食；但第二上座、第三上座……，所有寺中的僧眾都爭著要去。最後連最小的七歲沙彌，在大眾中合掌要求一定要讓他去。由於他言辭懇切，說法入理，最後長老耶奢就歡喜的讓他前往王宮受食。

阿育王親自迎接沙彌，並恭請沙彌坐於御坐之上後。小沙彌這時開始展現了機智幽默與大神通力。他先向阿育王撒嬌說：「我年紀幼小，從今天早上以來，都還沒有吃飯，大王請先讓我吃飯，然後我會施身給婆羅門吃。」

於是，阿育王就命令御廚開始供飯。結果一桌案的食物吃完了，又吃另一桌，到最後五百桌都吃完了。

阿育王問他：「吃飽了嗎？」

小沙彌回答：「還未吃飽！」

最後小沙彌把宮中的食物都吃完了，卻還沒有吃飽。小沙彌把大家吃得目瞪口呆，這神通遊戲所開的玩笑也未免太大了。

現在，沒有任何食物可吃，但小沙彌還沒有吃飽，只好解鈴還需繫鈴人；事端既然由婆羅門引起，所以也只好吃婆羅門們充數了。這笑話也未免開得太黑色了。

婆羅門本來要來吃比丘，結果卻落得反被沙彌吃下，心中雖不是滋味，但在王前也沒辦法。最下頭的婆羅門，立刻就被吃了；而總共四百九十九位婆羅門，一下子都被吃光了。

這時，化作大自在天的婆羅門，還沒搞清狀況，身旁的人已全被吃光。嚇得立即運用神通力飛向虛空；但是他的神通遇上小沙彌，幾乎就像小孩遇到巨人一般；小沙彌在座上一舉手，就像老鷹捉小雞一般，從空中捉住大自在天的頭，馬上放下口中啖盡。

這時，阿育王嚇得手足無措，心想：「現在婆羅門都吃盡了，接著該不會吃我吧！」

小沙彌卻笑著告訴大王說：「放心，不會傷害你的。」

其實，這個場面真是可怕又可笑，也真不知道要如何收拾。

但是，這一切不過是一場超現實的夢幻神通劇，最後終是以喜劇收場。因為當阿育王隨著小沙彌來到雞頭末寺時。只見到小沙彌早上所吃的食物，現在正在寺中，讓僧眾們分食。

最可笑的是，五百位婆羅門，竟前後次序顛倒的坐在僧眾的座下，並且已經剃除鬚髮、披著法衣出家了。而最初被吃的人，坐在上座，最後被吃化作大自在天的婆羅門，則坐在最末座。

所以，有神通的人千萬不要想以神通力去壓制別人，以解決心中不平的事。因為，這正表示定力、智慧與悲心的不足，神通力一定有限制，而且有破綻，而且在這種時候運用，威力一定減弱，並容易受到反制的傷害。

因此，沒有正當理由，一定不要妄顯神通。而顯現神通一定要心平氣和，以智慧導引，用慈悲心來顯現，如此才能圓滿的運用神通。

高僧佛圖澄的神異事蹟

佛圖澄是西域的高僧，九歲就在烏萇國出家，曾經兩度到罽賓國學法，於七十九歲高齡來到中國。《高僧傳》中記載他門下受業追隨的學生平日有數百人，再加上其他的弟子，門徒幾及一萬，教學盛況空前。佛圖澄非常注重戒學，平生「酒不踰齒、過中不食、非戒不履」，並以此教授徒眾；對於古來相傳的戒律，亦復多所考對校正。

在《晉書》中敘述他的許多神通事蹟，說他善誦神咒，能役使鬼神，徹見千里外事，又能預知吉凶，又兼善於醫術，能治痼疾應時瘳損，為人所崇拜。他淵博的學問和清淨的戒行，反而不如其神異的事蹟，為後人所知。以下的故事，就是佛圖澄神異的事蹟。

故事

晉懷帝永嘉四年，正逢劉曜興兵作亂，攻陷洛陽，人心惶惶。

西域高僧佛圖澄來到中國時，已經七十九高齡，本來想在洛陽建寺，卻正好遭逢混亂之時局，於是先暫隱山林，待緣而起。

此時，西晉氣數已盡，東晉剛剛立國，石勒自封後趙王，其殘暴成性，以殺戮為能事，許多出家沙門也不能倖免。佛圖澄念無辜眾生受到殺戮，決定度化石勒。

石勒的大將軍郭黑略信奉佛教，佛圖澄前來求見，郭某極為歡喜，就請佛圖澄到他府中供養安住。

從此以後，法師為郭屢獻奇謀，使其出戰皆捷。石勒感到很奇怪，召他來問明緣由。郭某據實回報，石勒大喜，立即召請佛圖澄入見。

石勒看見佛圖澄進來，就問道：

「佛法有什麼靈驗呢？」

佛圖澄知道石勒是一個粗人，知識未開，不達佛法深理，只有用神通法術來使其生信，就答說：「佛法雖然淵博，但也可以用眼前的事物作驗證的。」

只見他隨手取了一個食器，將器中注滿清水，然後對著清水祕密持咒，過了一會，食器中竟奇異地生出一枝蓮花來，光色鮮艷耀目。石勒見了大感驚異，讚不絕口的說：「真是太神奇了！」

石勒自此崇信佛圖澄，留於軍中參贊大事。

有一次，襄城泉水枯竭，全城鬧水荒。石勒問佛圖澄：「大師有什麼辦法嗎？」

大師回答：「水泉的源頭，必定有神龍居住，現今往前祈請，必定得水。」

於是，法師與弟子等尋覓到水源處，看出水的地方久已經乾涸，隨從的人都說沒有辦法了。於是法師開始燃燒安息香，在三天之中持誦密咒，水源又潺潺而出。這使得士庶道俗圍觀，擠得水洩不通，歡聲雷動，皆嘆法師神力不可思議！

石勒死了之後，其子石虎繼位，對佛圖澄更加尊崇。每當朝廷朝會時，佛圖澄升殿時，石虎都命太子等扶其上殿，並唱言：「大和尚到！」眾皆起立迎接。

相傳佛圖澄身上，在左乳旁有一個孔洞，周圍約四寸，能通徹腹內。有時他把腸子拿出來用水洗洗，再放進去，然後以棉絮塞之；夜晚讀書時，把棉絮拔去，洞中會放光，照得一室通明。

後趙建武十四年的冬季，某月，佛圖澄回到寺中，面對佛像，自言自語地說：「使人悵悃，不得莊嚴。」又說：「三年得乎？」自己又回答：「不得。」又再問：「一年、百日、一月得乎？」又搖頭說：「不得。」

法師回到房中之後，對弟子法祚說：「戊申禍亂漸至，巳酉石氏當滅，在未亂之前，我當行入化。」法師又遣人與石虎辭行道：「凡萬物之理必有遷化，身心性命無常，貧道也只是幻化之軀，坐化之期已至。」

石虎驚異的說：「素來不聞和尚有疾，為什麼忽然說出告別之語？」於是急忙來到寺中。

法師說：「頭出頭沒，道之常理也，緣分已定，非人力能延。」

石虎號慟悲泣，如喪考妣，眼見法師安然坐逝，享世壽一百一十七歲。

後來有沙門自雍州來，卻看見佛圖澄入關，就將此事告知石虎。石虎心生疑悶，就命人發塚開棺視之，只見棺中只有一塊石頭。石虎看了之後就嘆道：「石，是我的姓，和尚埋我而去，我豈能久存呢？」

不久之後，石虎果然去世。冉閔作亂，將石虎的宗族屠殺殆盡。

石勒、石虎都是殘殺成性的人，但是由於佛圖澄法師在其左右朝夕勸諫故，使兇暴的石氏，受到教化，也使許多無辜的生靈免於塗炭。

解析

佛圖澄是一個神異的修行人，顯然他在戒行與法義上成就非凡，但由於他的神異事蹟太多，因此其餘的成就，知道的人就比較少了。

佛圖澄來到中國已七十九歲，他本想在洛陽建寺弘持，但由局勢不定，因此只好先隱山林。

他與後趙石勒的因緣，在許多人眼中或許感覺奇怪。但從佛圖澄的觀察看來，這是對眾生最有利的選擇。也由於他的出現，使殘暴的石勒減少了殺戮眾生，也使出家沙門解除了厄運。

石勒是沒有知識的渾人，因此以眼見為實的神通化度，是最佳的選擇。因此，佛圖澄初見他時，他就問：「佛法有何靈驗？」佛圖澄就隨手拿了食器，在器中住滿清水，以密咒加持，器中竟然生出一支光色鮮艷的蓮花。這引起了石勒的興趣與尊重。

佛圖澄的神通力，常與密咒、術法有關。這與佛教初期的聖者，多以禪定、三昧與智慧現起神通，稍有不同，但與後世密教行者以密咒或儀軌來展神通比較相近。可以說是以密咒加上禪定力量展現神通的典型。

而佛圖澄不管是持咒燒安息香來開啟水源，或以麻油和胭脂塗在手掌上，以映現千里內外的事物。都顯現出其神通力的顯現方式。因此，他也以善誦神咒、能役使鬼神，而為大家所稱誦。

佛圖澄善觀因緣，也善能前知，因此也能在事前預示吉凶福禍，極為準確。最後他觀察到後趙滅亡的因緣，而先行入滅，世壽一百一十七歲。

但傳說他入滅後，有從府州前來的出家人，看到佛圖澄入關，並告知石虎。當石虎打開佛圖澄的棺木一看，卻看到其中只有一塊石頭，也可看出其生死自在的典範。

佛圖澄是佛法神通示現的一種典型，雖然與原始佛教的阿羅漢聖者，乃至大菩薩眾，神通的顯現方式，有所不同；而且或許較為迂迴，不是如同以三昧、禪定，乃至智慧所現起的神通直接、究竟。

但是，他依然神通廣大，讓我們看到如同後世許多密教神通大師般的典範；此外也讓我們了解，依止密咒或儀軌，也能自在現起神通境界。

密勒日巴以神通降伏外道

這個故事取材於《密勒日巴大師全集》，內容描寫西藏密教始祖——大成就者密勒日巴，在笛色雪山以神通力降伏苯教徒的故事。讓我們看到佛法以空性智慧所成就的神通，和世間神力加持所成的神通，境界宛如天壤之別。

故事

笛色雪山銀色的山峰，與瑪滂湖粼粼的波光，相互輝映，閃動著喜悅的光芒，似乎在歡迎著密勒日巴尊者一行人的到來。

原來這一帶是苯教的勢力範圍，他們聽說密勒日巴大師一行人要來比，當地苯波教徒的首領那若苯瓊，帶著眾多苯教徒，等候在此。

等尊者來到，就裝著不認識的樣子問道：「你們是誰呀？要往那裡去呢？」

尊者答道：「我們過去一向是住在拉息雪山的茅蓬處，現在是到笛色的崖洞處修行來了。」

那若苯瓊說道：「你叫什麼名字？是作什麼的？」

尊者答道：「我的名字叫密勒日巴。」

那若苯瓊道：「原來你就是鼎鼎大名的密勒日巴，見面之下卻不過爾爾，無什麼稀奇之處！此地向來是我們苯波教的勢力範圍。如果你們要在此地居住，就必須要信奉苯波教才行。」

尊者回答：「這座雪山為佛陀親口所授記，將來要成為佛教弟子修行之聖地。特別是我密勒日巴，親承馬爾巴上師的懸記要到這裡來修行的。你們苯波教徒，過去在這裡居住，實在很幸運，但以後如果要繼續住在此處，最好要皈依佛教修習佛法。如果你們不願意，盡可遷往別處去。」

那若苯瓊說道：「我們來較量神通和法力，誰勝了誰就是此處的主人翁！」說畢，那若苯瓊立即興起神力，身體突然增大百千倍，左右二足就跨立在瑪滂湖的對岸兩邊。

這時密勒日巴尊者以身騰空，奇怪的是，尊者身未見增大，瑪滂湖也未見縮小，但尊者的身體卻將湖面全部蓋住，坐於上面，悠然的唱著道：「密勒日巴有盛名，裸體赤臥一老狂，解脫能所之殼也。隨意幽吟歌小曲，信手拈來皆法也。手中執持鐵藤杖，跨生死海之兆也。心境我皆得自在，能興無量之神變，何需依仗世間神？」

接著尊者又示現了一個神通：

密勒日巴抓起瑪滂湖，放在手指尖端之上，令人驚奇的是，湖中的魚蝦水族絲毫未受到任何驚擾與損傷。

那若苯瓊看了悻悻然的說：「這一次你所顯的神通，比我略勝一籌，但是我還要繼續和你比賽神通。」

密勒日巴說：「那些借由外力來眩惑別人耳目的神通，我是沒有興趣去較量的。你如果不願信奉佛法，盡可遷往別處去！」

那若苯瓊說道：「要讓我捨棄苯波教，那是辦不到的！我們再較量一次神力，你若勝利，我們決定放棄此地，遷往別處去住。」

尊者說道：「你雖然想與我競爭，但決計勝不了我的。所以笛色的主權現在應該歸我了。為了滿足你現在的願望，也讓我弟子們都能親眼目睹起見，你要我再顯些神通也未嘗不可！」

說完尊者就坐在笛色西方山谷中的蓮花洞中。那若苯瓊立於山之東麓的自家茅蓬中，尊者就伸出一足，由山之西方直伸到苯波茅蓬前的山壁上，擱置於彼。同時對那若苯瓊說道：「你也如法炮製一番吧！」

那若苯瓊也伸出一足，拚命由東向西伸出，但是他傾盡全力，伸來伸去還伸不到小溪的岸邊。

當時天空中許多看熱鬧的天人和鬼神們看了都忍不住哈哈大笑起來。那若苯瓊臉上也現出羞慚的樣子，但仍然逞強的說：「我們還要繼續競賽！」

接著尊者和那若苯瓊又比了許多其他的神通，都是尊者得到壓倒性的勝利。於是他又約尊者比賽誰能搶先登上笛色雪峰，就能擁有此地。

在約定的日子快到之時，那若苯瓊專心一意的祈禱苯波教的神祇。可是密勒日巴卻一如平等，如無事然安適而住。

到了約定那天的清晨，那若苯瓊口吹樂器，足跨一面大鼓，由空中向笛色雪峰飛去。尊者的弟子們見了趕緊去報告尊者，沒想到尊者卻仍在睡覺。其弟子若瓊巴說：「世尊啊！那若苯瓊剛才一大清早就騎著一面大鼓向笛色飛去。現在已經抵達笛色的山腰了！」

尊者還是坐在床上，舒服的伸伸懶腰，才慢吞吞的說道：「啊！那個苯波已經抵達山腰了嗎？」

尊者的弟子們一齊向尊者急切的祈求，請立即採取行動。

尊者就作了一個手勢說道：「好！你們看吧！」徒眾們向雪山望去，只見那若苯瓊雖然拚命想向上飛，卻無論如何再也飛不上去，只在山腰間不斷地兜著圈子。

此時，旭日初升，尊者一彈指後，立即飛向雪峰，一襲布衣迎風飄展，像是飛鳥展翅高翔一般，在一剎那間就飛抵了山頂。此時朝陽也剛剛由地平線上同時升起，光芒萬丈照在山峰和尊者的身上，大地頓時豁然明亮。此時尊者看見，虛空中歷代傳承上師和本尊上樂金剛及無量眷屬同時現身，齊向尊者熙怡微笑，聖像端嚴萬狀。

這時那若苯瓊也從山腰飛抵山頸，他仰頭看見尊者早已光明萬丈，慈悲端詳的坐在山峰頂上了，不禁大為驚駭。頓時身心好像全部崩潰了一樣，從山上跌了下去。胯下的大鼓也滾落在雪山南方的崖谷中。此時他的傲慢才全部瓦解了。最後他很謙虛的對尊者說道：「你的神通和威力確實超過於我。我承認以後你就是笛色的主人翁，但是請允許我能夠住在一個能夠看見笛色的地方。」

尊者於是對他說道：「你雖然得到世間神祇的加持，獲得了一些普通的神通，但我卻是由現證本來智慧而證取了殊勝成就的人；你想和得到殊勝成就的人來較量神通，怎能獲勝呢？」

尊者如此開示之後，就允許他們在笛色山腳下的前面造了一座寶塔，供苯教徒教禮拜繞行朝禮笛色山時的休息之處。

解析

密勒日巴與那若苯瓊的神通比賽，可看出依止自心所顯現的神通境界，與依止心外所顯現神通境界的差別。六祖慧能大師在聽聞五祖弘忍大師為說《金剛經》，至「應無所住，而生其心」時，言下大悟：一切法不離自性，而說：「何期自性本自清淨，何期自性本不生滅，何期自性本自具足，何期自性本無動搖，何期自性能生萬法！」

其實究竟的神通，從大成就者的眼中，是自心的流露，更不過是一場遊戲三昧。因此，為何許多大成就者示現神通時，總是帶著一分幽默、智慧、溫柔、慈悲，甚至是十分正經的好笑。

我們從密勒日巴與那若苯瓊的神通比方式裡，其實也可以看出這樣的特質。那若苯瓊是十分用心，用力的顯現神通，而密勒日巴則是十分認真而自然專注的玩著神通遊戲。

而當那若苯瓊興起神力，神體變大百千倍，而以左右足跨立在瑪滂湖兩岸時。我們看密勒日巴以身騰空，身體沒有增大，而瑪滂湖也沒有縮小，但他的身體卻將湖全部蓋住，坐於其上。這裡以從小變大的相對性觀念，對比無大、無小卻能凌越大小，對立的超越性觀念，實在有趣。因為任何大小，都是一種限制，但在實相中，如其大，如其小，卻是超越一切限制的。因此，在本無高下中，高下也立判了。

除此之外，密勒日巴竟在湖上輕鬆的唱起小曲，對比那若苯瓊的緊張，有著極大的興味。而他在歌中唱出：「心境我皆得自在，能興無量之神變，何需依仗世間神？」也說明了兩者神通的差異。

密勒日巴的神通，是由現觀中體悟自心與外境一切現空無別的智慧神通，因此自心能自在興起無量神變，而這神變當然也是如幻的。而那若苯瓊是依止世間神祇，依咒力、藥力或禪定覺受所現起的。一是自心無障礙的神通，一是必須依靠外緣來顯現，這就如同前述阿育王時，小沙彌與婆羅門所顯的神通差別一樣。

在密勒日巴的眼中，自己所化現的神通，不過是幻化的遊戲，並無實境可言；而那若苯瓊的神通，當然，更是眩人耳目的兒戲了。因此，不管那若苯瓊如何祈禱、修法，對他而言都不過是無謂的把戲。因為密勒日巴的心永遠在無事的當下、當下的無事，所以一切時境，安適自在無事而過，就是甚深的禪修了。這就像六祖慧能所說：「無念為宗、無相為體、無住為本」乃至「於一切法，無有執著，名一行三昧」了。

同樣的悟境界，在不同因緣中，所顯現的風格也不同，但其證境是相同的。因此，印度、中土、西藏的成就者，所悟相同但因為外緣不同，而有不同的風格。所以禪宗行者在中土的文明中較少顯神通，但在西藏地區，神通的需要就大增了。

而在密勒日巴告誡那若苯瓊的話裡，我們也看到了他的老婆心切，他說：「你雖然得到世間神祇的加持，獲得了一些普通的神通，但我卻是由現證本來智慧而證取了殊勝成就的人；你想和得到殊勝成就的人來較量神通，怎能獲勝呢？」

在此，我們還要說明一點，有些人可能認為：那若苯瓊是依據神祇加持而得到神通力的。但是當密勒日巴在雪峰頂上時，虛空中的歷代上師和本尊上樂金剛及無量眷屬同時現身，這些本尊、上師、眷屬，難道不是心外的力量嗎？不也如同那若苯瓊所依止神祇一般嗎？

而且，在密勒日巴解說為何能具有神力時，特別說明神力具足的眾多因緣中，有傳承、金剛持佛、根本上師等加持的神力，這不是依止外力嗎？

其實這是誤解了佛法緣起的意旨。在佛法的修行中，我們依止佛陀、本尊、上師的教誨，這是證得無上成就的初始緣起，因此在因緣上，這是修行者永遠感懷的恩德。雖然我們必須永遠心懷感恩，但是，我們必須體悟，這一切依然是現空如幻在實相中，絕無可得。

其實，不只這不可得，連我們自身、法界，乃至諸佛，都是無生現空，所以並沒有任何外境可執，事實上連自心都了不可得。

也因此，我們會看到，像《觀無量壽經》中說：「諸佛如來是法界身。遍入一切眾生心想中。是故汝等心想佛時。是心即是三十二相隨形好。是心作佛，是心是佛。」其實法界身，也是不可得的無生空性之身，而我們自身自心也是不可得。所以，這就如同以水注水，以空注空，兩者本來就交融為一，而在惟一也不可得。所以，當修行觀想佛時，這心就是具足三十二相、八十種好的佛陀，所以是「是心作佛，是心是佛」。

而這一切是絕不可得的，所以在《金剛經》中佛陀告訴須菩提說：「如是！如是！須菩提！我於阿耨多羅三藐三菩提，乃至無有少法可得，是名阿耨多羅三藐三菩提。」

真正證得無上菩提的佛，是無有少法可得的，乃至於非佛、非非佛。因此，佛對於過去修行者諸佛的教誨、傳承，在緣起上充滿了感恩，但這一切也是現空如幻，絕不可得的。不管是佛、法、眾生、法界，一切都是無生不可得，這才是真正證悟佛法智慧，由此一切現空的體悟所顯現的神通，才是真正的智慧神通。

所以，密勒日巴是體悟一切現空者，本尊、上師、傳承，其實都是如幻現空不可得的。勉強說來都是自心或自性的顯現，而自心、自性亦是空。所以這些境界，遠離相對的分別思惟，便稱為不可思議。

但是那若茶瓊的神通，卻是依止世間神祇祈禱、持咒、鍊藥、修觀等而得，他必須依止一種外在之相，才能顯現力量，當然不可能觀察一切是現空如幻的無生境界。

由以上的說明，我們可以了解到，兩者在神通與境界上，當然是不同的。

不過，如果一位佛教修持者，如果執持外在的諸佛本尊、上師、傳承為外在的實體，而持咒、修禪、觀修儀軌，這還是心外求法。如果以這樣的修法方式，做為修行的入手方便，漸次增長，這是合理的次第修行。但如果以為這是究竟的境界，其實並不能真正證入佛法，而真實悟道，只是永遠在境上下功夫，而離道自遠了。

2

六神通的故事

本章是基本六種神通事蹟的解說，不管天眼、天耳、他心、宿命、神足與漏盡等神通，在佛典中都擁有無比豐富的事蹟與內涵。在這裡舉了六個故事，說明這些神通的運用與證得方式。例如：目犍連就是以天眼通來救人，帝釋天以天耳循聲求苦，佛陀以他心通教化深深沈溺於愛欲的難陀，離越阿羅漢自知宿命而隨緣了業報，盆枕長老先證智慧解脫再學習神足通，及阿難尊者憤發精進證悟漏盡通的例子。

目犍連以天眼通救人

這個故事取自《十誦律》卷五十八，記載舍衛國商人在海上、陸上遇險時，尊者目犍連以天眼通觀察而救其脫險的經過。

故事

舍衛城有商人們，經常到海上貿易。有一天，船入大海之後，海上卻出現惡龍來捉住船，這時，船上的商人嚇壞了，各自祈求所信奉的天神，不斷地禮拜祈請，卻還是無法脫險。

當時商人中有目犍連尊者的弟子，目犍連也常到其處應供。這個人心想：「如果目犍連尊者護念，我等必定可脫出危險。」於是一心遙禮尊者。

這時，目犍連尊者以天眼觀察，看見危難中的商人，於是入於禪定，以神通力變作金翅鳥王（一種以龍族為食物的巨鳥），飛到船邊，兩眼炯炯地站立在船頭。惡龍看見之後生起極大的恐怖，趕緊棄船而逃。

於是商人一行得以平安返國，回到舍衛城向目犍連讚歎道謝：「尊者！實在是依靠您的大神通力，我們才能從海上脫離危險。」

又有一次，目犍連也是以天眼通救了一群商人。這群商人經常出城到各個城邑聚落作生意，有一天在嶮道中被賊人圍遶，進退不得。商人們只好各自祈請所事奉的天神，卻未見效。其中有目犍連的弟子，一心祈請目犍連加被。

這時，目犍連尊者以天眼觀察到商人的危險，就以神通力化現四種兵隊，軍容浩大，賊人看了心想：「這些兵力不是國王的軍隊就是聚落中的軍隊，如果被包圍就逃不了了！」於是賊人趕緊撤離，商人們也就因此脫險了。

目犍連以神通力救人的故事，在僧團中也有人質疑：「既是屬龍、屬賊之物，怎麼能以神通力強奪之呢？」而請佛陀評定此事。

於是佛陀故意問目犍連：「你是什麼力量去救人呢？」

「世尊，我以神通力救之。」目犍連回答。

「既然是以神通力救之，則無罪。」佛陀說道。

解析

天眼通，是指眼根所開展出來具有的特殊視覺能力，全稱為「天眼智證通」，又稱為「天眼智通」或「天眼通證」。有天眼通者，可以觀察到欲界、色界的情況。如《大毗婆沙論》

卷一四一中說：「天眼智通緣欲、色界色處。」

《大智度論》卷五中則說：「天眼通者，於眼得色界四大造清淨色，是名天眼。天眼所見，自地及下地六道中眾生諸物，若近若遠、若覆若細諸色，無不能照。」天眼通能見自身所處世間及較低階世間六道的一切現象，不管是遠近或是粗細，無一不能明照。

故事中目犍連尊者，就是以天眼通看到商人們在遠方遇險，而加以解救，而這種將神通運用在救人方面，也是世尊所允許的，所以在其他比丘對目犍連因此現神通有疑議時，佛陀則說如此無犯。

帝釋天以天耳通聞苦施身

這個故事出自《大寶積經》卷八，內容記載佛陀本生為帝釋天時，以天耳聽聞眾生之苦，而捨身變為大蟲，供人食用治病的故事。

故事

往昔佛陀本生曾為帝釋天，名叫善自。

有一天，帝釋在天上，遙見地上人間，人民財寶充盈，衣食富足，然而卻流行著怪病，百千良醫束手無策。

善自又以天耳聽聞地上眾生痛苦哀歎，甚至有長年積病者，受不了痛苦而自盡。善自聽了不忍地流淚，心想：「我當如何救護他們呢？」

於是他決定化生於人間，投生成為一種名叫「仁良」的蟲獸，讓眾生都來吃它的肉而得以療癒眾疾。

七天之內，地上的眾生，只要吃了仁良的肉，疾病沒有不康復的。於是他們扶老攜幼來到仁良之處，含著感激的淚水請問：「仁者，你如此為我們救護，除去我們身上的疾患，我們當如何回報？」

忽然之間，仁良蟲的身體消失了，現出帝釋天光明，巍巍的身相，對大眾說：「我現今不需要你們以飲食、金銀珍寶來供養，只願大家一心慈樂，奉行十善，彼此間對待如同骨肉至親一般。」

大家這才知道帝釋天哀愍，自化為蟲身度化大眾，於是人民感念其恩德，無有不奉行十善者。

解析

天耳通，是可以聽到十方世界的訊息的能力，是指耳根所具有的一種特殊聽覺能力。具稱「天耳智證通」，又稱「天耳智通」、「天耳通證」。

在《集異門足論》卷十五中說：「以天耳聞種種音聲，謂人聲、非人聲、遠聲、近聲等，是名天耳智證通。」天耳可以聽聞種種人、非人的聲音，遠近等種種聲音。

在《大智度論》卷五中說，天耳通能聞一切聲音，無論是人間、地獄、畜牲、餓鬼的聲音，皆能聽聞。

故事中所說的帝釋天，雖然居住在天上，卻能以天耳聽見人間眾生悲苦的音聲，而示現度化，可見得一個具足慈悲心者，如果具有神通，更可以做為度化眾生的有利工具。

佛陀以他心通度化難陀

這個故事出於《大寶積經》卷五十五，內容描寫佛陀度化堂弟難陀出家，但由於難陀耽溺於對妻子的愛戀，數度想偷偷回家，捨棄梵行，佛陀具足他心通，了知其心念，而以種種方便讓其生起道心。

故事

佛陀回到故鄉迦毘羅衛城之後，度化堂弟難陀隨其出家修行。

難陀在家時對妻子孫陀利非常愛戀，兩人如膠似漆，一刻也分不開。難陀雖然由於敬仰佛陀的威德而出家，但是心中總想著逮到機會就要跑回家。

出家的第一天晚上，難陀就打算偷偷溜回去，佛陀有他心通，了知其意念，就在路上化作一個大坑，難陀正慶幸著沒人發現他逃跑，沒想到路上忽然出現這個大坑，無法穿越，於是只好折回僧舍。但因為想念孫陀利，還是讓他徹夜輾轉難眠。於是他打定主意，天亮之後再找機會偷跑。

第二天清晨，世尊和弟子大眾要入城托鉢乞食，就叫難陀擔任撿校的知事，留守在寺中整理環境。

世尊知道難陀一心想等到機會偷偷回家，就對他說：「你留在寺中，僧舍的門戶當關好，糞穢也必須掃除清理。」說畢，世尊和弟子們就入城去了。

難陀心中高興的想：「窗子門戶關好，糞穢清理乾淨，我就可以回家了！」於他趕緊先掃除糞穢，世尊了知其心念，就以神力讓他清理過的地方轉眼糞穢又盈滿。

難陀掃了又掃，糞穢始終掃又不完。最後他終於失去耐性，丟下掃帚不掃了。

「世尊說要把門戶關好，那我就關好再回去吧！」於是難陀就進去關門窗，他關了第一間，第二間，待關到第三間時，第一間、第二間又自動打開，他回過頭來關時，原來關好的第三間又自動打開，就這樣他關來關去，總是有窗子自動打開，好像在和他玩捉迷藏一樣。難陀生氣了，乾脆不關了，決定跑回家去。

「世尊快回來了，我從小路走，比較不會碰到他，否則怪難為情的。」於是他趕緊出發。

佛陀以神通力故知道難陀從小路走，於是佛陀也從小路回來。難陀走到路上，遠遠的望見世尊回來，緊張的躲到樹枝蔭下。如來以神通力讓樹枝高舉，難陀也無法藏身了。

「難陀，你要去那裡呢？」佛陀明知故問。

「佛陀，我想念妻子孫陀利，想回家去。」難陀低聲回答。

由於難陀對妻子的戀慕，深深染著生死海中，無法自拔，後來世尊帶他至天上，讓他看見天上比他妻子美麗千百倍的美女，又帶他到地獄看看福報受盡之後，如果不求出離，落到地獄中的下場，使難陀從愛欲的迷醉中驚醒，而發奮精勤修行。

解析

他心通，是指能了知其他生命心念的神通力。又稱為「他心智證通」、「智心差別智作證通」。

在《大智度論》中說：他心通能了知他者心中有垢染、無垢染，自觀心念生起、安住、消滅。因此，要學習他心通者，可以說觀察他人喜悅、瞋怒、恐怖、畏懼等種種相貌，然後能知其心念。

《大智度論》中又說：為了了知一切眾生心所趣向，應當學習般若波羅蜜。像佛陀具足廣大的他心通，並以此來觀察眾生的心念與根器，給予最有效的教化。故事中佛陀對難陀的教化，就是一個例子。

其實，佛陀善於了知每一個眾生的根器，及度化他們的因緣時節和方法，由此我們也可知道，他心通這神通能力，對一個積極要度化眾生的菩薩而言，的確是一種最佳的度眾方便。

離越尊者宿命通了知業緣

這個故事出自《雜寶藏經》卷二，內容記載離越阿羅漢由於宿昔惡業因緣，而被毀謗，坐了十二年冤獄的故事。

故事

往昔在罽賓國，有一位離越阿羅漢，經常在山中坐禪。

有一天，一個人走失了一頭牛，他追逐蹤跡，循線來到離越之處。當時離越正在煮草將僧衣染色，但是，忽然之間，衣服卻自然變作牛皮，染汁變成為血水。鍋中所煮染草變成牛肉，所持的鉢盂變成牛頭。牛主一進門，立刻把他押到國王處，由於國王認為罪證確鑿，於是將其判入監獄中。

經過了多年，由於他的表現良好，就被派擔任監獄的工作，飼馬除糞。

在離越的弟子中，得證阿羅漢者，有五百人。在離越失蹤的期間，他們四處觀察求覓，但由於離越的業緣未盡，即使以神通觀察，也都無法了知其所在。如此經過了十二年，離越的業緣快盡了，有一個弟子，看見其師在罽賓國的監獄之中，就來告訴大王：「我師離越阿羅漢，在大王獄中，願大王速為斷理。」

大王立即遣人到獄中察看，卻沒有發現獄中有比丘，只看見有一個人，威色憔悴，鬚髮極長，擔任獄監，飼馬除糞。於是回去稟告大王：「獄中並無沙門道士，只有獄卒比丘。」

離越的弟子，就請求大王：願大王下令，所有比丘都令其出獄。」大王於是宣令所有修道人，悉皆出獄。

此時，尊者離越在於其獄中，鬚髮自落，袈裟著身，踊身虛空，作十八種神變。大王見了之後，歎未曾有，五體投地稟白尊者言：「願聖者受我懺悔。」於是尊者從空中下來，接受大王的懺悔。

大王就請問離越：「尊者以何業緣，身在獄中，受苦多年？」

尊者具宿命通，了知自身宿世業緣，於是回答：「我在往昔，也曾走失牛，於是隨逐牛足的縱跡，來到山中，看見辟支佛獨處坐禪，就誣謗辟支佛偷了我的牛，隔天我的牛找回來了，才知是冤枉了聖者。以此因緣，我墮落三塗，苦毒無量，甚至餘殃不盡，一直到我證得羅漢時，還被誹謗，坐牢十二年。」

◎解析

宿命通，又稱宿住通，是指憶念宿住事的神通力，全稱為「宿住隨念智證通」，又稱宿性隨念智通、宿住智通或宿命通證、識宿命通。

在《集異門足論》卷十五中說：「能隨憶念過去無量諸宿住事，謂或一生，乃至廣說，是名宿住智證通。」這是說能憶念自身及他人過去一生乃至無量劫之自身的名姓、壽命、苦樂及生死等事，稱之為宿住智證通。但宿命通只能憶知曾經所發生之事，無法像天眼通能看到未來尚未發生之事。

像故事中的離越阿羅漢，雖然受到無妄之災，但是由於他具有宿命通，了知這一切都是往昔的惡業因緣，所以他也坦然接受，安然在獄中坐了十二年的牢，直到業報受盡，才說出這段因緣，也做為他人的借鏡。

在經典中，我們也常看見佛陀講述自他的宿世因緣。這樣講述因果的事實，是在說明果報生起的原因，並非宣說沒有因，卻必須接受一種宿命的果；兩者完全相反，一是有因緣的「無常論」，一是不論根由的「命定論」。這是為了使生命昇華增上，離苦得樂，究竟解脫的教材。

盆枕長老的如意神足

這個故事出自於《根本說一切有部毘奈耶》卷三，內容記載具足智慧解脫的阿羅漢盆枕，之前並未修學神通，有一天，他想要隨同佛陀前往應供，必須在早晨出發，中午之前抵達百里之外施主處，因而在極迅速的時間內證得神足通，可以說是具足智慧者學習神通迅速的實例。

故事

佛陀安止於室羅筏城逝多林時，有一回要前往距離百餘里之外的輸波勒城應供，由於設供的長老是以神通力而對佛法生起信心，所以佛陀命阿難召集具足神足通的聖弟子，在次日早晨共同前往應供。

於是阿難就讓弟子大眾可前去受供者，自行取籌。

當時有一位盆枕長老，也想參加。阿難知道其尚未具足神通，就對他說：「長老，明天要去應供之處，不是在附近，而是百餘里外的輸波勒城，您可能趕不到吧！只有得證神足通的弟子才可能前往。」

盆枕長老聽了阿難的話，就先不取籌。

其實，盆枕早已斷除煩惱，具大智慧，只是不修神通，現在聽到阿難這麼說，於是就在阿難走到其他長者面前時，就證得神通，將手變成好幾公尺長，伸到阿難面前取籌，於是大家發出會心的微笑，他們知道盆枕長老在這短短的時間內，已經證得神足通。

由於盆枕平日在僧團中說是負責洗菜等工作，第二天一早，他就先和五個人，帶著鍋碗杓盆等用具先行前往。

他們在空中飛行，結跏趺坐，身上放出光明，四出照曜，身後皆是裝食物的廚具：瓢杓健支，百斛大釜，皆飄在空中跟隨其後，一時好不熱鬧。到了施主圓滿長者處，施主看得目瞪口呆，就問道：「這是佛陀嗎？」旁人告訴他：「不是，他只是僧團中備辦飲食者。」

緊接著空中又有十六沙彌均提等陸續抵達，各自以神足通，在空中變化樹林，採集各種鮮華水果，種種變現，演身光明，晃曜天地，在虛空中絡驛不絕，陸續抵達。

圓滿長老又問：「這是佛陀嗎？」旁人回答：「不是，這只是佛陀的弟子。其中帶領的均提沙彌才七歲，就已證得羅漢道，一切煩惱永盡，具足神足通，所以先來採華及果。」

再來，一些耆年大阿羅漢，憍陳如比丘變化作千龍，盤結身體為寶座，龍頭皆四出，發出雷吼震天，而其龍口悉皆雨下七寶，又在其上，施設廣大寶座，飛昇虛空，身上放出光明，照曜天下，而來此國。

接著陸續有摩訶迦葉、舍利弗、大目犍連、阿那律提等大阿羅漢，變化不可思議神通，如是五百位神足弟子，陸續抵達。眾人於是對佛陀更加崇仰皈信。

解析

如意通又名神足通，是指隨意自在飛行，自在轉變境界，化現人等的神通力。而如意通的範圍，涵蓋很廣，甚至安住於智慧，對順、逆皆住於不動的捨心，能生起正念正知，如意自在，都是屬於如意通的範疇。

在《大智度論》卷五中記載，如意通有能到、轉變、聖如意等三種型態。

1. **能到**：此又分為四種類，一者身能飛行，如鳥飛空無礙；二者移置遠方的空間使變近，不必前往就能到達，三者從此沒從彼出；四者一念能至。

2. **轉變**：這是指如大能變化作小，小能變化作大，一能作多，多能作一，種種諸物皆能自在轉變的能力。

3. **聖如意**：指能觀察色、聲、香、味、觸、法中，不可愛、不淨之物為淨，可愛、淨物為不淨。這種聖如意法唯佛獨有。

如故事中所說的盆枕長老所示現的，就是能飛身於空中做種種變化。

從這個故事，我們也可以看到，並不是所有阿羅漢都具有神通。但是如果具足解脫的智慧之後，要學習神通是極為快速的，就像盆枕長老，已經是解脫的阿羅漢，所以當他需要具足神通時，可以在極短的時間內就證得神通。

阿難尊者的漏盡通

這個故事出自《摩訶僧祇律》卷三十二，內容記載佛陀入滅後，由於阿難尊者尚未開悟、具足漏盡通，而被大迦葉排除於法藏結集的名單之外。阿難尊者受到這個刺激，奮發精進，當天夜裡就證得漏盡通，成證阿羅漢。

故事

佛陀入滅之後，為了使正法久住世間，以大迦葉為首，展開法藏的結集，使正法無有謬誤地流布後世。

當時迦葉尊者與五百位大比丘僧在毘舍離，除了阿難之外，餘者都是漏盡的大阿羅漢。在結集經論的人選中，許多人都認為阿難是必然的人選，因為他隨侍佛陀最久，聽的法最多，應該讓他一起參與結集。但是大迦葉卻認為，阿難雖然多聞，但卻還未得解脫漏盡通，未入聖者之流，怎能堪此重任？因此並不贊成。

由於阿難是佛陀的侍者，佛陀入滅之後，許多施主、信眾都把對佛陀的哀慕之情，移轉到阿難身上，而請阿難日夜為他們說法。

阿難整天忙著此事，卻有其他比丘趕來告訴他，迦葉尊者並未將他納入結集名單中，還說如果讓阿難參與結集，就像是野干（狐狸）在獅群中一般。這些話讓阿難受到很大的刺激。

於是阿難在當夜發奮用功修行，精勤的坐禪、經行，思惟正法，希望能開悟解脫，但是卻依然無法悟入聖道。經過了初夜、中夜、後夜，他疲憊極了，想先小睡一下再起來用功。就在一切放捨，頭未沾至枕頭之際，豁然大悟，證得漏盡通，成為開悟的阿羅漢。

第二天，他到大迦葉尊者處叩門，迦葉尊者卻回答他：「你自己從鑰匙孔進來吧！」於是阿難尊者就以神通力從鑰匙孔中進入。於是五百位大阿羅漢將如來的正法結集傳世，為後世的眾生留下解脫的妙法。

解析

漏盡通的「漏」是指「煩惱」，能讓眾生流轉生死的雜染心識。「漏盡」是指煩惱淨盡，內心的染污成分完全消除，這也就是佛法中的解脫境界。證得這種境界，則不再墮入生死輪迴，這是佛法中最重要的一種神通，也就是開悟、解脫。

六通中的前五種神通，天眼通、天耳通、他心通、宿命通、如意通等神通，是世間一般人，不管是經由自力或他力都能獲得的神通能力；但是六通中的「漏盡通」，是以智慧徹底斷除一切煩惱，解脫自在的神通，這種依智慧力所成的神通，則是佛教特有的，是解脫的聖者才具有的神通。

故事中的阿難，雖然隨侍佛陀多年，也聽聞許多解脫之法，但卻一直未實證解脫；直到如來去世，受到刺激之後才奮發圖強，證得漏盡通，成為解脫的阿羅漢，同時具足六種神通。

也正因如此，所以我們現在看見許多經典開始前所寫的「如是我聞，一時……」，就是阿難尊者隨學佛陀多年，所見聞而記載下來的。

3

火三昧與水三昧的神通

本章講述以宇宙六大元素中的水與火三昧所顯現的神通。

水和火是宇宙及人類生命中最重要的元素，而火三昧和水三昧是佛陀與其弟子常使用的神通，佛陀更常以大智火，使難以教化的眾生得度。火大三昧和水大三昧使用起來，更是充滿聲光效果，精采萬分。本章所探討的，正是火三昧與水三昧所現起的神通。

如佛陀以火光三昧降伏毒龍，又以火光三昧示現無比震撼的聲光效果來降伏慾心熾盛的宮女們，或是信相禪尼、密勒日巴入於水三昧，都令人讚歎不已。

佛陀以火三昧降伏火龍

這個故事出自《過去現在因果經》卷四，內容描寫佛陀剛悟道時，多次以神通力降伏摩竭陀國極為著名的大師，祀火婆羅門優婁頻螺迦葉三兄弟的故事。其中以佛陀降伏火龍的故事最為著名。

故事

如佛陀成道不久，首先在鹿野苑度化五比丘，接著就前往王舍城遊化。當時世尊思惟：「首先我應當度化誰，才能使大眾都皈信佛法呢？」他觀察種種因緣之後，發現事火婆羅門優婁頻螺迦葉三兄弟是最佳的人選。

由於這三兄弟，素學仙道，又有神通，為王舍城國王及廣大的城臣所仰信，加上其聰明利根，易於了悟。在各種條件的綜合考量之下，佛陀決定先去度化他們。

「但是，這三兄弟的我慢堅固，難以降伏，要用什麼方法使他們皈命佛法呢？」如來決定以神通力來降伏他們。於是，世尊前往菩提迦耶旁的優婁頻螺聚落一位仙人的居止處。

迦葉見到佛陀三十二相、八十種好的莊嚴身相，非常歡喜的問道：「年輕的沙門，你從那裡來的呢？」

「我從波羅奈城，要前往摩竭陀國，到了這裡，剛好天色已晚，可否請您讓我借宿一晚呢？」

迦葉顯得有些為難的說：「我的房舍都有弟子止住，只剩下一間石室，但是這間石室平時有惡龍在其中，我怕你睡裡面會被毒龍所害。」

「您放心吧！毒龍無法傷害我的。」迦葉還是有疑慮，經過佛陀請求，保證毒龍不能危害，迦葉才應允。

佛陀進入火堂之後，就安住禪定之中。這時，毒龍出外覓食畢，回返火堂，遙見如來坐在火堂之內，十分生氣，就由口中噴出煙焰，想傷害佛陀。於是佛陀就進入火光三昧中，同樣從身體中放出煙焰。

龍王見到佛陀不但不受侵擾，反而放出同他一般的煙焰，心中更加瞋忿，便放出更加猛烈的火燄想傷害佛陀。而佛陀也同樣的證入火光三昧，由身上發出大火，就這樣佛陀及毒龍，各自遍身放出雄雄的火流烈焰。

一時火堂中熾燃的猛焰驟然四起，勢若驚濤裂岸，剎時整個火堂就陷入一片火海之中了。

這時迦葉的弟子發現，以為石室失火了，趕緊通報，不一會兒，迦葉和弟子們都齊聚於火堂外，趕緊提水救火，沒想到更加熾盛，大家只好無奈地回到堂外等待。

猛烈的火勢越來越熾盛，燒得連石室都倒塌了。

「可惜！這個年輕的沙門，如今一定被龍火活活燒死了。」迦葉歎息地說道。

而堂內，佛陀為了降伏毒龍，所以在護住龍王命根的同時，也以烈焰焚燒牠的皮肉筋骨。並從身上發出了青、黃、赤、白、黑等如虹彩般的雜色光明。後來飽嚐焦骨燒皮之苦的毒龍，見到整個火神堂，都是火焰洞然熾盛，只有佛陀的坐處寂靜清涼，絲毫不見火光熱惱，因此就踴身進入佛陀的鉢中，為所收服，佛陀即為其授三皈依。

「大師！你看那是誰？」迦葉和弟子們不可置信的看著從廢墟中安然無恙走出來的佛陀。沒想到毒龍的火焰不但沒能傷害佛陀，毒龍反而被收伏到佛陀的鉢中。

然而迦葉具有堅固的我慢心，雖然看見佛陀降伏火龍的威力，心裡卻想：「這個沙門雖然有如此大神力，卻不如我的真實修證。」但他也感受到這位相好光明又具有大威神的年輕沙門，必定會獲得廣大的供養。佛陀停留在此，讓他開始擔心自己的地位即將被取代。

「摩竭陀王和臣民、居士等，在近日就會來供養我，作七日的法會，這個年輕的沙門如果在這裡，他們必定會捨棄我而改為事奉他。」迦葉擔心著，「希望這個沙門那七天都不要出現在我這裡。」

佛陀知道迦葉心中所想，就離開摩竭陀國，到離地很遠的北鬱單越洲，過了七天七夜。

七天過去了，祀火法會完畢，摩竭陀國王及臣民告辭之後，迦葉鬆了一口氣：「還好，這七天那個沙門都沒有出現。現在法會完了，還有一些剩下的菜，如果他現在來，剛好可以供養他。」

如來知道迦葉的心念，在剎那間就從鬱單越回到此地。迦葉心中才想著，忽然就看見佛陀來到面前，迦葉非常驚喜，就問道：「最近這七天都沒看見你，你是去何處遊化呢？」

佛陀微笑的回答：「摩竭陀國王及其臣民等在這七日來此集會，你不希望我出現在這裡，所以我就去北鬱單越洲。現今你心中希望我來，所以我就來了。」

迦葉聽完之後，心中驚異，汗毛直豎：「這個年輕沙門，既然可以察知我的心意，實在太奇特了，不過！他的修行還是比不上我。」

迦葉得度的因緣日漸成熟了，有一天，佛陀觀察到正是調伏迦葉的因緣，就來到尼連禪河，走入河中，並以神通力，讓河水向兩側分開，所走過之處的水面就平復回來。

迦葉遠遠看見佛陀走入河中，不見其出現，以為佛陀被河水所漂溺，急忙和弟子乘船來搭救。

一行人來到河中央，卻看見佛陀不可思議的神通。「真是太稀有了！」大家無不讚歎著。

「雖然這個沙門有這種神力，修行還是不如我。」迦葉心想著。

「沙門，你要不要上船來呢？」迦葉對佛陀說道。

「太好了！」佛陀於是以神力貫入船底，出現在船上，結跏趺坐，迦葉和弟子見了，更加驚歎。在不斷地看見佛陀的大威神力之後，終於降伏了傲慢之心，皈命佛法。祀火迦葉皈命佛陀之後，就於佛陀座下出家修行。

有一天，佛陀帶領著五比丘、迦葉兄弟等出家眾，來到了摩揭陀國。

摩揭陀國王頻毘娑羅王聽說世尊要來了，十分的高興，就帶領王臣及旁城的居士長者人民，前來迎接。

這時，佛陀坐在尼柯樹下，結跏趺座，而比丘們圍繞一旁。大王遙見世尊，在樹林中，宛如眾星中的月亮般，光明晃耀，也宛若金山一般，十分的莊嚴寂定。

大王立即下車，安步趨前，頂禮佛足。

近處摩揭陀國人，有的頂禮，有的問訊、也有叉手或坐在一旁，有的則遙見佛陀之後，默然而坐。

這時，大家看到優樓頻螺迦葉也坐在佛旁，不禁感到奇怪，因為迦葉尊者，是摩揭陀國人最崇仰的大尊師，是一位無所著的大真人。

於是，大家都在猜測：到底是佛陀向優樓頻螺迦葉學習梵行呢？或是優樓迦葉向佛陀學習梵行？

佛陀了知大眾的心意，就告訴迦葉說：「迦葉！你現在為大家示現如意足神通，使大家生起信樂。」

迦葉立即現起神通，在坐處消失，從東方現起，飛騰虛空自在，又在虛空中行、住、坐、臥。並示現火三昧，身上現出青、黃、赤、白等火焰，下身出火，上身出水；上出火，下身出水。接著又在南、西、北方自在示現。

然後，優樓頻螺迦葉就向佛陀頂禮說：「世尊，佛陀是我的教授師，我是佛陀的聲聞弟子。佛陀具有一切的智慧，而我沒有一切智。」

世尊說：「如是，迦葉！如是，迦葉！我有一切智，而你沒有一切智。」

大家這才知道，原來迦葉是佛陀的弟子，大家更生起了殊勝的信心。

解析

佛陀以火光三昧降伏火龍，這以火制火的神通遊戲，是佛陀悟道不久之後，為了降伏事火婆羅門，所特別示現的一幕。

佛陀教化眾生，時常會觀因緣而行。因此，他不只針對個人教化，也常教化其他教團領導者，透過這些教團與其領導者之間的因緣，而實施集體的化度。在此因緣中，就是如此。

所以，我們觀察佛陀成道不久，首先在鹿野苑度化五比丘之後，接著就前往王舍城準備度化當地百姓。

當時世尊他觀察種種因緣之後，發現先度化事火婆羅門優婁頻螺迦葉三兄弟最最恰當的因緣。

由於這三兄弟，素學仙道，又有神通，為王舍城國王及廣大的城臣所仰信；加上其聰明利根，易於了悟，度化他們之後，自然能使更多人皈依佛法。

當時的佛陀是三十餘歲，因此並不容易使長老耆宿們相信。所以，當迦葉見到佛陀三十二相、八十種好的莊嚴身相，雖然非常歡喜，但還是問道：「年輕的沙門，你從那裡來的呢？」

佛陀告訴迦葉，自己我從波羅奈城，要前往摩竭陀國，到了這裡。剛好天色已晚，而問其借宿一晚呢。」此時只剩火龍居住的石室可以住人，但是他們怕其為毒龍所害，而不願出借，直到佛陀再三保證自己不會受傷害，迦葉才應允。

火龍回來之後，發現有陌生人侵入他的地盤，非常生氣，吐出毒火要傷害佛陀，而佛陀也入於火光三昧，但是他先護住龍王的命根，同時以烈焰焚燒牠的皮肉筋骨。飽嚐焦骨燒皮之苦的毒龍見到整個火神堂，都是火焰洞然熾盛，只有佛陀的坐處寂靜清涼，因此就踴身進入佛陀的鉢中，為佛陀所收伏。佛陀即為其授三皈依。

由此我們可以觀察到佛陀的自在神通，不只十分廣大，而且完全是遊刃有餘，能同時圓滿的觀照一切因緣。

因此，當他以火光三昧壓制火龍的火燄時，還要保護火龍的命根，讓火龍在身受裂燄焚燒皮肉筋骨時，也不受害。

此外，我們也發覺，原來真正的火光三昧，可以自身是清涼的，而外在卻能顯現高熱的烈燄。所以佛陀入於火光三昧，全洞烈燄熾燃，連以火為命的火龍都受不了，但佛的坐處都是清涼。而佛陀所留的活門路，也讓火龍乖乖的進入佛陀中，安適的被收服，而留下「降龍」的善名。

所以，佛陀的神通示現，是那麼的具足威力，而且以智慧觀察因緣，並以溫柔慈悲的心，默默而體貼入微的用神通力幫助眾生，進入解脫之道。不只以力服人，更以理、以悲、以溫柔智慧服人。

迦葉和弟子們看見佛陀毫髮無傷的從火堂中出來，又收伏了毒龍，都感到不可思議。然而迦葉具有堅固的我慢心，雖然看見佛陀降伏火龍的威力，心裡卻想：「佛陀只是具足神力，不如我的真實修證。」但是他也擔心原先供養的信士們，會轉而供養佛陀。

佛陀知道他的心念，在摩竭陀國國人聚供養七日的大法會時，佛陀就前往其他洲，直到七天過去了，迦葉鬆了一口氣，希望佛陀回來，佛陀才從鬱單越回到此地。

佛陀在此自在的示現他心通及神足通，並慈悲的隨順眾生的心意，隨緣予以教化。

後來迦葉知道佛陀對他的心念瞭若指掌，大為驚異，雖然心中還未完全降伏，卻也漸漸了知佛陀的境界不可思議。修行最怕我慢的心，所以迦葉看到佛陀那麼柔軟隨緣而慈悲的教授，還是我慢堅固地封鎖自己的心，這其實是世間常態。所以修行人，尤其是十分聰慧具有感應或神通的人，更要特別注意，否則更無法成就。

迦葉的因緣日漸成熟了，有一天，佛陀觀察到正是調伏迦葉的因緣，就來到尼連禪河，走入河中並以神通力，讓河水向兩側分開，所走過之處的水面就平復回來，這就是所謂的神通教誡，佛陀為迦葉示現神通遊戲來教化他。

迦葉遠遠看見佛陀走沒入河中，不見其出現，以為佛陀被河水所漂溺，急忙和弟子乘船來搭救。來到河中央，卻看見佛陀所行之處河水自然向兩側分開，衣服也未沾濕，直歎不可思議。

佛陀就以神力貫入船底，出現在船上，結跏趺座，迦葉至此終於捨下了傲慢之心，皈命佛法。祀火迦葉皈命佛陀之後，就於佛陀座下出家修行。

其實在佛陀的眼中，法界的眾相，不管是地、水、火、風、空等六大眾相，根本都是一如無別如幻空的。因此柔性的水，何妨如地般堅硬，又如水般柔軟。船上的木頭，何妨如空般無實，又能如地般堅實。這一切不過是如來現觀法界實相的遊戲三昧罷了。

當佛陀帶領著五比丘、迦葉兄弟等出家眾，來到摩揭陀國時，大家看到摩揭陀國人最崇仰的大尊師，優樓頻螺迦葉也坐在佛旁，不禁感到奇怪，不知道到底是佛陀向優樓頻螺迦葉學習梵行呢？或是優樓迦葉向佛陀學習梵行？

佛陀了知大眾的心意，就命迦葉說為大家示現如意足神通，使大家生起信樂。迦葉立即現起神通，在坐處消失，從東方現起，飛騰虛空自在，又在虛空中行、住、坐、臥。並示現火三昧，下身出火，上身出水；上出火，下身出水。接著又在南、西、北方自在示現。

接著，優樓頻螺迦葉就向佛陀頂禮說：「世尊，佛陀是我的教授師，我是佛陀的聲聞弟子。佛陀具有一切的智慧，而我沒有一切智。」

這代表了迦葉在皈依佛陀之後，在修行境界上立即有了長足的進步。所以不管在禪定、神通、智慧上，都有極大的進境。所以神通的境界高低，最初雖然有各種方便，乃至以定力分別，但究竟的神通，卻需要心的自在，以智慧圓滿程度來分別。

這時迦葉的心也平靜了，我慢也消失了，願意安心的隨著具足圓滿覺悟的年輕師父專心修行。

佛陀以火光三昧度化宮女

這個故事出自《根本說一切有部毘奈耶破僧事》卷十二，內容敘述佛陀悟道之後回到故鄉，度化親族、宮女時，示現令人震撼的神通境界，使其震攝，再為其說法開示，悟入解脫。為修行人面對親情、愛情時的昇華大愛，做了最佳的典範。

故事

世尊回到故鄉迦毗羅衛城遊化的消息傳來，讓王妃耶輸陀羅等三位夫人，燃起了極大的希望。她們並不了解佛陀已經永遠出離了一切世間的愛欲苦惱，對無上覺悟者的境界，她們是無法想像的，所以一心想以各種世間五欲快樂的享受，來使太子回到身邊。

佛陀對一切眾生的度化都是平等無二的，只是由於因緣時節不同，而顯現不同的教化；就像日出之時，朝陽並不會分辨我要先照耀何處，但是因為地形環境不同，高山會先受到晨光的照耀。佛陀對眾生的教化也是如此。

今天，佛陀為了度化王妃及宮女們，而來到王宮裡。耶輸陀羅等三位夫人，帶領著六萬位宮女，精心嬌豔的打扮，點起最美妙的薰香，演奏盛大的音樂歌舞，圍繞著世尊，希望能讓他捨棄梵行，改變心意，回到王宮裡來。

在歡樂的歌舞中，時間慢慢接近中午了，世尊了知王妃及宮女的心意，心想：「中午用食的時間快到了，如果不在此時調伏她們，等到午飯之後，恐怕時機錯過。這些女人欲心熾盛，對四聖諦的法要，不能蒙獲利益，現在我應該以神通的力量來使其調伏。」

於是世尊忽然從地上沒入，又從東方空中出現。在空中示現行、住、坐、臥威儀自在；又入於火光三昧，從身中放出種種青、黃、赤、白種種光明；又從身上出水，身下出火，不只在東方虛空中如此變化，在南、西、北方也如是變化之後；又從空中消失，忽然出現在比丘大眾上首子座上。

這些冶艷的宮女看見佛陀的神通，驚訝得忘了唱歌跳舞，也忘了此行的任務，甚至嚇得跌坐在地上。回過神後，才至心頂禮如來，退坐在一旁。

這時，佛陀知道這些宮女心已經調伏，就以苦、集、滅、道等四聖諦為其開示解說。這些夫人和宮女聽聞之後，立即證得預流果的果位，也就是初果阿羅漢。

然而王妃耶輸陀羅，由於對佛陀的感情染欲太深，並未入於聖果。她繼續想著其他的辦法來留住太子。

她心想：「我有好東西，能使吃的人心生貪愛染著。」於是耶輸陀羅就親手做了種種馨香美味的食物，稱為「歡喜團」，來奉上世尊。

世尊的弟子中，許多都具有大神通力，他們察覺耶輸陀羅的心念，就告訴如來。

只見如來安詳的說：「比丘！你們安心吧！你們要知道，往昔我尚未出離貪瞋痴三毒時，對各種香味尚且不貪愛執著，更何況如今我已遠離三毒，而此味道能令我染著嗎？」就算耶輸陀羅有上好的飲食滋味，佛陀也不會畏懼。

其實，耶輸陀羅用「歡喜團」令太子染著，已經不只這一次了，「在往昔，她也用過同樣的方法來使我心生染著。」

原來，在往昔世尊為獨角仙人的本生中，以持咒的力量，使天久乾旱。國王為了解除這個災難，而派一位名為扇陀的妓女，前去破壞仙人的梵行，使咒失效。當時扇陀就是以種種美味的飲食、歡喜團給仙人食用，讓他耽溺於欲樂，而退失神通。扇陀正是耶輸陀羅的本生。

佛陀說完之後，就走出王宮。耶輸陀羅看見如此，知道佛陀的心意，整個人徹底的絕望了。這麼多年的等待，所見到的一絲微弱的希望也盪然無存。

「既然如此，我活著也沒有任何意義了！」耶輸陀羅於是走上七層高的樓閣，從樓上縱身躍下。地面上的群眾紛紛發出驚慌的呼喊。

正在千鈞一髮之際，佛陀以神通力使其安然落地，分毫無損，圍觀的群眾驚訝得說不出話來。

比丘們看到這個情景，不禁歎息的說道：「耶輸陀羅為了愛戀佛陀的緣故，竟然不惜身命！」似乎也被耶輸陀羅的痴情感動著。

「耶輸陀羅因為愛我的緣故，不自惜身命，不只是今生，往昔也是如此。」佛陀說著。

在往昔佛陀為樂神緊那羅的本生中，與耶輸陀羅共為夫妻。有一天，國王為了貪圖緊那羅女的美色，張弓射死了緊那羅，抓住緊那羅女，要將其帶回宮中。

緊那羅女請求大王，讓她先將其夫火化安葬。大王心想她也逃不掉，就允許了。於是緊那羅女在其夫四邊積聚木柴，引火之後，卻自身投於火中，追隨亡夫而去。

由於耶輸陀羅現在心意已經止息，佛陀心想：「現在度化耶輸陀羅，正是時候，我應使她永遠出離生死大海。」於是佛陀就為其宣說四聖諦法。

耶輸陀羅聞法之後，果然證入預流果，之後更追隨佛陀的姨母大愛道在佛陀座下出家，精勤修學證得阿羅漢果。

解析

要度化眾生，十分的困難，尤其要度化自己的親人卻更加困難。而度化眾生最困難者，無非是度化自己的父母、丈夫妻子或子女。而佛陀能度脫自己的父母、妻子及親子，實在是最圓滿的教化工作。

現在我們就看佛陀如何度化他的妻子及宮女們。

當佛陀悟道後回到故鄉加毘羅衛城遊化，王妃耶輸陀羅等三位夫人及宮女們竭盡所能，希望把佛陀留在宮中。面對這些愛欲之心熾盛無比的女人，佛陀知道如果一開始就為她們宣說勝妙的法理，她們是不能蒙獲利益的。

佛陀善觀緣起，知道何時是最恰當的時節因緣，也知道要以何種方式度化是最恰當。因此，他現在面對這些熱情的宮女，知道她們已無法安心聽受法理，因此選擇以強列感官刺激的神通境界，來教化他們。

於是世尊忽然從地上沒入，又從東方空中出現。在空中示現行、住、坐、臥威儀自在；又入於火光三昧，從身中，出種種青、黃、赤、白種種光明；又從身上出水，身下出火，不只在東方虛空中如此變化，在南、西、北方也如是變化之後；又從空中消失，忽然出現在比丘大眾上首子座上。這些冶艷的宮女看見佛陀的神通，驚訝得忘了唱歌跳舞，也忘了此行的任務，甚至嚇得跌坐在地上，回過神後，才至心頂禮如來，退坐在一旁。

這時，佛陀知道這些宮女心已經調伏，就以苦、集、滅、道等四聖諦為其開示解脫，這些夫人和宮女聽聞之後立即證得預流果的果位，也就是初果賢聖。

佛陀在此的教化，忽然從地上消失，然後從東方空中出現，使大家的目光驚愕地集於他的身上，接著在空中現起行、住、坐、臥，運用的十分巧妙。

他先入於火光三昧，從身上發出最炫惑人的聲光效果；又從身上出水、身下出火，並南、西北方示現；最後忽然在宮中消失，坐在師子座上。這真是最完美的演出，充滿劇場效果，也使宮女原有的欲念全部忘失，頂禮在地上。這時她們的心正如同倒光污水的容器，容易受法。所以佛陀為她們開示苦、集、滅、道的四聖諦法理，她們就立即悟入，證成初果的賢聖。

然而耶輸陀羅，由於對佛陀的感情染欲太深，並未入於聖果。她看歌舞美色無法打動佛陀，於是就親手做了令人吃了會深生貪愛的食物，來供養世尊。

其實，這顯示出如來的定力、智慧與慈悲心，任何能生起染欲激情的食品，都無法動搖佛陀的心智。而佛陀要用這個方法，來教化耶輸陀羅。

其實，耶輸陀羅用食物使佛陀染著，已經不只今生，在往昔，她也用過同樣的方法來使其退失梵行。

在往昔世尊為獨角仙人的本生中，以瞋怒的緣故，咒天不雨，最後妓女扇陀，自願前去破壞仙人的梵行，破解咒語。當時扇陀就是以美味的飲食「歡喜團」給仙人食用，讓他耽溺於欲樂，而退失神通。這個扇陀就是耶輸陀羅的本生。

所以，不究竟的神通，可能會受種種的外境與欲望的影響，而退失境界。而現代的世界更充滿了各種誘惑，修行人更應小心；而具有神通者，也不能自恃，要繼續精進。

耶輸陀羅用盡各種方法之後，佛陀仍然如如不動，絕望的耶輸陀羅從高樓上投下，企圖自盡。

由此可見耶輸陀羅對佛陀的深愛，但沒有智慧的愛，並不一定能夠得到光明的結果。佛陀在此讓耶輸陀羅的痴迷愛念絕望，但是卻慈悲的觀照著她，並予以照護。所以佛陀絕情的斷除了愛欲，卻慈悲的照護生命，並予以昇華這樣的愛心，這是超越的大愛，是真正的慈悲。他的神通正是慈悲、智慧的助手，幫助他救護深愛他的妻子耶輸陀羅。

耶輸陀羅對佛陀的愛情，已經不只今生讓其不自惜身命，在往昔佛陀為樂神緊那羅的本生中，與耶輸陀羅共為夫妻。緊那羅夫被國王射殺，緊那羅婦悲傷地為其火化，同時也貞烈的投身於火中。

佛陀永不棄捨眾生，當然不會棄捨他的妻子。因此他為了幫助深愛自己的妻子解脫悟道，成就真正的喜樂，用方便斷除她的愛欲心念之後，接著就以慈悲心，來展現無我、無執的真實之愛，於是為其宣說四聖諦法。

耶輸陀羅聞法之後，果然證入預流果，之後更隨從佛陀的姨母大愛道在佛陀座下出家，精勤修學，證得阿羅漢果。

所以，大成就者的神通，是以無上的慈悲與智慧加以運用，最後能得到最甜美究竟的果實。

如果我們不能體悟這一層道理，糊裡糊塗地擁有神通，在小枝小節，或私欲上妄用神通，不只帶給他人痛苦，也會帶給自己無窮的禍患。就算一位有愛心的神通者，如果沒有智慧，並善觀緣起，有時更使得因緣更加的複雜難解，造成愈幫愈忙的現象，這是一定要加以避免的。

駝驃比丘在火光三昧中入滅

這個故事出於《雜寶藏經》卷二、《彌沙塞部和醯五分律》卷三、《四分律》卷三，內容描寫具足神通的駝驃阿羅漢，雖然已經是解脫的聖者，卻仍然無法免於被毀謗的惡業果報，而在厭惡之餘，決定入滅。

故事

佛陀在王舍城遊化時，頻婆娑羅王下令，每天請五百位僧人，使僧眾們輪流進入城內應供。但是由於比丘們都是各自行道，並沒有專人來統合此事，只有六群比丘知道消息，經常看哪裡有上好的飲食設供，就前去應供。於是城內的人民都奇怪地問他們：「我們為僧眾次第設食，為什麼長老們常來，卻不見其他比丘？」儘管如此，六群比丘還是我行我素，一點也不感到慚恥。

當時有一位陀婆力士的孩子，名叫駝驃，年方十四歲就出家修道。他看到這個情形，心想：「現在頻婆娑羅王每天設五百食，輪流請五百僧人入城內應供，臣民也是如此。然而僧團中沒有專門整合統理此事的人，使六群比丘常選擇好處前去受食；而且一去再去，惹人譏嫌，也喪失輪流供僧的美意。」

於是他稟告世尊，自願來召集統合起來，讓各方遊化的弟子，都能輪流來到城中，接受供養，也讓城中百姓都能種植福田。佛陀在大眾聚集時，將此事問大家的意見，並沒有人反對，於是驃陀比丘就擔任這個職務，為僧眾作差會，及分配臥具。

駝驃比丘首先將各地來此的比丘們，讓不同性向的人，齊聚在一起。在分臥具時，讓少欲知足者和少欲知足者共居，好樂寂靜者與好樂寂靜者共居，而喜好持誦經典者與喜好持誦經典者共居，持戒者與持戒者共居，乃至乞食與乞食者，共坐禪者與坐禪者，共如此等眾行不同，各得其類，分居到不同的房舍，使一切比丘咸得安住。

有時候，在各地遊方的比丘，在天晚上之後才到，來到駝驃比丘處求住宿之處，駝驃就入於火光三昧，左手放光，做為照明工具，右手則為比丘們指示臥具休息之處。

駝驃的事蹟傳到外地，許多人心想：「連一個分發臥具的比丘都有如此神通，可見佛陀的神力必定加不可思議了！」於是紛紛從遠方來詣見佛陀，有的晚上才到城內，也都到驃駝比丘處求安宿之處。對這些訪客，駝驃也都能善加安置，令其歡喜。

僧眾中有一位慈地比丘，由於福德淺薄，每次輪到他去應供之處，都吃到粗惡食，連分發寢具也常取到粗弊的臥具。

於是慈地比丘懷疑是驃駝比丘搞鬼，故意排擠他，就四處向人說駝驃比丘主事不公，存有私心。眾中有人制止他，並說：「駝驃比丘已證得阿羅漢，具六神通，怎麼會有貪愛嗔恚之心，故意把不好的臥具分給你？而城中設食的輪流前往，怎麼會知道哪家的食物好、哪家的食物不好呢？」

「正是因為他有神通，所以知道哪家有好食，哪家有粗食，故意讓我去應供。」慈地比丘一點也聽不進去他人的勸諫，繼續四處毀謗駝驃，甚至找出自己出家為比丘尼的妹妹作偽證，指控駝驃與其有染。

對這些一而再、再而三的流言毀謗，駝驃比丘感到十分厭煩。有一天，他就在大眾中昇於虛空中，入於火光三昧。只見熊熊的烈焰從其體中流出，越來越熾盛，而駝驃比丘也就在空中火化入滅，整個身體都燒得一乾二淨。

「毀謗貪嫉，尚且能使賢聖入滅，更何況是對一般人呢？所以，智者要謹慎，莫要輕言毀謗。」佛陀如此教誡大眾。

「世尊！駝驃比丘以何因緣而被毀謗？為何具有大力，又為何能速得阿羅漢道呢？」有比丘好奇的問。

「在過去世，人壽二萬歲時，有迦葉如來住世，在其門下有少年比丘，容貌美妙。有一天，這位年少比丘乞食，晚了一些回來，回來時有一個少婦由於貪戀比丘，為跟在其身後，眼中只注視著他，連短暫移開目光都捨不得。

「當時駝驃比丘身為食監，看見這幕情景，就對他人說：『這個女人和年少比丘之間必定有私通。』由於這個因緣，他落入三惡道，受苦無量，一直到如今還受到毀謗的餘殃。

「但是由於其在迦葉佛時出家學道，所以現今能迅速得證阿羅漢果；而他過去也是擔任服務僧眾之事，如果有驢馱著米麵，溺於深泥之中，他也立即能挽出。由於這個因緣，駝驃今生能得如此力士的大力。」

解析

在佛法中，因緣果報歷歷真實，久遠不昧的。而修行人雖然證得極大的成就，還是要細密的守護身心。就是在遇到任何違逆毀謗時，也應當以慈悲為念，安忍為眾生，以智慧的力量，來導引眾生成就。

駝驃比丘的故事，記載於《雜寶藏經》卷二、《彌沙塞部和醯五分律》卷三，及《四分律》卷三。

當頻婆婆羅王每天設食輪流供僧時，駝驃自願來召集統合起來，讓各方遊化的弟子，都能輪流來到城中接受供養。

這個消息傳開之後，各地遊化的僧人，都集中到此，參與盛會。而除了食的問題之外，住也是很重要的。駝驃比丘首先將各地來此的比丘們，讓不同性向的修行者，齊聚在一起；在分臥具時，如此等眾行不同，各得其類，分居到不同的房舍，使一切比丘咸得安住。

有時候，在各地遊方的比丘，在天晚了之後才到，來到驃駝比丘處求住宿之處，駝驃就入於火光三昧，左手放光，右手為比丘們指示臥具休息之處。

駝驃的事蹟傳開之後，許多人來到王舍城，一方面要看驃駝比丘，另一方面更要拜見佛陀，對這些訪客，驃駝都能善加安置。

當時驃駝比丘一心為僧眾服務，絕無分別的心念。當大眾有所需求的時，他以無分別的心念入火光三昧，放光照明，宛如自動照明指示一般。佛陀並不禁絕他自然使用神通為大眾服務，大家也不會感到奇怪。

而在此也可顯示驃駝比丘圓證六通之後的境界。他心念慈和、心智明晰周到，世間與出世間的事務都十分地圓滿周全。所以大修行人對於世務，也應該能圓通周答，而不是一概不知。而他在動相中能深入三昧，顯現神通，可見他境界之深。

然而，團體生活中，總是有人感到不公平。有一位慈地比丘福德不具，應供都吃到粗惡食，連臥具都常配給到劣質品。慈地比丘因此對驃駝非常不滿，認為駝驃故意排擠他，向人說驃駝的壞話。

雖然他人有勸他莫要毀謗聖者，然而慈地比丘一點也聽不進去他人的勸諫，更進一步指控駝驃與自己出家為尼的妹妹有染。

其實每個人的業力福德因緣，要自作承受。有些阿羅漢福報差，連粗食都不可得呢！

例如往昔有一個羅旬比丘，由於往世皆慳吝不肯布施，以致今生沒有福報，每天出去乞食都空而返，甚至舍利弗、目犍連、阿難等大尊者要分食給他，不是自然沒入地下，就是一不小心跌倒把食物灑到地上。所以他的一生可以說從沒吃飽過，甚至在入滅前的最後一餐，都是吃土止饑。

但是，無知的人是聽不進這些話的。

對這些不斷的流言毀謗，駝驃感到十分厭惡，乾脆入於火光三昧，而驃駝比丘也就在空中火化入滅，整個身體都燒得一乾二淨。

駝驃比丘入滅的情形實在令人惋惜。他所示現的神通境界，是那麼的高深；服務眾人的心，又是那麼的真切。但是他又是那麼的愛惜羽毛，不肯接受惡名，而自取滅度。或許，從大乘的角度看來，他的慈悲心還不夠圓滿，所以不能以無上菩提為念，忍謗耐譏，繼續救度眾生吧！

其實從駝驃入滅的情形，我們可以發覺他有很深的潔僻，清淨的習氣很深。因此，連入滅時，都要用火光三昧把身體燒得一乾二淨，連舍利都不肯留下一些。

有些阿羅漢都有一些習氣，像有阿羅漢的舍利子，只要婦女碰到，就立即消失，就是有趣的例子。而駝驃比丘的清淨習氣，讓他不願接受毀謗而入滅，實在十分可惜。我們也祈願所有的修行人不要害怕流言毀謗，一直發心的度眾。

信相禪尼入於水三昧

這個故事出自《續高僧傳》卷二十，內容描寫中國禪尼信相，不但自己能入於水三昧，也能了別他人示現的火光三昧境界，是女性修行者中具有三昧神通的實例。

故事

信相禪尼是中國四川人士，俗姓楊。傳說她慧命自成，出生之後自然就了知佛道，終日凝然安心於禪觀寂靜之中。她的父親是一位道士，稱為三洞先生，精研道法。

信相的弟弟名為惠寬，由於心慕佛法，因此到龍懷寺出家為僧。信相與弟弟在楊氏家族當中，是十分的奇特，因為楊家世代信奉道教，只有信相與惠寬一對姊弟相偕學佛。

他們姊弟從小見到道教天尊的神相，即不肯跪拜。就算父母嚴厲的責罵，也不屈從，他們每日所歡喜談論的，都不是世間俗事。父母感覺十分怪異，就派人記錄他們所討論的語句，向寺中的僧人請教，才知道這對姊弟日常所言談的，竟然是佛法中深奧的《大莊嚴論》等經論。

信相的父母在驚訝之餘，不禁讚嘆他們確實是宿根深厚，由衷信服，因此決定改宗佛教，將家宅奉為淨惠寺，並讓信相與惠寬同時出家。

惠寬出家之後，由於神異的境界日顯，大眾稱呼他為聖和尚。而信相尼師更由於所體悟勝解的境界甚深，一般人根本無法測度她的境界。

有一天，一位奇異的僧人來到淨惠寺，他一言不發，只是靜靜地坐禪，入定。這位異僧入定之後，整個室中，紅色的燄光熾然生起，就如同烈火一般，寺眾一時驚嚇得不知如何是好，更不知是怎麼回事。

正當大家惶然不知所措的時候，信相禪尼卻平靜的告訴大家：「這是火聚尊者證入火光三昧的境界，不用驚訝！」這洞澈安然的語句正足以顯出信相禪尼境界的高深。

信相一眼看穿了這位異僧的來歷與所顯的境界，實在是超凡入聖的大成就者才能顯現的。火光三昧又稱為火定、火界三昧、火焰三昧，是示現火界相的禪定。信相看穿了異僧的來歷及境界之後，就安然的走入寺中，自己證入水觀之中，豁然間只見到一室湛然的水，絲毫不見信相的身影。

水觀也是禪觀的行法之一。行此禪觀時，要觀察身體中的一切液體：涕唾、便利、血液等等，與水的體性同一，也與法界的眾香水海等無差別，由此而證入水定，又稱水三昧，或水輪觀。

信相禪尼入了水觀，不只在智慧上顯示出過人的境界，也示現了不可思議的三昧禪境。這位異僧萬分的欽歎，認為她已經得證了聖果。

由於信相的成就實在不可思議，時人也稱呼她為聖尼。

解析

在中國也有許多成就者具有廣大神通，這些成就者的事蹟，多載於《神僧傳》中。但在中國文化，並不喜好傳播神異，因此大部分成就者並不常現神通；而示現神通者，有時也以奇突趣味或瘋顛密行的形式，來展現其境界。

信相尼所證入的〈水三昧〉禪定，在佛世時就極為有名。在《增壹阿含經》中說：「我聲聞第一比丘，……入水三昧，不以為難，所謂質多舍利弗比丘是。」「我聲聞中第一比丘尼，……入水三昧，普潤一切，所謂婆須比丘尼是。」分別說明比丘中，水三昧第一的比丘是質多舍利弗；而比丘尼水三昧第一的則是婆須比丘尼。

此外在《首楞嚴經》中二十五種圓通法門中，月光童子所證入的圓通法門，也是水三昧。經中月童子說：「我憶往昔恆河沙劫，有佛出世名為水天，教諸菩薩修習水觀入三摩地，觀於身中水性無奪，初從涕唾如是窮盡津液、精血、大小便利，身中漩澓水性一同，見水身中世界外浮幢于剎諸香水海等無差別。我於是時初成此觀，但其水未得無身。」

月光童子所學的水三昧，是水天佛所教導。首先要觀身中的水性一味不相凌奪。從眼淚、鼻涕、唾液，到一切沫液、精、血、大小便利等，這身體中的一切，完全同入漩澓的水性，體性一周。此時全身化為水性，而成為水身，並與法界中一切世界剎土的各香水海，都等無差別，同為水性。而當月光童子剛成就水三昧時，由於還有法執，所以尚未能證得無身的證境。此時當他在室中安住坐禪時，有弟子窺探室中，卻只見到清水遍在屋中，他的身體卻了無所見。

這時，童稚無知，只覺得有趣，便取了一片瓦礫投於水內，激水作聲顧盼而去，而月光童子出定之後頓覺心痛。

於是月光童子思惟：「今我已得阿羅漢道，久離病緣，云何今日忽生心痛，將無退失？」這時，童子前來告訴他上述的事情，於是他告訴童子：「下次你再見這水，可即開門入此水中除去瓦礫。」童子受教之後，在他入定時還復見到水與瓦礫宛然，所以開門除去瓦礫，而月光童子出定後，身體就回復如初了。

後來他又遇到無量的佛陀直至山海自在他通王如來時，才證得亡身的境界，與十方世界的諸香水海，性合真空無二無別。所以月光童子就以水性一味流通，得證無生法忍、圓滿菩提為第一的圓通。

由月光童子的經驗，我們可知，在證得三昧境界時，還是會有種種的因緣相際。所以如果是在現代的公寓房中入火光三昧，難保不會引來消防隊；而證入水三昧時，可能會讓人誤以為水龍頭沒關而淹大水。因此，修習深定時，無妨能有共修的同學，從旁相助。當然在山林或寂靜處修習就較無妨礙了。

4 生死自在的神通

生與死是人生大事，而證得生死自在的大成就者、大神通者，他們如何面對死亡的到來？甚至，死亡對他們而言，到底是不是真有那回事？

本章是以生死的神通遊戲為論述主軸。當我們看到佛陀入滅時，仍從金棺中示現，舍利弗和目犍連的生死自在，大迦葉尊者入定留身，乃至被賊人砍頭而巖頭和尚，無論是哪一種死法，都讓我們看到，死亡，似乎不像一般所想那麼可怕陰暗，甚至，其中還有許多的遊戲空間。

佛陀從金棺起為母親說法

這個故事出自《摩訶摩耶經》，是描寫佛陀入滅後，因為見到從天上來到人間的佛母悲慟不能自己，而示現從金棺中起身的神變，和軟勸慰待其心中寬慰，再究竟法義為其開示，為後世不孝的眾生做了最好的典範。同時也告訴我們，孝養父母除了承事奉養之外，幫助其入於究竟解脫更是最重要的。

故事

拘尸那羅的娑羅樹林，在一夜間全部變成白色，如同在服喪一般，天地間瀰漫著哀傷不安的氣氛。世間的燈明，人天的眼目——佛陀，在樹林間入於大般涅槃。

此時，摩耶夫人在天上感到心神不寧，又出現天人五種衰敗的現象：頭上的花冠枯萎了；腋下出現汗臭；頂上的光明滅失；兩眼不再安定，反而不安的瞬動；不再樂於本座，不安的走來走去。

不僅如此，在當天夜裡，摩耶夫人又作了五個可怕的惡夢。首先，她夢到宇宙的中心須彌山崩裂，海水枯竭；又夢到有諸多羅剎惡鬼，手持利刀，競相挑出一切眾生的眼目，詭異的黑風吹起，羅剎奔馳於雪山。第三個惡夢，則是夢見欲界、色界的諸天人，忽然失去頭上的寶冠，自己棄絕了瓔珞，身上的光明完全消失了，如同聚墨一般黑暗。

她又夢見原本能雨下一切珍寶，供給一切眾生所需的如意寶珠掛在高幢上，卻忽然出現四毒龍口中吐出火焰，吹倒高幢，又將如意寶珠吹到深淵。最後，她夢見五隻獅子從空中躍下，啃嚙她的雙乳，入於左脅，「啊！」摩耶夫人在極度的恐怖與疼痛中醒來。

「難道是我兒釋迦入於涅槃的不祥惡相？」果真是母子連心，摩耶夫人從夢中驚醒，餘悸猶存，立刻告訴其餘天人方才的惡夢。

大家正在議論紛紛，尊者阿那律此時以神通力飛昇至忉利天，向佛母稟告世尊入滅的惡耗。

摩耶夫人聽了之後，宛如晴天霹靂，立即悶絕昏倒在地，天女們一邊哭著，一邊以冷水為其灑面，良久，佛母才甦醒過來。

「無量劫來，我與釋迦常共為母子，一直到他成佛之後，這段緣分才永遠斷除。而今佛陀又入於滅度，恐怕永無會見之期了！」摩耶夫人悲歎流淚，在天女的圍繞之下，來到娑羅樹林。遠遠看見佛陀的金棺，再度悲傷得悶絕了過去，天女們以水灑其面，才使她醒來，強忍著悲傷，來到佛陀金棺旁頂禮，悲傷悶煩，不能自已。

「兒啊！從過去無量劫以來，我與你長為母子，未曾捨離，一旦今日之後，永無再會之期。眾生福報窮盡，在五欲中昏迷沈淪，誰為開導呢？」佛母說完之後，一邊垂淚，一邊以天曼陀羅花等種種微妙天花，散於佛陀金棺上。

摩耶夫人回頭，又看見世尊生前所用的錫杖，忍不住拿起來，悲悶得以手拍額頭，舉身投地如太山崩，大聲悲號而說：「這是我的孩子昔日所持之物，廣大利益天上人間，而今這一切空無主人了！」四周的天龍八部及四眾弟子，看見佛母悲慟不已，倍感哀戚，淚下如雨。帝釋天以神力使這些淚水匯聚成河流。

這時，佛陀以廣大神力，使棺蓋自然開啟，從棺中合掌起身，就如同獅子王初出洞窟時的奮起之勢，身上一切毛孔中放出千億光明，一一光明有千化佛悉皆向佛母合掌，以和軟的音聲向其問訊：「母親，勞您遠從忉利天來到人間。這一切都是諸法常行而已，願母親勿悲傷啼泣。」佛陀又說了以下的偈頌：

在一切福田之中，以佛之福田為最，
在一切諸女之中，以玉女寶為最勝，
現今我親生之母，超勝一切無倫比，
能夠出生於三世，一切佛法僧之寶。

所以我從棺中起，合掌來歡喜讚歎，
用以回報所生恩，表示我孝戀之情，
諸佛雖然滅度了，然而法僧寶常住，
祈願母親莫憂愁，一心諦觀無上行。

佛母見到佛陀，又聽世尊說了此偈之後，心稍稍寬慰，原本蒼白憔悴的面容，才恢復了一點血色。

一旁的阿難，看見佛陀從金棺中起，強忍著眼淚，哽咽著合掌請問佛陀：「世尊！如果後世眾生問及，為何佛陀從金棺中起，我要如何回答呢？」

「你應當告訴他們：『佛陀入般涅槃之後，佛母摩耶夫人從天上來至如來金棺之處，當時如來為一切不孝眾生故，示現如此神變，並為母親說法開示。往昔我至忉利天為母親說法，今天在此相見。你們可以為後世一切眾生之輩，次第演說此經。此經的名字為《摩訶摩耶經》，又稱為《佛臨涅槃母子相見經》。」

佛陀說完之後，與母親辭別，而說了如下的偈頌：

我生分已盡，梵行久已立，所作皆已辦，不受於後有。

願母自安慰，不須苦憂惱，一切行無常，住是生滅法，
生滅既滅已，寂滅為最樂。

如此勸慰佛母之後，佛陀又再度隱入棺中，金棺又自動閉合。佛母及一切諸大眾，雖然悲傷不捨，也只能看著如來示現無常的實相，信受奉持佛陀開示的教法，宛如佛陀永遠活在心中。

解析

佛陀在滅度後，示現廣大神力，從金棺中起身，為母說法，是佛陀示現神通的因緣中，極為感人的故事。

佛母摩訶摩耶在佛陀誕生後七天，就命終往生於忉利天上，所以佛陀自幼即由姨母乳育養成。

但是母子的緣深，因此佛陀曾去忉利天上為母說法；而佛陀涅槃時，摩耶夫人也在天上感受天人五衰之相，並於其夜做了五大惡夢。而且天眼第一的阿那律尊者，以神通力升到忉利天上，向佛母告知佛陀涅槃的消息時，佛母就昏絕於地上，並思惟無量劫來，常與佛陀共為母子的因緣。並立即從天上下至佛陀涅槃之處，瞻仰佛陀。

就在佛母瞻仰佛陀時，佛陀示現了廣大神力，使金棺的棺蓋自然開啟，從棺中合掌而起。如同獅子王初出洞窟時，威猛奮迅的姿勢；而全身毛孔中也放出千種光明，而每一光明都有一千化佛現起；而這些化佛，也如同佛陀合掌向佛母摩耶夫人致敬。並以柔軟的梵音勸慰母親，並為其說法。

當阿難尊者向佛陀詢問，為母示現從金棺起身，說法的因緣時，佛陀回答說：「這是如來為後世不孝的眾生所示現的因緣。」而這部經也名為《摩訶摩耶經》，也名為《佛臨涅槃母子相見經》。

具足廣大神通的佛陀，入滅前首先示現了師子奮迅三昧，然後在滅盡定處而無餘涅槃。

師子奮迅三昧，是佛陀大威神力所示現的三昧，出於《華嚴經》〈入法界品〉。由於入於此禪定的境界，猶如師（獅）子王之奮迅拔起，而有此名，又稱為師子奮迅三摩地、師子奮迅定、師子威三昧、師子嚬伸三昧。在《華嚴經探玄記》卷十八中說：

謂如師子奮迅之時，諸根開張，身毛皆豎，現其威勢，哮吼之相令餘獸類失威竄伏，令師子兒增其雄猛身得長大。今佛亦爾，一奮大悲法界之身，二開大悲之根門，三豎悲毛之先導，四現應機之威，吼法界之法門，令二乘諸獸藏竄聾盲，菩薩佛子增長百千諸三昧海及陀羅尼海，如是相似故以為喻。

這是以百獸之王師子的奮迅威勢，來比喻如來奮起大悲法界身，開啟唯一大乘之門，使其餘二乘之法都躲藏逃竄，增長菩薩佛子百千三昧。

而在《華嚴經法界次第》卷中，也說此三昧，師子奮迅，奮揨塵土，超越前後疾走之諸獸。此三昧有二種特質為：一、奮除障礙入定的微細無知惑，二、出入捷疾無間，異於諸禪定。後者又可分為「入禪奮迅」與「出禪奮迅」。

入禪奮迅三昧，指遠離欲界之惡不善法，入有覺有觀之色界初禪，如是次第入二禪、三禪、四禪、空處、識處、無所有處、非想非非想處、入滅受想定等諸禪定之三昧。出禪奮迅三昧，與入禪奮迅相反，即從滅受想定起，還入非想非非想處，由非想非非想處，如是識處、空處、四禪、三禪、二禪、初禪，乃至出散心中之三昧。此二種又稱為「二種師子奮迅三昧」。

佛陀在入滅時，所示現的禪境是極為重要的示範，也是後來從金棺起身為母說法這廣大神力的示現根本。

因此，要學習佛陀無上神通境界的少分，乃至能在涅槃後，自在示現，應當以修習師子奮迅三昧為根本。

而我們更可以發覺：具足圓滿神通的佛陀，是如此的重視孝道。佛陀在佛父入滅後，為父抬棺；在自己入滅後，為母現身說法。都顯現，具足圓滿成就的佛陀，不只沒有拋棄世間的倫理，而且躬親實踐了為人親子的孝心；乃至自身滅度後，都特別以大神通力，為已往生天界的母親現身說法，更是令人感動。

因此，對於任何一位修行人，乃至具有神通者，這是極重要的啟示。真正的大修行人，不只是在出世間的修行上，有極大的成就，而且必須圓滿在世間的倫理、孝道。

如果一昧的以修行，來逃避搪塞世間的倫理、孝道，如此修行必定不能圓滿。

而真正的孝道，不僅是能夠讓自己的父母安康長壽，在世間的因緣中得到滿足，更重要的是，必須幫助自己的父、母，在出世間的修行中，得到增長，最後與我們共同成就解脫自在，這才是真正的孝道！

舍利弗的五分法身

這個故事取材於《增壹阿含經》卷十八，佛陀座下教化的二大弟子之一——智慧第一的舍利弗，由於看到摯友目犍連即將入滅，而佛陀也宣告不久將入於涅槃，因此祈請佛陀允許自己先行取滅度。

舍利弗入滅之後，許多比丘哀傷悲歎不已。阿難向佛陀報告這個情形，於是如來就為其開示舍利弗的色身雖然滅度，但他的戒、定、慧、解脫、解脫知見等修持的風範，卻不會隨著色身滅失，而能長存人間。

故事

往昔洋溢著聞法喜樂的竹林精舍，今天卻瀰漫著凝重的氣氛。

「世尊，請允許弟子先入於涅槃。」佛陀座下兩位教化的大弟子之一舍利弗，對世尊提出了這個請求。另一位大弟子，也就是神通第一的目犍連尊者，不久前被執杖外道打得遍體稀爛，命在旦夕，舍利弗感傷地看著目犍連，決定先行入滅。這兩位聖者，往昔以來就是共同修道的摯友，而今，連入滅也是同時了。

然而世尊卻默然無語。一直到舍利弗尊者再三稟白，佛陀才問道：「舍利弗，具有神足通的人，是可以住世一劫的，你為何不如此呢？」

「世尊，我曾聽聞如來所說，現在眾生的壽命極短，不超過百歲，所以如來的壽命也很短。如果如來住世一劫的話，我也當住世一劫。

「世尊，雖然如來不思議的境界不是我所能理解的，但是在現世的因緣上，您確實在今年住壽八十歲時，將入涅槃，弟子不忍心看見您先入於涅槃。

「況且，世尊也曾說過，過去、未來、現在，一切諸佛的上首弟子皆先於如來入於涅槃。唯願世尊允許我先入於滅度，現在正是我入於涅槃的時候了。」舍利弗的面容，透露出淡淡的感傷。

世尊默然許可之後，舍利弗就安住在如來面前，正身正意，繫念在前，而入於初禪。從初禪起，入二禪；從二禪起，復入三禪；從三禪起，復入四禪；從四禪起，又入於空無邊處、識無邊處、無所有處、有想無想處。然後又從有想無想起，入於滅盡定；從滅盡定起，入有想無想處定；從有想無想處起定，入於無所有處定、識無邊處定、空無邊處定。又從空無邊處定，入於四禪；又從四禪起，入三禪；從三禪起，入於二禪；從二禪起，入於初禪；從初禪起，入於二禪；從二禪起，入於第三禪；從三禪起，入於四禪。這時，尊者舍利弗從四禪起定之後，告訴在旁的比丘大眾：「這個三昧稱為師子奮迅三昧。」

當時，在旁的一切比丘大眾無不讚歎道：「真是稀有啊！實在是太奇特了！尊者舍利弗入於三昧，竟然如此迅速！」

舍利弗迅速入出三昧之後，就以頭面禮敬世尊雙足，便退去。

舍利弗離開之後，許多平時依止舍利弗教誨的比丘大眾，都依戀不捨的追隨於舍利弗身後。舍利弗回頭看到他們還不願離去，就對他們說：「諸位賢者，各位請回吧！」

「我們希望能得以供養尊者舍利。」比丘們異口同聲回答。

「莫要如此，諸位賢者，你們有如此的心意，已經是供養我了。我身邊有小沙彌事奉就夠了，各位應當回到原來所在之處，思惟如何弘化佛法，善修梵行，離於苦際。如來出世，是非常難得的，可以說是億劫才能遭逢，大家有此福報，應當善自珍攝才是。」

這時諸比丘忍不住涕淚交橫，哽咽的說：「現今尊者您滅度何其迅速！」

舍利弗於是勸慰大眾：「且止！且止！諸位比丘，切莫悲愁憂傷，色身本來就是變易之法，各位現在卻期望它不變化，這是無有是處的。

巨大的須彌山尚且有無常的變化，更何況是舍利弗這個區區微小的色身能免於無常呢？如來金剛之身，不久也當取般涅槃，更何況是我們呢？你們各自精進修學法行，自然得以窮盡苦際。」

舍利弗收攝衣之後，離開竹林精舍，開始出發，準備回到故鄉摩瘦國。回國之後，舍利弗尊者就身染重疾，全身極為疼痛，連大小便溺都無法自理，這時只有均頭沙彌跟隨在尊者身邊，為尊者除去糞穢不淨，供給清淨。

舍利弗看著均頭沙彌這個孩子跟在身邊這麼辛苦，心中非常不忍。

當時帝釋天釋提桓因，了知舍利弗心中所想，就從天上來到舍利弗尊者處，頂禮舍利弗雙足，自己報上姓名：「尊者！我是帝釋天。」

「天帝，願你壽命無窮。」舍利弗為其祝福。

「聖者，我來此的目的，是要供養尊者的舍利。」言下之意是要服事舍利弗至入滅。

「切莫如此！天帝，你的心意已經是最上的供養，我身邊有沙彌承事已經是夠了。」

但是帝釋天再三稟告舍利弗：「我現今欲種植福德，願聖者成全我的心願。」

此時，舍利弗才默然接受。

於是帝釋天因親自承事舍利弗尊者，清除糞穢，不辭勞苦。

在當天夜裡，舍利弗即入於般涅槃。

這時，大地產生了六種震動變化：發出巨大音聲，雨下種種天華，發出種種伎樂，諸天人充塞虛空，更散下各種天華、妙香，散於尊者身上而為供養。

天空下起了綿綿細雨，在這春天的時節，不知情的人以為是春雨，原來這是欲界天、色界天、無色界天的天人的垂淚悲泣。

「現今舍利弗尊者取般涅槃，何其快速！」天人互悲歎著。

帝釋天因將天上雨下的妙香收集起來，為舍利弗遺體進行荼毘。荼毘之後，釋提桓因將尊者的舍利及衣收攝之後，交給均頭沙彌。

「這是尊師的舍利及衣，你帶著，回到世尊處，向世尊稟告經過的因緣。」帝釋天慈藹的交代均頭沙彌。

於是均頭沙彌獨自一人，帶著舍利弗的遺物及舍利，一路托鉢乞食，回到佛陀遊化的舍衛國，他先到佛陀侍者阿難的住所。

「阿難尊者，我師父已經入滅了，」均頭的眼中閃爍著淚光，「現今我持恩師的舍利及衣，回來稟告世尊。」

阿難尊者睹物思人，忍不住悲從中來，垂淚歎息。

「來吧！我帶你去世尊處，世尊如果有任何教示，我等皆悉信受奉行。」

「是的，尊者。」

於是阿難尊者用衣角把淚擦乾，帶著均頭沙彌來到世尊處，稟白世尊，並奉上舍利弗的遺物和舍利。

「世尊，看到舍利弗尊者的遺物，我不禁心意煩惱，志性迷惑，連東西方向都無法分辨，聽聞尊者舍利弗取般涅槃，讓人悵然心傷。」說著說著，阿難尊者的淚水又淌了下來。

「阿難，你認為如何呢？舍利弗尊者的戒、定、慧、解脫、解脫知見會隨著他入滅嗎？」

「不會的，世尊，舍利弗比丘的戒、定、慧、解脫、解脫知見，並沒有隨著他入滅而消逝。但是，每當我想起舍利弗比丘恆喜於教化，對比丘大眾們說法無厭足，他的循循善誘，對大眾們的教誡無厭足，現在我憶起舍利弗弘深的法恩，忍不住心中愁悶。」

「且止！且止！阿難，你莫心懷愁憂，面對無常的一切，心中卻期待他恆久常存，這是不可能的。就像燈炷，油燒盡之後自然會熄滅。古來無論是如來、解脫的聖者，還是貴為世間的王者的轉輪聖王，最後也都不能免於一死。」

於是世尊就為其宣說如下的偈頌：

一切諸行皆無常，凡生者必當有死，

既不生且不復滅，此寂滅最為第一。

尊者舍利弗的色身雖然入滅了，但是他的戒、定、慧、解脫、解脫知見的解脫風範，卻長存在每個弟子的心中。

解析

舍利弗在佛陀涅槃之前入滅，除了展現出生死自在的神通力外，也顯現了佛與弟子間的甚深道情。

舍利弗是一位成就四神足的大阿羅漢。四神足是三十七道品之一，又稱為「四如意足」。第一是「欲如意足」，也就是希慕所修之法能如願滿足。「精進如意足」，則是對於所修之法，專注一心，無有間雜，而能知願滿足。「念如意足」，是對於所修之法，記憶不忘，如願滿足。「思惟如意足」，是心思所修之法，不令忘失，如願滿足。

所謂四神足或四如意足，其「如意」是指如意自在的神通。「神」是指其「不測」而言，此種通以定為其依止的腳足，所以稱「定」為「如意足」或「神足」。而得證此定的方便有：欲、精進、念、思惟四者。

在《長阿含》卷五〈闍尼沙經〉中說：

復次諸天，如來善能分別說四神足。何等謂四？一者欲定滅行成就修習神足，二者精進定滅行成就修習神足，三者意定滅行成就修習神足，四者思惟定滅行成就修習神足，是為如來善能分別說四神足。又告諸天，過去諸沙門婆羅門，以無數方便現無量神足，皆由四神足起。

《法蘊足論》卷四〈神足品〉中也說：「世尊告苾芻眾，有四神足。何等為四？謂欲三摩地勝行成就神足，是名第一；勤三摩地勝行成就神足，是名第二；心三摩地勝行成就神足，是名第三；觀三摩地勝行成就神足，是名第四。」

在經中說明，成就四神足的人，能夠長久住世，乃至超過一劫的長遠時光。所以，當舍利弗向佛陀懇請先行涅槃時，佛陀問他為何不長久住世，他回答說，如果佛陀長久住世，他也會長久住世。但是現在佛陀將要入滅，所以他也要入滅。

此外，舍利弗說他實在是因為不忍見到佛陀涅槃，所以先行涅槃。他又說明佛陀曾說過：「不管是過去、當來或現在，所有諸佛的上首弟子都是先行般涅槃之後，然後佛陀才般涅槃。而當佛陀的最後弟子也先行涅槃時，佛陀過了不久也就入滅了。」他以這樣的理由向佛陀請求能先行入滅。

從這裡，我們可以看出佛弟子是如何尊重佛陀，而其道情也是如何的深遠。佛弟子要涅槃時，先行向佛陀請示，並等佛陀不反對時，才自行入滅。這代表了對恩師的尊重與具足生死自在的神通。

而當佛陀聽受了他如理的請求後，就允許其入滅。

於是舍利弗也就安住在如來身前，顯現了如來教誨的成就。他在佛陀之前現起師子奮迅三昧，並從第四禪中出定。其實這是他供養如來，並為其他修行者所做的最後教誨。

所以，他向大家珍重的宣告：「這是師子奮迅三昧！」

這時大家看到，舍利弗宛如雄獅飛躍奮迅一般，速疾的從初禪次弟證入四禪、四空定乃至滅盡定，再從滅盡定中出，迅疾的回至初禪，接著又從初禪趣入二、三、四禪，而從四禪中出定，不禁大為讚嘆。

而舍利弗在佛前示現了師子奮迅三昧後，就頂禮世尊告退，返回故鄉。在返回故鄉的途中，開始示現出極重的病相。

或許，這也是一位具足大神通力的大阿羅漢，在入滅之前如理的示現吧！許多的大成就者，往往在宣告即將入滅之後，就從一向健康的身體，忽然現出極重、極苦的病相，但是智慧卻依然明銳清晰；有時碰到特別的情形時，又似乎病相消失了。這或許也是一種微妙的神通示現吧！

這時，在舍利弗身邊只有均頭沙彌服侍。而帝釋天王釋提桓因，從天上來到了人間，頂禮供養舍利弗，甚至不辭辛勞的親為舍利弗除糞。這真是不可思議的莊嚴境界。

舍利弗是以智慧第一著稱的佛弟子，因此他的入滅並不像目犍連般的華麗繁複。但就其神通境界而言，其實比目犍連更加的深邃、究竟。

因此，舍利弗自然寂靜的入滅了，自身並沒有顯現特別的神通；但是當他入滅時，卻引發了大地的六種震動，並發出極大的音聲，天上並雨下了天華，天樂也鳴響在空中。這樣的神變實在不可思議。

而不管是欲界、色界與無色界等一切的天神，都下天散華，並以檀香灑在舍利弗身上。這些天神更悲號啼哭，流下了眼淚，使天空如同春天下起了和暢的細雨。

最後釋提桓因積集了眾香，火化了舍利弗尊者的身體，並將舍利與衣，交給了均頭沙彌，並交待交奉給世尊。

宛如佛陀長子般的舍利弗入滅，帶給大眾極大的衝擊。這時阿難代替大眾向佛詢問：「何以像舍利弗這樣的大修行人，都會入滅？」

但佛陀告訴阿難說：雖然舍利弗入滅了，但是他的戒身、定身、慧身、解脫身、解脫知見身並沒有滅度，依然常住不壞。

而戒、定、慧、解脫、解脫知見，就是聖者所成就的五分法身，這五分法身是佛或阿羅漢所具備的五種功德；這五種功德是聖者的無漏五蘊，並不因為聖者涅槃就消失了。而古代佛弟子的念佛，就是繫念這五分法身，而這也可以稱為「法身不滅」、「法身常在」。

所以這五分法身，也可視為真正究竟的無漏智慧神通所顯現的境界。事實上，這五分法身除了具有無上的功德之外，如果眾生因緣具足，這五分法身也會如同水中之月一般，應緣而示現作用。

像近代泰國的阿迦曼尊者，在證果之後的幾個晚上，就看到了許多佛陀與弟子一起來探視他。並且告訴他：「現在你已經見到了如來，並且知道這除了心意的絕對純淨之外，沒有別的。」

而阿迦曼問道：「在您般涅槃之後，怎麼還能以此形式而來？」

佛陀回答：「這是一個暫時的現象……是如來和阿羅漢弟子們為你的方便示現。」

其實這也是佛陀或阿羅漢三摩地（定）身的顯示，非有亦非無，不隨涅槃而滅。因緣具足時，自然起現；沒有因緣時，自然非有了。這正如同水中之月一般。

此外，在阿迦曼尊者修行的過程中，也提到：「偶而，佛陀的阿羅漢弟子們，在晚上，當我靜坐禪思時，會為我說法。」也是同樣意義的展現。

因此，真正究竟神通的展現，能具足常住不壞的無漏之身，只有修證成就五分法身了。

神通者的輓歌——目犍連之死

這個故事出自《說一切有部毘奈耶雜事》卷十八、《增壹阿含經》卷十九。目犍連之死，經常被引用來說明「神通不敵業力」的事實，對許多對神通能力存有虛妄幻想者，也可說是一場震撼教育。而神通第一的目犍連尊者面對果報現前時的坦然受之，也為所有的神通者作了最佳的示範。

故事

今夜的王舍城格外寂靜，只有遠處傳來一兩聲詭異的狗嚎。

舍利弗與目犍連尊者，前去地獄中度化眾生，方才回到王舍城。雖然是同行，他們卻各自靜默經行用功著。

當時舍利弗走得比較快，漸漸地兩人之間就拉開了一段距離。而一幕業報成熟，令人不忍卒睹的悲劇，也正悄悄地拉開序幕。

前方有一群裸形外道，看見佛陀這兩位大弟子落單而行，正在商議著要如何找麻煩。

「這樣好了，不如我們問他們問題，他們如果答得不稱意，我們就開打。」外道們拍手叫好，一致贊成這個提議。

首先走過來的是舍利弗，於是外道們將他攔下，問道：「比丘，我們正命的大眾中，有沙門嗎？」原來這些裸形外道自稱「正命」，所以他們如此問舍利弗。舍利弗一看他們不懷好意，就以他心通觀察，得知其不良意圖，於是就說了一首偈頌：

正命眾中無沙門，釋迦眾內沙門有，
若阿羅漢有貪愛，即無凡小愚癡人。

外道們對舍利弗的回答聽不懂，又不能顯現出自己學問不夠，自然也無從找麻煩，只好讓他走了。

不一會兒，目犍連也來了。

於是外道們又把他攔下來，問：「我等正命眾中，有沙門嗎？」

目犍連直接回答：「你們這些人中，沒有一個稱得上沙門。我方才從地獄中回來，還遇到你們的老師晡剌拏，他因為在世宣說邪法誑惑人心，正在地獄間受無量苦。」目犍連沒注意到外道們的臉色已經大變，猶自說著：「他還叫我回來轉告你們，不要在他的塔上供養，因為只要有人去供養時，他的痛苦就更加倍……」

「不要再說了！」外道的首領打斷他，對眾外道們說：「這個禿頭沙門不但強說我們的過失，連我們過世的大師都被毀謗，現在大家決定如何處置呢？」

「把他打成肉醬！」於是眾外道一擁而上，手執手杖，將目犍連尊者打得連骨節都碎了，才一哄而散。

這時走在前面的舍利弗，奇怪著目犍連怎麼還沒來，於是回頭察看，卻看見慘絕人寰的景象——目犍連尊者全身被打得熟爛，像肉泥般攤在地上。

「尊者，這是怎麼回事？」舍利弗無法相信眼前這個血肉模糊的人，竟是神通第一的目犍連。

「尊者，這是業果成熟的緣故啊！」目犍連氣若游絲的回答。

「尊者，世尊常讚歎您是聲聞弟子中神通第一的，為什麼會被打成這樣呢？」舍利弗不解的問。

「尊者啊！由於業力所持的緣故，我連『神』字都想不起來，更別說是發起神通了！」

於是舍利弗忍住悲傷，用衣服將目犍連包起來，就像抱著嬰兒一般，將他抱回寺中。回到寺中，僧團大眾立即驚駭的集聚到尊者身邊。

「目犍連尊者發生了什麼事？」

「被執杖外道們打得骨肉都熟爛了。」目犍連尊者於是把衣服褪下，僧眾們看到一片血肉模糊，不忍卒睹。

「尊者，世尊常稱歎您是聲聞弟子中神通第一者，以您的威神力，誰能將你傷成如此呢？」大眾不解的問。

「各位仁者！你們當知，業力的力量是最大的，即使神通也敵不過業力啊！

「我雖然有大力，以前只用右腳腳趾動一下，就幾乎令帝釋天的天宮崩倒，所以如來讚歎我，在聲聞弟子中有大威力，神通第一。但是，由於前世業力所致，連『神』字都想不起來了，何況是發起神通力來抵擋呢？」大眾眼見神通第一的目連尊者，竟逃不過業力的果報，遭此橫禍，無不唏噓。而尊者的教誡，也讓大家更深刻了解，神通的力量不足為恃，並非究竟解脫之道。

當時有許多尚未證得聖果的比丘，看到這一幕，生起極大的憂惱及出離心，紛紛到林中，摒棄人間雜務，一心精進，專修寂靜梵行。

目犍連被外道攻擊、性命垂危的事，很快就傳遍了王舍城。敬信佛法的國王與大臣，立即趕到竹林精舍，來到尊者身邊，忍不住涕淚橫流，撲到在地，禮敬尊者雙足，號哭悲泣，哽咽著說：「聖者啊！您怎麼會忽然變成這般慘狀呢？」

「大王啊！這是前世自身惡業成熟的緣故啊！」目犍連是悟道的大阿羅漢，深深了知因緣果報，對欲置他於死地的外道，並無任何瞋恨之心。

國王早就聽說是執仗外道犯下的惡行，於是非常生氣的命令屬下：「你們立刻將這些外道給我捉回來，一旦抓到，就關在空屋中把他們活活燒死！」

「大王，你不應該如此，這是我自身所造下的惡業，非其他人能代受。」目犍連尊者如是勸阻大王。

大王強忍下心中的憤怒，「既然尊者這麼說，上命難違，那麼，不要把他們燒死，但是要遂出國外。」

大王又不禁悲從中來，他和所有的人有著同樣的疑問：「聖者！世尊常讚歎您是聲聞弟子中神通第一的，您為什麼不用神通力飛到空中，而遭受到這種痛苦呢？」

「大王，如你所說，世尊常如是讚歎，但是由於業力所持的緣故，我連『神』字都記不起來了，何況發起神通呢？」目犍連又為大王說了如下的偈頌：

假令經百劫，所作業不亡，
因緣會遇時，果報還自受。

大王聽了感慨萬千，用衣角拭去淚痕，命御醫們七天之中要把尊者醫好，否則將被奪去封祿。他又命大臣們親自事奉尊者，慇懃致敬，頂禮尊者雙足，方才離去。

夜深了，陸續來慰問的人稍稍止息。目犍連尊者想著：「我以污穢不淨之身，親在佛陀身邊奉事，隨能隨力，無有違犯，也只能稍稍回報如來的恩德，如何能盡報佛恩呢？但是現今我的傷勢恐怕不能負荷了，對這個具無邊苦的色身，已經心生厭離，是應當滅度，入於寂靜的時候了！」

不久之後，目犍連聽聞舍利弗先入滅的消息，就以神足通來到世尊處，頭面禮足，稟告世尊：「世尊！舍利弗今已先取滅度，現在我也辭別世尊，入於滅度。」

世尊默然允許。於是目犍連尊者就頂禮世尊雙足，回到精舍，收攝衣，出城回到故鄉。

當時，許多比丘知道目犍連要入滅了，依戀不捨的跟著他。

看到故鄉熟悉的景色，當初年少時與舍利弗相約尋求無上正覺的導師，追求解脫的真諦，兩個少年真摯堅決的約定，彷彿才是昨日的事。而今有幸隨學於無上大導師佛陀，在如來的教法中，入於無上解脫。累劫的真摯好友，轉而成為其入解脫的同修道友，當是這段真摯的友情最珍貴的銘記吧！

「長老舍利弗已經先行入滅，我也即將捨離這個不淨苦聚的色身了！」目犍連尊者如是謂歎著。

於是，目犍連露地敷座而坐。先入於初禪，從初禪起，入第二禪；從第二禪起，入第三禪；從第三禪起，入第四禪；從第四禪起，入空處定；從空處定起，入識處定；從識處起，入不用處定起；從不用處定起，入有想無想處；從有想無想處起，接著，他又入於火光三昧。從火光三昧起，入水光三昧；從水光三昧起，入滅盡定；從滅盡定起，入水光三昧；從水光三昧起，入火光三昧；從火光三昧起，入有想無想定；從有想無想定起，入不用處；從不用處起定，入識處、空處、四禪、三禪、二禪、初禪。再從初禪起，飛行在空中，於空中示現坐臥、經行，又示現身上出火，身下出水，或是身下出火，身上出水，作十八種神變及神足變化。

接著，目犍連尊者又從空中飛至本座，結跏趺座，正心正意，又次第入出於諸禪定、三昧，再從四禪中出定，取於滅度。

神通第一的目犍連尊者，親身為大眾示現了神通不可依恃的震撼教育，而在生命最後旅程中，尊者又以不可思議的神通，示現了生死自在的境界，並不會因為身心的痛苦而減損，而這正是解脫的莊嚴。

解析

目犍連是佛陀神通第一的弟子，他在生時神通顯赫，而入滅時卻是壯闊的悲劇。目犍連尊者是在裸形外道的謀害之下，身體受到杖擊搥打，而致全身骨肉碎爛。

當時，他的同修好友舍利弗問他說：「你是佛陀聲聞弟子中神通第一的人，為何還會如此呢？」

目連則回答說：「當時因為業力所執持的緣故，我連『神』字都不能憶起，何況是發起神通。」

原來，就是神通第一的大阿羅漢，竟然也會在業力所制的情況下，神通被壓制而無法發起。這正說明了神通敵不過業力的事實，也顯示了神通的限制。

但是，我們必須了解，目連此時的神通力並沒有喪失，只是在業力的障礙下，忘失了自己具有神通一事。因此，我們了解，神通是依止我們的心力而發起，心念忘失，不能總持，神通便不能起用。此外，就算是沒有忘失神通，但是如果神通碰到廣大的業力時，也是無效。就像當初目犍連，企圖以神通救助即將被琉璃王殺害的釋迦族人時，最後還失敗了。

雖然，目犍連全身骨碎，但還是以神通力攝身來到佛前，向佛陀請求滅度。

最後，當目犍連抱著重患，自行敷座坐禪而入滅時，他在此身的最後，示現了廣大的神通。

我們在經典中看到目連所示現的神通，是十分華麗而複雜的，並運用了許多極深的禪定觀法。

首先，我們觀察到，他使用了師子奮迅三昧。但是在運用師子奮迅三昧的過程中，加入了火光三昧與水光三昧。接著，又運用了十八種神變。

十八種神變，一般是指如來的十八種神變：有震動、熾然、流沛、示現、轉變、往來、卷、舒、眾像入身、同類往趣、顯、隱、所作自在、制他神通、能施辯才、能施憶念、能施安樂、放大光明等十八種，又稱為十八神變。

而在不同的經典中對十八神變的內容也有不同的說法，如在《法華經》〈妙莊嚴王本事品〉所說的十八種神變則是：「一、右出水，二、左出水，三、左出火，四、右出火，五、身上出水，六、身下出火，七、身下出水，八、身上出火，九、履水如地，十、履地如水，十一、從空中沒而復現地，十二、地沒而現空中，十三、空中行，十四、空中住，十五、空中坐，十六、空中臥，十七、或現大身滿虛空中，十八、現大復小。」

目犍連尊者所示現的十八種神變應該是指後者。

接著他又重新現起師子奮迅三昧與火光、水光三昧，最後在四禪時入滅了。

火光三昧又稱為火定、火界三昧、火焰三昧，是示現火界相的禪定，在佛典中有許多關於這個禪定境界的記載。

在《佛本行經》卷四十中記載：佛陀成道不久，為了要度化具有神通、並為王臣所信仰的事火優婁頻螺迦葉兄弟三人，就是以火光三昧降伏火龍。

而古來一些具足神通的大阿羅漢及大成就者，將入涅槃之際，也多是發出十八種神變，最後以火界三昧，自己焚身成舍利而入於涅槃。

「火三昧」與十遍處禪觀中的「火遍處禪觀」不同。火遍一切處的禪觀，只有行者自己看到整個宇宙都是火相，但其他人是看不到火相的。而火三昧則是在一定的空間中，不但自己見到遍處是火，他人見之也是一片火焰。

水觀也是禪觀的行法之一。行此禪觀時，要觀察身體中的一切液體：涕唾、便利、血液等等，與水的體性同一，也與法界的眾香水海等無差別，由此而證入水定，又稱水三昧，或水輪觀。

修習「水三昧」，不只自己見到自己化成水，他人眼中所見的自己也是澄水一片；因此與「水遍一切處三昧」，只有自己見到整個法界宇宙都化成水，他人仍能見到自己的身形與平常無異，自然是不同的。

大迦葉入定留身

這個故事取材於《大般涅槃後分》卷二、《摩訶僧祇律》卷三十二，及《大智度論》卷三。

大迦葉尊者是佛陀聲聞弟子中頭陀行第一的，佛陀曾經分半座予大迦葉尊者，可見佛陀對其敬重。甚至佛陀入滅之後，還以神力使金棺自然開啟，圓滿大迦葉尊者希望見如來最後一面的心願。

不同於舍利弗、目犍連，以及許多隨著世尊涅槃而入滅的大阿羅漢們，大迦葉留在人間，除了召集三部法藏結集之外，並持世尊的法衣，在靈鷲山中入定，等待五十六億七千萬年之後，彌勒世尊降生人間，為當時的眾生示現不可思議的神變，使其生慚愧想除去懈怠，精進行道。

故事

大迦葉尊者與五百弟子在靈鷲山，身心寂然，入於三昧。然而在禪定中，尊者忽然感到一陣心驚，舉身戰慄。

「怎麼回事？」大迦葉從三昧中出定，看出山河皆大震動，了知如來已經入於大般涅槃。於是尊者告訴弟子大眾：「我師如來已經入於大般涅槃，經過七日，遺體已經裝入金棺，再遲就要荼毘，恐怕再也見不到如來真淨色身了！」

於是大迦葉尊者帶著弟子們急急上路，但是為了尊敬如來的緣故，他並不敢以神足通飛到如來荼毘之處，而以步行的方式，著急的趕路。

在路上，他們遇見一位婆羅門，手中拿著一朵美麗巨大的天花，便奇怪的問他哪來此花？婆羅門回答：「我從拘尸那羅佛荼毘處來，這天花是天人供養如來遺體的。」

「可否請您布施予我呢？」大迦葉尊者請求著。

「那可不行，這稀世的天花，我要放在親族中供養展示。」

「那麼，可否借我看一下？」婆羅門答應了，將花交給尊者。尊者於是頂戴禮敬，思及如來恩德，竟悲傷得悶絕了過去，良久才甦醒，猶自流淚不止。

「我在這裡徒自悲傷又有什麼用呢？應當趕快去見如來最後一面才是。」

於是一行人繼續趕路，遇到另一群比丘正在吃飯，熱情的招呼他們：「尊者，你們遠道而來，辛苦了，為什麼趕路趕得這麼急呢？吃頓飯再走吧！」

「實不相瞞，是我的恩師已經入於涅槃，所以我們正趕著前往。」大迦葉回答。

「你的老師是誰呢？」比丘好奇的問。

「是大導師如來。」

「那個囉唆的老頭子死了？太好了！他生前制定我們要守那麼多嚴峻的戒律，現在可好，他入滅了，總算解禁了！」比丘們拍手叫好。

大迦葉看得楞住了，沒想到人天的眼目隱沒，眾生在長夜中永無出期，竟然還有比丘拍手叫好。然而，這個事件，也種下迦葉尊者於佛陀滅度後迅速結集法藏的因緣。

臨近拘尸那羅如來荼毘處時，尊者心想：「自己向來行頭陀行，沒有蓄積任何物品，現在要如何供養如來呢？」於是又和弟子至城中沿門乞化，化得上妙白氎千張，及無量寶花、妙香，又趕緊來到荼毘的會場。

而在荼毘場中，大家也正納悶著：「如來的寶棺為什麼無法點著呢？難道佛陀有什麼未了的心願嗎？」

「這是由於大迦葉尊者尚未趕來的緣故。」帝釋天向大家解釋道。

正在這時，大迦葉尊者一行人悲切趕來，看到佛陀金棺，頂禮禮拜，號哭哽咽，悶絕倒地。過了許久，尊者才慢慢甦醒，淚流滿面，悲不自勝，祈願能開啟如來金棺，見如來最後一面。但是大眾擔心佛陀遺體損壞，不肯開啟。

由於如來大悲平等的緣故，為安慰大迦葉尊者，金棺自然開啟，為其示現三十二相八十種好。大迦葉尊者與弟子看到如來慈悲示現，悲不可抑，涕淚縱橫，與弟子們將乞化所得之白氎，次第纏於世尊遺體。於是，棺門又自動關閉，四位力士持大火炬，進行火化。

奇怪的是，世尊的金棺仍然無法點燃。

於是大迦葉尊者就告訴大眾：「一切天人所有炬火，都不能荼毘如來寶棺，大家不必勉強為之。」

此時，如來以大悲力，從心胸中火湧出棺外，漸漸荼毘，經過七天，才完全荼毘完畢。

荼毘舍離的夜晚，星空依舊燦爛。如來的色身滅度了，一切天人大眾及佛弟子們，都還沈浸在迷悶的悲傷中，而大迦葉尊者，宛如如來的長子，思惟著如何讓如來法身長久住世。

他想，那天前往拘尸那羅的途中，那群因為如來的死拍手叫好的比丘。「如來滅度了，今後大眾當以何為依止呢？如果不趕緊將法藏結集，恐怕後人無所依止。」心中決定之後，大迦葉尊者立即開始召集法藏的結集。

於是大迦葉尊者計畫，召集天上人間五百位悟道的阿羅漢來進行結集。

於是迦葉尊者派遣一位使者，到忉利天向居於天上的阿羅漢報告如來入滅的消息，並請其共同到人間靈鷲山結集法藏。

但是，當使者前去，這些阿羅漢們一聽到世尊滅度的消息，都神色慘然，喟歎道：「如來已入於般涅槃，世間的眼目已滅，如此我們也可以走了！」接著就入於火光三昧，從身中出火，自行荼毘火化，入於涅槃。使者一路通報下來，竟然許多阿羅漢都因此而入滅了。

大迦葉尊者知道了這個情形，於是趕緊停止通報，以免這些大阿羅漢都入滅了，世間空無福田。於是，迦葉尊者就以神通力至虛空中唱言：「世尊的聖弟子們，當報佛恩，莫入涅槃！」

終於，迦葉尊者召集了五百位大阿羅漢，開始進行法藏的結集。

「三種法藏結集完畢，我在人間的責任告一段落，也應隨世尊入於涅槃了。」大迦葉尊者心中如是想著。

第二天一早，尊者著衣持，入王舍城乞食之後，回到靈鷲山，告訴弟子們：「諸位，我今日欲入於無餘涅槃。」說完之後，尊者就進入房中結跏趺座，入於種種無漏禪定。

大迦葉要入滅的消息，很快傳遍了王舍城，許多居士都生起大憂愁：「佛陀已經入滅了，大迦葉長老召開結集，護持佛法長久住世，現今也要入滅了，我們當如何是好呢？」於是許多王貴大臣與諸比丘們都來到靈鷲山上。

這時，大迦葉尊者從禪起定，入大眾中坐，為大眾作最後的開示：「各位仁者，一切有為法，由於因緣所生，所以是無常的，本來沒有現又有，已經有的，還又空無，所以說無常。由於這是因緣所生故，所以無常，無常故苦，苦故無我，無我故，所以有智者不應執著我、我所有。如果執著我、我所，只有徒增無量憂愁苦惱。」

接著大迦葉尊者說世界中種種苦，開導大眾之心使具入於涅槃。開示完畢之後，大迦葉尊者就穿上佛陀所遺留給他的僧伽梨，拿著衣鉢與錫杖，如同金翅鳥一般上升虛空，在虛空中示現坐、臥、行、住四種威儀；又以一身現無量身，又以無量身還為一身，身上出火、身下出水，身上出水、身下出火，又在南西北方的虛空中也如是示現。大眾看到這種神通變化，都生起無限法喜。

示現神通完畢之後，大迦葉尊者來到耆闍崛山頭附近的雞足山，與衣鉢俱發起誓願：「願令我色身不壞，在彌勒成佛時，我的骨身還出，以此因緣來度化眾生。」如是思惟之後，尊者走入山頭石內，卻如同入於軟泥。尊者進入之後，山石又再自動閉合。

如幻的時輪無盡的轉動著，歷經了無數的宇宙大爆炸，五十六億七千萬年之後，彌勒世尊降生在人間。這時人間的壽命長達八萬四千歲，身高八十尺，而彌勒佛的佛身長百六十尺，佛面二十四尺，圓光十里。當時眾生聞彌勒佛出世，無量人隨佛出家。然而，久了之後，人民又生起懈怠疲厭。

彌勒佛看到這個情形，就以足指扣開耆闍崛山，長老摩訶迦葉穿著僧伽梨出來，禮敬彌勒如來雙足，上升虛空示現十八種神變，就在空中燒滅肉身而入於般涅槃。

此時彌勒佛的弟子們奇怪的問：「世尊！這是誰呢？看起來像人，卻又像蟲那麼小，身上穿著出家的法衣，而能作種種變化。」

「他是過去佛釋迦牟尼佛的弟子摩訶迦葉，此人行少欲知足，是比丘中行頭陀行第一者，得六神通，為禪定、智慧俱解脫的大阿羅漢。

「在當時，人的壽命僅百歲，身體只有這麼小，卻能成辦如是大事，而你們徒具有這大身利根，卻不作如是功德。」

彌勒佛的弟子們聽了之後，多有慚愧生起大厭離心者，於是彌勒佛隨順大眾心意，說種種法。

解析

在佛教中有以入定留身的方式來住世的方法。在入定留身的因緣中，最著名的就是受佛陀囑咐，在雞足山中入定，並在彌勒菩薩成佛後，將佛陀衣奉予未來彌勒佛的大迦葉尊者。

大迦葉尊者是佛法能夠留世的重要因緣，沒有他，佛法將無法廣傳，經典也無法結集。因此佛陀入滅時，大眾要火化佛身，但因為迦葉未至，所以無法火化。直到迦葉趕到佛陀涅槃地拘尸那羅時，佛陀已經入滅十四天了。而此時，佛陀為了滿足迦葉的祈願，而使金棺自開，並使身上的白氎及兜羅綿自然解開，現出三十二相、八十種好的紫磨金身。

佛陀為大迦葉示現了不可思議的神通後，大眾又舉火炬要火化佛陀，但是都徒勞無功。這時迦葉告誡大眾，不必如此強要火化，因為即使一切天人的炬火，也不能火化如來的寶棺。而當大眾殷勤悲泣禮拜後，從佛陀的心胸中出現火焰踊出棺外，經過七天才火化了金棺。由此可見迦葉在佛法傳承及佛陀心目中的地位。

當大迦葉尊者集結法藏之後，要入無餘涅槃，這時只見他身穿從佛陀所得的僧衣，持衣及禪杖，如同金翅鳥飛空一般，上升虛空，並在空中示現行、住、坐、臥四種威儀等十八種神變。但比較特別的是，他以一身化現為無量身遍滿東方世界，而南、西、北方也是如此。由此可知，具足大神通的大成就者，常會以自己的願行、修法及習慣，而在相同的神通境界中，以不同的形式展現。

大迦葉此時將入滅了，但是他又發願要留下骨身不壞，直到彌勒成佛，這骨身還要出世，並以此因緣度眾生。因此，他直入靈鷲山頭的石壁，或有說為附近的雞足山的山石之中，如同入於軟土一般沒有阻礙。進入之後，山又復合。

而在未來五十六億年後，彌勒菩薩下生成佛後，將來到靈鷲山，以腳趾頭打開山頭。這時大迦葉身著僧衣，執杖持從中而出。

在這裡我們可以發覺，大迦葉尊者進入靈鷲山中，並用無比的定力與神通，封住自己的身體，並入定於此，以待彌勒佛下生。

這個神通力量，可以說是以「四神足」長久住世的一種展現方式。此外，像十六羅漢，則是受佛命，不准入於涅槃，而長久住世，到處神不知鬼不覺的化現應供，則是另一種型態。

除了具有無比定力與神通外，我們要注意到，人類經由長久的演化，在壽命與身體上都有了極大的變化。到彌勒佛的時代，他們的壽命不再是以百歲計數，而是長達人壽八萬四千歲。而身體也從五、六尺的身高，發展至八十公尺的身高。簡直跟最大的恐龍一般高大。而且當彌勒佛的弟子們看到大迦葉，竟以為他是人頭蟲。

或許有人認為這是不可能的，但是想想看許多物種的演化，不正是如此嗎？原始的恐龍，似乎也十分的小。而鳥類的祖先，似乎也是恐龍。經過幾千萬年乃至幾億年的演變，身體的變化，不正如同我們現在看到的物種演化嗎？

因此，如果人類一百年增加一公分，那一萬年就增加一公尺，一百萬年就增加一百公尺了，何況是五十六億年。其實，光是近幾十年，我們的平均身高就至少多了好幾公分。

此外，壽命也是如此，我們如果一百年增加一歲，一萬年就增加一百歲了。所以八萬四千歲的壽命，在五十六億年後，也就不見得不可能了。

當彌勒佛龍華三會度化許多眾生之後，大家開始懈怠了。彌勒佛見到眾人如此，就以足指打開了靈鷲山，而大迦葉的骨身也現在大眾的眼前。

大迦葉在頂禮彌勒佛後，上升虛空中，又現起如前的十八種神變，並在空中入滅，而般涅槃，藉此引發大眾的精進修行。

因此，有些人可能不禁疑惑：大迦葉不是在靈鷲山留下骨身時已經入滅，為何在彌勒佛前，再入滅一次呢？

其實，這是一個有趣的問題，也是大成就者的神通遊戲。大迦葉第一次入滅時，到底有沒有入滅呢？其實大迦葉入滅與否，並不是決然惟一的答案。因為就是大迦葉的二度入滅，也並不擔保，他不會在因緣具足時，又再現身。

但是，他在彌勒佛前現身的因緣，是因為他的願力所致。因此，發願的因緣圓滿時，他就現身，而且如常的言語行動、示現神通，並且又再入涅槃。

其實聖者已入究竟寂滅，而不受後有。但是他的戒、定、慧、解脫、解脫知見身，卻法爾不滅，只要因緣相應，即會超出時空境界的現身。這些身不能說是必有或必無，只是因緣相應，如千江水月般的現起吧！

此外，聖者所遺的骨身、肉身或舍利，在聖者入滅時，在因緣相應時，還是擁有全然的活力。所以，在《法華經》中，過去已入滅的多寶佛，在佛陀宣講《法華經》時，就從地湧出證明佛說，其實也是這樣的例子。

事實上，連我們的色身與外境，都是空而如幻的，那在聖者眼中，只要因緣具足，一切不可思議的境界，都是如理的。

大叫一聲而死的巖頭和尚

巖頭和尚是中國唐代的高僧，雖然與佛陀時代的聖者，相去數千年，然而，解脫生死自在，與種族、時劫總不相干。

巖頭和尚的禪風峻烈，許多當代的禪宿大德，如仰山慧寂禪師，及其師父德山禪師、師兄雪峰義存，都曾遭受毒手，而他選擇的死法也很另類也很極端，將賊人嚇得肝膽俱裂。

故事

今天，仰山慧寂禪師的法堂上，來了一個奇特的僧人。才一入門，他就提起坐具說：「和尚！」

仰山才準備將拂子舉起，想不到，這僧人劈頭就說：「不妨好手。」在電光萬火之際，連舉拂子的時間，都不放過。

這個禪風峻烈的僧人，正是巖頭禪師。

巖頭禪師是福建泉州的南安縣人，俗姓為柯。年少時投禮青原誼公為師，後來在長安寶壽寺落髮，受持戒律，並修習經、律諸部的典籍。接著又優遊於禪苑之中，並與雪峰義存、欽山文邃結為至友，共修禪法互勉。

後來，他又參謁德山。到德山後，就拿著坐具，在法堂上看來看去。德山就問他：「作什麼？」

巖頭就「喝！」德山禪師就問：「老僧的過錯在什麼地方？」德山慈悲的問著。

巖頭回答說：「兩重公案。」就下了參堂。意思是指德山的話頭斷作兩橛，並不統一。禪師之間，針鋒相對，互探實境，是不留餘手的。巖頭以一視、一喝相探，德山的兩句回話，讓巖頭認為體義不貫，成為分立的兩重公案，所以才如此的評論。

德山看了巖頭，心中有些滿意。就說：「這個阿師，看來稍微像個行腳的修行人！」

隔日後，巖頭上來問訊。

德山問道：「這位師僧是昨天新到的嗎？」

巖頭說：「是。」

德山又問：「你從什麼地方，學到這些不實在的虛頭功夫呢？」德山壓他一壓，暗指他昨天的答話功夫不實。

「全歲終不自謾。」沒想到，巖頭是自知自明的人，就說自己不會欺騙自己。

德山也十分肯定的說：「他日之後，你不能辜負老僧。」德山親切的交待，使巖頭嗣了他的法，傳下一脈的法眼。

巖頭的爪牙銳利，撕裂了多少禪心。宗師老宿與新參都躲不了他的機關。而巖頭的禪風與他的生死，似乎是一貫的。

巖頭曾對大眾說：「將來老漢要去時，要大吼一聲之後而去。」這是多麼奇怪的預示啊！如何才會大叫一聲而亡呢？

在唐僖宗光啟年（公元八八五年）後，藩鎮交兵，天下大亂。這時，中原盜起，大眾都避地而逃，但是巖頭還是端居如如。

有一天，賊兵大至，指責巖頭沒有供養饋贈，於是就要將之斬首。這時巖頭神色自若，並不為生死憂心。

這時，只見賊兵的大刀揚起，陽光照到明利的刀刃上，竟炫起強烈的閃光。巖頭禪師的頭頸伸出，臉上掛著輕笑，自適在無生無死的境界中。

刀鋒如閃電般，迅速的斬落了。當銳刃砍在巖頭的頸上時，忽然禪師如驚雷般的大叫一聲，就入滅了。如驚雷般的叫聲，聲聞數十里，讓惡狠的賊兵，嚇破了心膽。

這一天，剛好是唐僖宗光啟三年（公元八八七年）的四月八日。巖頭共活了六十歲，他在四月初八佛誕日入滅，讓人不禁懷疑，他是不是連死的日子都看好了，選擇這樣一個吉祥的日子來入滅？

◎解析

巖頭禪師的死法，在禪宗中是一種奇特的典範。而他的修證過程，也可以顯示出「沒有超師手眼不堪傳授」的禪門風光。

巖頭是德山禪師的弟子，他受了德山的法，卻又不全然首肯德山的境界，最後並予以撥正，師徒全然以法為中心，機鋒交錯，全是真正禪家的本色。

他的功夫雖高，但是法緣卻不圓滿。而他曾向大眾預示自己將來的死法。他說：「將來老漢要去時，要大吼一聲之後而去。」

這種生死神通的境界，實在太特別了，他不是預知死日，而是預示死法。這樣的境界，其實是十分深刻而困難的。

而巖頭禪師果真在賊兵的逼迫下，自在的伸出頭頸，自適的大叫一聲而入滅。這警雷般的一吼，聲聞數十里，讓兇狠的賊兵嚇壞了。

巖頭禪師死得夠酷、夠炫，這是最高級的死法與最高明的神通遊戲。這要有清明的智慧、深層的定力、神通與絕對幽默的心情。

明見死法，選擇死法，死的最後，好好玩他一玩，大叫一聲，可弄得大家好不清醒。

5 慈心三昧的神通

在諸多神變的故事中，慈心的神通在一般人的印象中，較為少見，或是特別被提及。慈心的神通，是安住於慈心三昧所發起的神通。

慈心三昧又稱慈三昧、白光明慈三昧、大慈三昧，或稱慈心觀，是大乘菩薩修慈悲行的根本。也就是去除妄念雜慮、遠離瞋恚怨憎之念，入於禪定中，觀察一切眾生普遍受樂的三昧。在《賢愚經》卷十二中，記載彌勒菩薩本生，見到比丘入於慈心三昧，而發心修持的慈心三昧。

當時如來於大眾圍遶之中，大眾各自默然，端坐入定，有一比丘入於慈心三昧，身上放出金色光明，晃耀如大火聚。有一位曇摩留支王，遙見世尊光明顯赫，光明明曜踰於日月，

他向佛陀問訊之後，退坐一旁。又看見此比丘光明特別顯耀，就請問世尊：「這個比丘入什麼定呢？有如此光明晃曜。」

佛陀告訴大王：「這個比丘入慈心定。」

大王聽了，倍增欽仰，因而發心修持慈心三昧。此時他的心意慈和，對一切眾生都無害心。當時的大王曇摩留支，就是彌勒菩薩的本生，由於他從當時發起慈心，因此累世以來常名為「彌勒」，即「慈氏」。

而在《禪法要解》卷上解釋慈心三昧：

何等是慈心三昧？觀一切眾生悉見受樂，又經中說慈心三昧，遍滿十方皆見受樂。云何但言願令眾生得樂？答曰：初習慈心願令得樂，深入慈心三昧已，悉見眾生無不受樂，如鑽燧出火，初然細軟乾草，火勢轉大，濕木山林一時俱然，慈亦如是。

經中說修學慈心三昧者，剛開始像細軟的乾草，火只有一點點；但是當火勢轉大時，即使是潮濕的山林也不可抵擋其火勢。菩薩度化眾生也是如此。

由此可知，慈心三昧是安住於慈心，遠離瞋恚怨憎的心念，普遍使眾生受樂的三昧，被視為大乘菩薩慈悲行之基礎。

在以下所舉的例子中，佛陀及許多阿羅漢就是以慈心三昧來降伏狂象、毒龍等狂暴的猛獸。此外，有的故事雖然沒有一般的神通變化，卻是佛陀以慈心觀察眾生的苦厄，並慈愍勸喻，使其安心之後，再為其說法度化。

在《薩婆多毘尼毘婆沙》卷七中，就列舉了十三個佛陀以慈心神通使眾生的煩惱心止息的故事。

在這些因緣中，不管是因為失去深愛的人而發狂者，或是以瞋恨心而來者，佛陀都能以慈心的光明神力，以種種方便勸喻，使其心安止，受持深法，入於解脫，煩惱永盡。

慈心的神通，說明了慈悲心即是廣大神通，在遭遇到外力攻擊或無理的事情時，佛陀或成就慈心三昧的人將如何面對？他們當時的心念為何？為何最後總能獲致圓滿的結局？慈心的神通力量是比威伏的神通力量圓滿得多。

在現今充滿嫉忿瞋怒的社會，佛陀慈心的光明，是否能為我們的心加注清涼的甘露呢？

佛陀以慈心降伏狂象

這個故事出自《彌沙塞部和醯五分律》卷三，描寫佛陀以慈心三昧降伏狂暴的醉象。在面對惡意的謀殺時，佛陀也是以慈心面對，也為眾人示現：慈悲是最大的神通。

故事

阿闍世王與提婆達多達成協議，提婆達多幫助阿闍世成為新王，阿闍世則幫助提婆達多取代佛陀的地位，成為新佛。

他們祕密協商著謀殺佛陀的計畫。之前派出去的刺客，不但沒有完成任務，還被如來感化，皈信了佛陀。

「我有一隻巨大的惡象，任由你運用吧！」阿闍世王對提婆達多說。

「太好了！象是畜牲，不會被佛陀感化。」提婆達多知道每天清晨佛陀要進入王舍城托鉢時必經的路徑，於是他到馴象師之處，交代他先讓惡象喝醉，在佛陀經過的時候，將狂象放出去。

「佛陀非常傲慢，必定不會逃避，如此一來，他一定會被此惡象踩死！」提婆達多得意的作著新佛的美夢。

第二天一早，佛陀和比丘大眾一如往常的進城托鉢，途中卻聽見遠方奔走驚叫聲。

「佛陀！請您改從其他的路進城吧！前方有一隻喝醉的狂象，直向此處奔來，太危險了。」信樂佛法的民眾趕緊跑來警告佛陀和比丘們。

「是啊！世尊，我們改走別條路吧！」弟子們也都附議著。

「無妨，連兇惡的龍都無法加害於如來。」信士及弟子們再三祈請，佛陀還是如此回答。但是其他的弟子還是改從其他路進城，只有阿難跟在佛陀後面。

這時看熱鬧的人擠得水泄不通，有擔心佛陀被傷害者，也有久聞如來神通，希望親眼目睹，甚至還有人簽下賭注。

醉象一路狂奔而來，路人早已走避，卻見到佛陀朝著他走來，醉象於是奮張著大耳，高舉象鼻，發出恐怖的鳴聲，直向佛陀走過來。

阿難嚇得心神恍惚，不覺鑽入佛陀腋下。

佛陀看見醉象走來，即入於慈心三昧，並宣說如下偈頌：

汝莫害大龍，大龍出世難，

沒想到醉象似乎通於人性，聽了偈頌之後，以鼻布於地，抱世尊雙足，如是三次，從上到下瞻仰佛陀慈容，又右遶如來三匝之後，才行離去。

更令人驚訝的是，從此這頭兇惡的巨象，竟然變成善良溫馴的善象。道俗莫不嘖嘖稱奇，同聲讚歎道：「瞿曇沙門竟然不用刀杖就能降伏惡象，使國內的百姓免於恐懼，實是太好了！」

佛陀降伏了醉象之後，又說了如下的偈頌：

象醉含瞋怒，來向天中天，百姓莫不觀，歛錢賭勝負。
其形如太山，力勝六十象，聲響振人心，一吼破敵陣。
大力天中天，愍眾出於世，欲度惡象故，住立在其前。
象伏眾人見，道俗皆踴躍，歎佛降惡象，猶如師子王。

佛陀以慈心三昧的神力，調伏了瞋怒的狂象，從今以後，王舍城的人民也不用害怕被這頭惡象所傷害了。而這也證明了慈心是對治兇暴的最佳利器。

佛陀以慈心度化眾生

簡介

這個故事出自《出曜經》卷八，記載佛陀以慈心神力化現，安止了失去愛子的梵志，及連續失去六個孩子，因而悲傷發狂的母親婆四吒，使其心神安止之後，再為其說法開示，使其入於解脫，永斷煩惱。

故事

當時，如來安止在舍衛國祇樹給孤獨園。

城中有一個梵志種了好幾甲稻田，而這些田都由他的獨子所看守。有一天，天上降下大冰雹，不但把他的稻子全毀了，他的兒子也因為走避不及，受傷而死。

梵志聽見這個消息，宛如晴天霹靂，心中憂苦交逼，變得神智不清，裸露著身子，在城內苦惱的來回奔走。

今天，他恰好來到祇園精舍附近，如來觀察梵志得度的因緣到了，就先以慈心安慰，將祇園門外化作一大片稻田，就像梵志之前所種的稻田一般，完好如初；如來又化現一個化人，與其子長得一模一樣，守在稻田邊，微笑地向他招手。

「啊！我的稻田還在，我的孩子沒死！」梵志流下歡喜的眼淚，「我為什麼在外面勞苦奔走呢？」梵志的心神安定下來，得知佛陀在祇園說法，就進入世尊處，頂禮如來雙足，在一邊坐定。

如來看見他的神識稍微清醒了，就為其宣說苦、集、滅、道四聖諦，又為其宣說空、無相、無願三昧。梵志聞法之後，豁然大悟，一切塵垢淨盡，得到法眼淨，即初步開悟的境界。於是梵志真正清醒了，想起稻田已毀與兒子的死，但他同時也了悟這都是無常的實相，不再痴狂迷惑，而皈信三寶。

另一個故事，則是發生在佛陀安止於彌絺羅國菴羅園時。當時有一個婆羅門的妻子，名叫婆四吒，她生了六個孩子，卻都接連夭折。婆四吒悲傷過度，竟然發狂了，整天披頭散髮，裸露身體，在路上像遊魂般走來走去。

有一天，她走到菴羅園中，正好無量大眾圍繞著世尊說法。婆四吒遠遠看見世尊慈心的身相，忽然驚醒過來，慚愧羞恥，緊縮著身子，蹲在角落。

世尊注意到這個可憐的女人，就對阿難說：「阿難，你取一件自己的僧衣給她穿上，讓她也能聽法。」

阿難就取了僧衣，拿到角落，告訴婆四吒佛陀所說的話。婆四吒流下感動的淚水，穿好衣服以後，就到佛前頂禮佛足。失去愛子的憂悲苦惱，像千斤重擔壓在她的心頭，讓她發狂，而今見到佛陀慈愛溫暖的眼神，婆四吒的心彷彿找到了停泊之處，不再迷亂奔走，就像疲憊已極的旅人，終於可以安心的休憩。

此時，世尊為其說法之後，婆四吒信心清淨，受三皈依，歡喜作禮而去。

他回家之後，信受佛法，成為在家的女居士。不久之後，她又生了第七個孩子，沒想到不久之後孩子又夭折了。但是這次婆四吒沒有啼哭也不憂傷悲惱。她的丈夫有點擔心的問：「之前幾個孩子夭折，妳悲傷得日夜都不飲食，甚至發狂，現在第七個孩子死了，妳卻一點也不憂傷悲苦，這是什麼原因呢？」

婆四吒回答：「即有兒孫千人，也是因緣和合所生，宛如日夜遷變不息，我和你也是如此。其實我們累劫來的子孫和宗族本來就有無限量，只是轉世後投生在不同的地方，有時彼此殘殺，也不知道曾互為眷屬。

「如果能了知生命的實相，何足生起憂苦呢？我已了知出離之道，及生死存亡的實相，入於佛陀正教，所以不再生起憂苦了。」

婆呬吒優婆夷的丈夫看她這個樣子，又聽她這樣說，感到又驚又喜，也和她一同皈信了佛法。

末田地以慈心三昧降伏毒龍

這個故事出自《阿育王經》卷七，內容記載阿難尊者的弟子，末田地尊者以慈心三昧降伏罽賓國的龍王，並使佛、法、僧三寶安住於罽賓國的故事。

故事

當初阿難尊者入滅時，交代弟子末田地，要將佛法傳入罽賓國。

末田地到了罽賓國之後，心中思惟：「罽賓國由龍王所統領，應當先降伏龍王。」

於是末田地入於三昧，產生神力，使罽賓國生起六種震動，連龍王也感受到震動，於是親自來到末田地居住之處，打算興師問罪。

末田地即時入於慈心三昧，龍王興起暴風，卻連末田地袈裟的衣角都吹不動；龍王又興起大雷雨，沒想到末田地以神力將雷雨都變成天上的妙華而落於地上。

龍王又以種種器杖要傷害末田地，卻又變成美麗芬芳的天華；龍王舉起大山要壓死末田地，卻也變成天上妙華。

於是空中有天人說了如下的偈頌：

大風吹動，不移衣角，雷雨器仗，變為天花。
譬如雪山，日光所照，悉皆鎔消，無有遺餘。
入慈三昧，火不能燒，器杖毒害，不近其身。

龍王看到末田地的神通變化之後，驚恐的向末田地問：「聖人有何敕命呢？」

末田地回答：「此地贈予我。」

「辦不到！」龍王憤怒地說。

「此處是佛所授記，應當在罽賓國起最勝坐禪處。」

「是佛陀所授記的嗎？」龍王驚訝問。

「是的。」

「好吧，那麼，你需要多大的地方呢？」龍王問。

「就像我所坐的床座這麼大就可以了。」末田地回答。

「那沒問題。」龍王回答。

沒想到末田以神通力將床座變得極為廣大，覆蓋住一大片土地。

龍王也只好把這一大片土地供養給他了。

龍王又問：「有多少人會和你一同來此呢？」

「有五百阿羅漢。」末田地回答。

龍王睜大了眼睛說：「如果五百羅漢少一人，我就奪走你的住處。」

末田地仔細觀察確定人數足夠，也就答應了龍王的條件。

除了出家眾之外，末田地也帶了許多居士先到香醉山，挖了許多鬱金香，回到罽賓國栽種，以此營生，慢慢的也就形成了一個自給自足的聚落。

於是末田地廣布法藏，為一切施主示現神力，共學佛法，使其解悟。最後末田地年老時，就在罽賓國入滅，國人將其舍利收集之後，起塔供養。

6 大乘經典中的神變境界

各種神通的現象裡，我們可以看到一般的神通和大乘經典中不可思議的神變，相較之下，宛如螢火蟲的亮光與太陽的光明一般，幾乎無法相提並論。

為什麼兩者會有這麼大的差別呢？這是因為佛菩薩的神通不再是以定力技巧為中心，而是以融合了大定、大智、大慈、大悲的無上菩提為根本，現觀法界實相，而展現廣大究竟的神通。

因此，時間、空間、大小、法界眾相，都只是幻化的遊戲而已。在本章大乘經典的神通中，展示了佛菩薩不可思議的神通境界，並加以剖析說明，這樣不可思議的神通境界，如何理解、修習。

法華經中如來的神通示現

簡介

以下的內容出自《法華經》〈如來神力品〉，內容記載佛陀在宣說《法華經》時所示現的廣大神變境界，而這十種神變，也就是一般常說的「十神力」。

故事

當時，佛陀安止於王舍城靈鷲山中，與大比丘眾阿若憍陳如、摩訶迦葉、優樓頻螺迦葉兄弟三人、舍利弗、大目犍連等一萬二千人，皆是大阿羅漢，一切煩惱都已盡除，心得自在，及大愛道、耶輸陀羅等比丘尼六千人。

又有菩薩摩訶薩八萬人，皆於無上正等正覺心得不退轉，以慈心修身，善入於佛慧，通達大智到於彼岸，他們分別是文殊師利菩薩、觀世音菩薩、大勢至菩薩等八萬人。

帝釋天也帶領無量天人眷屬來此聞法。而無量天龍八部也充滿天空。

此時，如來入於無量義三昧，從眉間放出白毫相光明，照耀東方萬八千世界，無不周遍，下至阿鼻地獄，上至阿迦尼吒天。在這個世界盡見彼土六趣眾生，又看見彼土現在諸佛，及聽聞諸佛所說經法，並看見彼諸比丘、比丘尼、優婆塞、優婆夷諸修行得道者，又看見諸菩薩摩訶薩種種因緣、種種信解、種種相貌行菩薩道，又看見諸佛般涅槃者，及諸佛般涅槃之後，以佛舍利起七寶塔。

此時，彌勒菩薩心想：「現今世尊現此神變相，以何因緣而能有此瑞相呢？今佛世尊入于三昧，是不可思議現希有事，應該要問誰，誰能回答我呢？」

他想了想，自念道：「文殊師利法王子，已曾親近供養過去無量諸佛，必應見此希有之相，我今當問。」

這時比丘、比丘尼、優婆塞、優婆夷及諸天、龍、鬼、神等大眾，心中都想著：「佛陀如此光明神通之相，今應當問誰？」

爾時彌勒菩薩自己也不了解，又觀四眾比丘、比丘尼、優婆塞、優婆夷，及諸天、龍、鬼、神等眾會之心，都有同樣的疑惑，而問文殊師利言：「大士，以何因緣而佛有此瑞神通之相，放大光明，照耀東方萬八千土，悉見彼佛國界莊嚴？」

文殊師利菩薩回答：「這是世尊欲宣說大法，雨下大法雨，吹大法螺，擊大法鼓，演說大法義。諸善男子！我在過去諸佛也曾見此祥瑞，佛放此光已即說大法。所以我當知今佛現光亦復如是，欲令眾生咸得聞知一切世間難信之法，而現此祥瑞。

在佛陀說完此經之後，為了要使大眾流布此經，而示現大神力，首先佛陀伸出廣長舌，上至梵世，一切毛孔放出無量無數色光明，皆悉遍照十方世界。

而眾寶樹下師子座上諸佛也都如是，出廣長舌，放出無量光明。釋迦牟尼佛及寶樹下諸佛，示現神力時滿百千年，然後還攝舌相。此時佛陀一時謦欬，一起彈指，這二種音聲遍至十方諸佛世界，大地皆發起六種震動。

其中眾生，天、龍、夜叉、乾闥婆、阿修羅、迦樓羅、緊那羅、摩羅伽、人非人等，以佛陀的神力故，都看見娑婆世界無量無邊百千萬億眾寶樹下師子座上諸佛；及看見釋迦牟尼佛與多寶如來在寶塔中，安坐於師子座之上；又看見無量無邊百千萬億菩薩摩訶薩及諸四眾，恭敬圍繞釋迦牟尼佛。看見如此神變的眾生，都生起大歡喜，歎未曾有。

此時諸天在虛空中高聲唱言：「經過此無量無邊百千萬億阿僧祇世界，有國名娑婆，其中有佛名釋迦牟尼。現今為一切菩薩摩訶薩說大乘經典，名為『妙法蓮華教菩薩法．佛所護念』。你們應當深心隨喜，也當禮拜供養釋迦牟尼佛！」

這些眾生聽聞虛空中的聲音之後，都合掌向娑婆世界說：「南無釋迦牟尼佛！南無釋迦牟尼佛！」

同時又以種種華香、瓔珞、幡蓋，及各種莊嚴身之具、珍寶妙物，共同遙散於娑婆世界。

這些十方供養的莊嚴物，譬如雲一般聚集變成寶帳，遍覆法會上一切諸佛之上。此時十方世界通達無礙，如同一個佛土。

最後，釋迦牟尼佛又從法座起身，示現大神力，用右手摩無量菩薩摩訶薩之頂，而殷勤囑咐：「我於無量百千萬億阿僧祇劫，修習如此難得阿耨多羅三藐三菩提法，現今以此付囑你們，你們應當一心流布此法，廣令增益。」

這是如來在《法華經》中所示現的廣大神變，後人將這些神變歸納成「十種神力」。

1. 出廣長舌，上至梵世。
2. 由無數毛孔放無數色光，遍照十方世界。
3. 攝舌相而謦欬（輕咳一聲）。
4. 彈指。
5. 由謦欬及彈指這二種音聲，大地生六種震動。
6. 由震動而普遍十方世界之眾生皆來集會。
7. 天龍、夜叉等見此盛會之莊嚴，百千萬億之菩薩及諸四眾恭敬圍繞釋迦牟尼佛，生大歡喜心，於虛空中高唱奉勸禮拜供養釋迦牟尼佛。
8. 諸眾生聞虛空中之聲，合掌向娑婆世界，歸命稱名。
9. 以種種之華香、瓔珞、幡蓋等遙散娑婆世界。

10.十方世界通達無礙，如同一佛土。

這十種神通的示現，被稱為《法華經》中如來的十種神變。

解析

當時，佛陀在王舍城靈鷲山，無量四眾弟子、菩薩、天龍八部等大眾在此集會。

此時，如來入於無量義三昧，從眉間放出白毫相光明，照耀東方萬八千世界，無不周遍，下至阿鼻地獄，上至阿迦尼吒天。在這個世界盡見彼土六趣眾生，又看見彼土現在諸佛，及聽聞諸佛所說經法，並看見彼諸比丘、比丘尼、優婆塞、優婆夷諸修行得道者，又看見諸菩薩摩訶薩種種因緣、種種信解、種種相貌行菩薩道，又看見諸佛般涅槃者，及諸佛般涅槃之後，以佛舍利起七寶塔。

這時，法會大眾心中疑惑著：「世尊為何示現如此廣大三昧神變呢？」彌勒菩薩知道大眾心之所念，而請問文殊菩薩。

文殊師利菩薩回答：「這是世尊欲宣說大法，雨下大法雨，吹大法螺，擊大法鼓，演說大法義的緣故。」過去諸佛也曾示現此祥瑞，佛放此光之後，即說大法。所以我當知今佛現光亦復如是，欲令眾生咸得聞知一切世間難信之法，而現此祥瑞。

佛陀在宣說一部大法、經典時，常入於此法的三昧中，然後起定宣說這個大法。而「無量義三昧」就是佛陀在宣說《法華經》前所入的三昧。所以「無量義三昧」是佛陀在《法華經》示現「法華三昧」的佛境及無上神通的前方便。而「無量義三昧」的修行入手的方法為何呢？

在《無量義經》中說：

佛言：善男子！是一法門，名為：無量義。菩薩欲得修學無量義者，應當觀察一切諸法，自本、來、今性相空寂，無大無小，無生無滅，非住非動，不進不退，猶如虛空無有二法。

因此，要證得「無量義三昧」及其廣大究竟的神通，就必須觀察一切諸法實相，體悟法界性相悉皆空寂。

但是眾生虛妄橫計強加分別，是此是彼，患得患失，生起不善的念頭，造下眾惡業，輪迴於六道之中，受到各種苦毒，無量億劫不能自行出離。

所以，菩薩摩訶薩如此諦觀之後，生起憐愍心，發起大慈悲，將欲救拔眾生，體悟觀察一切法相的生住異滅。如此觀察之後，又入於眾生的諸根性欲。因為性欲無量的緣故，說法也無量；說法無量的緣故，意義也是無量。

所以，「無量義者，從一法生，其一法者，即無相也，如是無相，無相不相，不相無相，名為實相。菩薩摩訶薩安住如是真實相已，所發慈悲明諦不虛，於眾生所真能拔苦。苦既拔已，復為說法，令諸眾生受於快樂。」

所以，觀察實相，生起大悲心，體悟一切法相遷變，了悟眾生的無邊根性，而予以說法救濟，是「無量義三昧」的根本。而從一法實相中入，即能具足眾法，以大慈悲真實拔除眾生苦惱，是這三昧的威力。所以，佛說：「善男子！菩薩若能如是修一法門無量義者，必得疾成阿耨多羅三藐三菩提。」

「無量義三昧」能讓修行者疾證無上正覺而成佛。在此，我們必須體會到真正廣大的神通三昧，其入手處不再是禪觀技術，而是究竟的心要了。

維摩詰經不可思議的神通境界

這個故事出自《維摩詰經》卷上〈不思議品〉、《說無垢稱經》卷第三〈不思議品〉，其中記載菩薩入於「不可思議解脫三昧」所示現的廣大神通變化。

故事

維摩詰菩薩示現病相，文殊菩薩帶著菩薩大眾與聲聞弟子，來探望他。一大群人來到維摩詰菩薩的丈室中，卻沒有一張椅子，舍利弗尊者有點納悶：「平常來這兒的客人都坐哪裡呢？現在這麼多人來到這裡，沒有椅子，怎麼坐呢？」

維摩詰居士知道舍利弗心中所想，就問他：「仁者，您是為法來，還是為求床座而來？」

舍利弗趕緊回答：「我為法來，不是為床座來。」

沒想到維摩詰居士得理不饒人，又說：「舍利弗啊！一個求法者，連身軀性命都不貪著了，何況是床座呢？」又說：「法是名無為，如果行有為，則是求有為，並非求法也。因此，舍利弗！如果求法者，於一切法應該無所求。」這時，同行有五百天子，在這段開示中，於諸法中得法眼淨而開悟。

這時，維摩詰居士又問見聞廣博的文殊師利菩薩：「仁者，您遊於無量千萬億阿僧祇國，哪一個佛土有上妙功德所成就的師子之座呢？」

文殊師利菩薩回答：「居士！東方過三十六恆河沙國土，有世界名為『須彌相』，其土佛陀號為須彌燈王，彼佛身高八萬四千由旬，所以其師子座高八萬四千由旬，莊嚴妙飾最為第一。」於是長者維摩詰示現大神通力，須彌燈王佛就遣三萬二千個師子座，高廣莊嚴清淨，來入於維摩詰室之中。

諸菩薩大弟子、釋梵四天王等大眾，往昔未曾見過這麼莊嚴的寶座。而小小的維摩丈室也變得廣博，悉皆包容三萬二千師子座，一點也沒有妨礙及擁擠的感覺。

這三萬二千獅子座，如果運到地球上，恐怕也塞得滿滿的，但是現在放在維摩丈室裡卻一點也沒有局促之感。

椅子送來了，維摩詰居士告訴文殊師利菩薩：「請就師子座吧，各位菩薩上人要坐時，必須要現如同東方須彌相國佛土般圓滿身相方能上座。」這時，證得大神通的大菩薩，立刻就變為四萬兩千由旬的身形，登上師子座。但是對許多新發意菩薩和聲聞弟子而言，這寶座看起來卻比喜馬拉雅山還高，大伙只有站在那兒乾瞪眼。

維摩詰居士故意說：「大家坐吧！」

舍利弗苦笑地說：「這寶座太高了，沒辦法坐。」

維摩詰居士就對大家說：「舍利弗！必須向須彌燈王如來作禮，如此乃可得坐。」於是諸多新發意菩薩及聲聞弟子，即向須彌燈王如來作禮，稱念「南無須彌燈王如來」，便得以坐上師子座。

舍利弗深感不可思議的說：「居士！真是未曾有啊！您如此小小房室，卻能容受如此高廣的師子座。」

維摩詰居士回答：「舍利弗！諸佛菩薩有一種解脫法門，名為『不可思議』。如果有菩薩住如是解脫者，以須彌山那麼高廣，放在芥子那麼小的東西中無所增減，而須彌山王本相如故，也不必縮小。而四大天王、忉利天等諸天人，不覺不知自己之所趣入，只有應得度者才會見到須彌山入於芥子之中，因此而稱為『不可思議解脫法門』。

「證得這個解脫法門者，可以將四大海的海水入於一毛孔中，但是對水中的魚、鼈、黿、鼉水族之類卻一點不妨害，而大海的本性如是，一切龍、鬼、神阿修羅等，不覺不知自己之所趣入，對這些眾生也無所嬈亂。」

「舍利弗！安住在不可思議解脫法門的菩薩，取三千大千世界，就如同陶家輪著右掌中，擲過恆河沙世界之外，而其中的眾生卻不覺不知自己之所前往。如是再還置本處，都不會使人有往來之想，而此世界的本相如是故。

「而菩薩雖然示現如是神通作用，卻不會使居住在其中的有情察覺，也不會感覺被擾亂，除非菩薩特別要調伏者，才會看見如此神變境界。這安住在不可思議解脫的菩薩，方便善巧智力所趣入不可思議解脫境界，不是一切聲聞、獨覺所能測知的。

「此外，安住如是不可思議解脫菩薩，能以神力集中一切佛功德莊嚴清淨世界，安置於一佛土示諸有情。又能以神力，取一佛土中的一切有情，置於右掌，乘著意勢通遍於十方，普遍示現一切諸佛國土，雖然到十方一切佛土，同時又安住於一佛國而不移轉。又能以神力，從一毛孔現出一切上妙供具，遍歷十方一切世界，供養諸佛、菩薩、聲聞大眾等。又能以神力，在一個毛孔普遍示現十方一切世界所有日、月、星辰、色相。又能以神力，乃至十方一切世界大風輪等，吸置於自身口中而身體毫無損傷，一切世界草木叢林，雖遇此風卻無搖動。又能以神力，在十方世界所有佛土劫火盡燒時，總和一切火置於腹中，雖然此火勢熾焰不息滅，而於菩薩身都無損害。」

維摩詰菩薩又說：「舍利弗！我現在只是略說安住如是不可思議解脫菩薩，其方便善巧智力所入的不可思議解脫境界。如果要廣說，那麼就算經過一劫，或更多的時間，即使是具足智慧辯才的人也無法窮盡宣說。正如同我的智慧辯才無盡，安住如是不可思議解脫菩薩，方便善巧智力所入不可思議解脫境界，也是同樣不可窮盡，以其無量的緣故。」

維摩詰居士說此法時，眾中有八千菩薩得入菩薩方便善巧智力所趣入之不可思議解脫境界。

解析

維摩詰菩薩示現生病，卻以不思議的智慧神通境界，讓我們了知一切菩薩的修證過程，也要讓眾生發起阿耨多羅三藐三菩提心，而共證成佛。所以《維摩詰經》就是維摩詰菩薩為了幫助大家所演的一部大悲如幻的戲劇。

當此劇的序幕一拉開時，我們可能見到一個老人奄奄一息地躺在那兒。他的長相很平常，有點鬍鬚，甚至自言自語地說著：「世尊大慈，寧不垂愍？」在這邊，痛還是要喊痛的，但是，苦則不受。

這時，佛陀告訴文殊師利菩薩說：「汝前往維摩詰處問疾。」

文殊菩薩告訴佛陀說：「世尊！這位上人者，實在難為酬對，他深達實相，善說法要，辯才無滯，智慧無礙，一切菩薩法式都完全知曉，諸佛祕藏無不得入，能降伏眾魔，遊戲神通，他的智慧方便，都已得度。但雖然如此，我還是得承當佛陀聖旨，前往問疾。」

沒有人敢去慰問維摩詰，現在只有文殊菩薩要硬著頭皮去。雖然眾弟子不敢去探維摩詰的虎鬚，但是看熱鬧卻絕對歡迎。

於是眾中的諸菩薩、大弟子、釋梵四天王等，都心想著：「現在二位文殊師利、維摩詰相會共談，一定必說妙法。」所以八千菩薩、五百聲聞及百千天人都要隨從。於是文殊師利與諸菩薩、大弟子眾，在諸天人恭敬圍繞，進入毘耶離大城。

這時維摩詰菩薩心想：現在文殊師利與大眾一起前來，我就來變些把戲。於是立即以神力空其室內，除去所有物品以及侍者，唯有置下一床，示現疾病臥在床上。

這時維摩詰居士是以神通力示現「虛空寂靜境界」，把丈室裡的東西都空掉了，只剩下床，連椅子也沒有，這是對大眾的第一層測試。

等文殊師利菩薩進入房中，見到室內空空如也，什麼也沒有，獨有一床，卻見怪不怪，而維摩詰就說了：「善來！文殊師利！不來相而來，不見相而見。」

這要怎麼回答呢？「不來相而來，不見相而見」，說明舉止動靜皆是實相，所以「不見相而見，不來相而來」。有來嗎？有來。有來相嗎？沒有來相。有見嗎？有見。有見相嗎？沒有見相。

文殊菩薩回答得也很妙，文殊菩薩說：「如是，居士！若來已更不來，若去已更不去，」就是這個，沒有再任何添加了。「若來已更不來，若去已更不去」，就是「如」，就是實相。

若來已更不來，若去已更不去，這「更」不是「更是」的意思，而是強調「就是如此」！不能再增一分或減一毫。實相就是實相，如在實相中若有所增添，便離於實相。所以，來，如來，如去，如來無所從來，所以來已更不來。「來」是實相，來已更無來，不管在心中或是任何境界裡，這個「來」之外，更無所從來。

維摩詰出的第一招，就是「無相見」。文殊一招馬上回過來——「如來見」。這真是刀光劍影的究竟神通了。

這時文殊菩薩接著說：「先放下此事，居士這疾病，是否能忍受呢？療治之後是否較好了？世尊慇懃的詢問。居士這疾病，是何因生起，病生多久了？何時會好？」

文殊菩薩的探問，雖然看來四平八穩，但似乎話中有話，內有機鋒。

而維摩詰說：「從癡有愛，則我病生，」原來此病是從愚痴而有的，從愚痴的無明，這輾轉生起的愛染作用，這是我生病的原因啊！但病似乎不是他的。

所以，居士接著又說：「以一切眾生病，是故我病。若一切眾生病滅，則我病滅。所為者何如此呢？菩薩為眾生故，所以入於生死，有生死則有病，若眾生得離病者，則菩薩無復生病。譬如長者，唯有一子，其子得病父母亦病；若子病愈，父母亦愈。菩薩也是如此，對於諸眾生，愛之若子，眾生病則菩薩病，眾生病愈，則菩薩也病愈了。」

原來他的病是大悲病，也是神通病了。

這時，由於維摩丈室中沒有一張椅子，所以舍利弗感到有點納悶：「這些菩薩、大弟子眾，要坐那兒呢？」

沒想到維摩詰菩薩要釣魚，就先釣到大魚，他立即知道舍利弗的想法，便問他：「云何，仁者為法來耶？求床座耶？」這實在是不可思議的他心通境界啊！連智慧第一的舍利弗一心一念全被測知。

舍利弗趕忙回答：「我為法來，非為床座。」

維摩詰居士得理不饒人就責問說：「舍利弗啊！一個求法者，連身軀性命都不貪著了，何況床座呢？」接著又教訓說：「法名無為，如果行有為，則是求有為，並非求法也。因此，舍利弗！如果求法者，於一切法應該無所求。」這時，五百天子就證得法眼淨，馬上開悟了。

在我看來，這是套好的遊戲，舍利弗故意挨打當助教。

爾時長者維摩詰居士就問文殊師利菩薩：「仁者，您遊歷了無量千萬億阿僧祇國，在哪個佛土有上妙功德所成就的師子之座呢？」

這時維摩詰菩薩預備從真空中現起妙有，示現個不可思議的神通境界了。文殊師利菩薩就回說：「居士！東方過三十六恆河沙國土，有世界名為『須彌相』，其土佛陀稱為須彌燈王佛，這位佛陀身長八萬四千由旬，他的師子座也高八萬四千由旬，莊嚴妙飾最為第一。」於是只見到長者維摩詰示現神通力，須彌燈王佛即時遣送三萬二千師子座，高廣嚴淨，來到維摩詰的丈室之中，這些菩薩及大弟子、釋梵四天王等，都是昔所未見。這時只見這小小的丈室十分的廣博，完全包容三萬二千師子座，而無所妨礙。而這以小卻能容大的神通遊戲，是遠離大小分別，安住實相，才能顯現的。

其實這三萬二千師子座，如果運到地球上，恐怕也早已塞得滿滿的，但是現在放在維摩丈室裡卻一點也沒有局促之感，真是不可思議。也是沙中含世界、芥子納須彌的境界了。

接下來大家必須接受無比嚴厲的考試了。

維摩詰告訴文殊師利菩薩說：「請就師子座，各位菩薩上人要坐時，要現起如同東方須彌相國佛土般圓滿身相方能上座。」這時證得大神通的大菩薩，立刻就變為四萬兩千由旬的身形，登上師子座。但是對諸位新發意菩薩和聲聞大弟子而言，這寶座看起來比喜馬拉雅山還高，如何坐？大伙只有站在那兒乾瞪眼。但我們要了解，維摩丈室還是小小的房間，而在其中的高大寶座，還是一樣高大。這一切都是不可思議的神通示現。

維摩詰居士故意說：「大家坐吧！」

舍利弗只有苦笑地說：「這寶座太高了，沒辦法坐。」

維摩詰居士就說：「舍利弗！必須向須彌燈王如來作禮，如此才可就坐。」於是新發意菩薩及大弟子，就向須彌燈王如來作禮，而就座了。

舍利弗稱嘆的說：「居士！真是未曾有啊，如此小的房間，卻能容受此高廣的師子寶座，而不管是毘耶離城或人間、天上都不感到迫迮。」

維摩詰居士回答說：「舍利弗！諸佛菩薩有一種解脫法門，名為『不可思議』。如果菩薩住於如是解脫者，以須彌山的高廣，放在芥子中也無所增減，而須彌山王本相也不改變。

而四大天王、忉利天等諸天，也不覺不知自己所入的地方，只有應得度者才見到須彌山入於芥子之中，因此這名為『不可思議解脫法門』。假如以四大海水入一毛孔，不嬈亂其中的的魚、鼈、黿、鼉等水族之屬，而大海的本性如是，一切龍、鬼、神、阿修羅等，也不覺不知自己所入之處，對於這些眾生也無所嬈亂。」

「舍利弗！安住在不可思議解脫法門的菩薩，取三千大千世界，就如製作陶器的輪子放在右掌中，擲過恆河沙世界之外，而其中的眾生卻不覺不知自己所前往之處。如此又還置本處，都不會使人感到有往來之想，而此世界的本相也無變化。

「不壞世間是菩薩在行使這不可思議境界的重要依據，因此當菩薩示現如此神通作用時，不會使居住在其中的有情察覺，也不會感覺被擾亂，除非菩薩特別要調伏者，才會看見如此神變境界。這安住在不可思議解脫的菩薩，方便善巧智力所趣入不可思議解脫境界，不是一切聲聞、獨覺所能測知的。」

而任何具有神通境界者，是否也應當有此覺悟呢？

華嚴經中善住比丘的無礙解脫法門

這個故事出於《華嚴經》卷第六十二〈入法界品〉第三十九之三，描寫善財參訪善住比丘時，所看見「究竟無礙光明」不可思議的神變境界。由於安住於此三昧，善住比丘具足比一般聲聞聖者更加廣大的他心通、宿命通、如意神足通等，這一切，都是在用來幫助他更廣大深入的度化眾生。

故事

善財童子在文殊菩薩處發起無上菩提心之後，就開始次第參訪善知識。

善財童子從海雲比丘處離開之後，尊從善知識的指示，向南行前去，參訪善住比丘。在南行的路上，善財童子專心憶念善知識所教授的普眼法門，專心憶念諸佛的神力。他慢慢地向南走，到了楞伽道的海岸聚落，向十方觀察尋覓，求訪善住比丘。

這時，他看見善住比丘在虛空中來往地慢步經行，無數的天人都恭敬圍繞在他身邊，散下各種美妙的天華，演奏天宮的妓樂。無數的幡旗、寶幢、絲帶、有花紋的絲織品遍滿虛空，供養善住比丘。

各位大龍王也在虛空中興起不可思議的沈水香雲，以震動大地的雷、激烈的閃電供養善住比丘。

緊那羅王也演奏各種音樂，如法地讚美供養。

羅羅伽王更以不可思議質地極為細微的衣物，周遍地迴繞布設虛空，心生歡喜地供養善住比丘。

還有無數的天龍八部等大眾，遍布在空中供養善住比丘。

善財童子看見這些奇妙的景象之後，心中生起極大的歡喜，合掌敬禮，然後向虛空中說：「聖者啊！我在先前已經發起無上正等正覺，但卻還不知菩薩該如何修行佛法？如何積集佛法？如何完備具足佛法？如何熏習佛法？如何增長佛法？如何總攝佛法？如何究竟佛法？如何淨治佛法？如何深淨佛法？如何通達佛法？我聽說聖者善於循循善誘，教誨眾生，惟願您慈悲哀愍，為我宣說。」

「太好了！太好了！善男子啊！你已經能發起無上正等正覺，現在又發心求問佛法，一切智法、自然者法。」善住比丘十分歡喜的讚歎，而為其宣說法要。

「善男子啊！我已經成就了菩薩無礙的解脫法門，不管是來、去、行走、安止，都能隨順思惟，修習觀察，即時獲得智慧光明，稱為『究竟無礙光明』。因為獲得這智慧光明，就可以無障礙地了知眾生的心行；可以無障礙地了知眾生的死亡、受生；可以無障礙地了知眾生的宿昔的生命；可以無障礙地了知眾生未來時劫的一切事；可以無障礙地了知眾生現在世的事；可以無障礙地了知眾生語言聲音的各種差別；可以無障礙地了知眾生所有的疑問；可以無障礙地了知眾生的各種根性；可以無障礙地了知眾生應受度化的時機，而前去度化；可以無障礙地了知一切剎那羅婆牟呼栗多的日夜時分；可以無障礙地了知眾生過去、現在、未來三世生死海中的流轉次第；可以無障礙地普遍前往十方一切的佛國剎土。

「為什麼呢？因為我已證得無住無作的神通力。

「善男子啊！我因為證得這神通力，所以可以在虛空中行走。或是停住、坐著、臥著、隱形、顯身，或是示現多身，穿過牆壁猶如在穿越虛空。在虛空中盤腿結跏趺坐，自在往來，猶如飛鳥。進入地下就像進入水中，踏在水上就像踏在地上一般。遍身上下都冒出濃煙火焰，就像大火燃燒一般。也可以震動大地，或是以雙手摩觸日月，或是示現身長高達梵天宮殿。或是示現燒香雲，或是示現寶焰雲，或是示現變化雲，或是示現光網雲，都能廣大地遍滿覆蓋十方。

「或是在一念之間就能越過東方一個世界、兩個世界、百個世界、千個世界、百千個世界，乃至於無量的世界，乃至於不可說不可說的世界，或越過閻浮提微塵數的世界，或越過不可說不可說佛剎微塵數的世界。並且在如此不可數的諸佛面前，聽聞開示。

「所以，凡是一切世界見到我身形的眾生，都決定證得無上正等正覺。那裡各個世界的所有眾生，我都可以明白地看見，並且還能隨著他們身形的大小、殊勝低劣、痛苦快樂，示現相同的情境，而教化他們，成就他們。凡是前來親近我的眾生，我都可以使他們安住在如此種種的法門。

「善男子啊！我只了知這種普遍快速供養諸佛、成就眾生的無礙解脫法門。但是對菩薩種種戒律的功德，我怎麼能完全了知，演說窮盡？

「你從這裡向南方走，有一個國家名叫達里鼻荼。那裡有一座名叫自在的城邑。城裡有一個叫彌伽的人。你去拜見他，並請問他：『菩薩應該如何學習菩薩行？勤修菩薩道？』他一定會教導你的。」

於是，善財童子頂禮比丘的雙足，右遶無數匝瞻仰他的容顏，告辭退下，繼續南下，前去參訪彌伽善知識。

解析

神通的境界，會隨著智慧的深化而更細密、知識的擴增而具有更多的型態、慈悲心的廣大而更有力量、菩提心的圓滿而顯現更究竟的成就。

因此，神通的發起，需要擁有特定的技術與因緣；但是上乘的大神通，卻需要智慧、慈悲、心力來圓滿。

所以，善財童子五十三參的修行故事，可以對想具有究竟的大神通者，有極大的啟示；而對於已具有一定的修行成就與定力、神通者，這些善知識的教導，能引發身心力量的增上，甚至在剎那間增廣自己的修證力量。

首先我們必須了解善財童子是在文殊菩薩處發起無上菩提的，這代表菩提心的發起，雖然以慈悲為根本力量，卻需在智慧的導引中生起、修證、圓滿。其實無上神通的成就也是如此，在為了幫助眾生的慈悲心驅使下，讓人想學習究竟的神通，幫助眾生；但在神通力量的學習與發起時，卻一定要用智慧引導，才能如理合宜的運用，並成就最上的神通。

當善財看見善住比丘在虛空中來往地慢步經行，無數的天人都恭敬圍繞在他身邊，散下各種美妙的天華，演奏天宮的妓樂。無數的幡旗、寶幢、絲帶、有花紋的絲織品遍滿虛空，供養善住比丘。

各位大龍王也在虛空中興起不可思議的沈水香雲，以震動大地的雷、激烈的閃電供養善住比丘。

緊那羅王也演奏各種音樂，如法地讚美供養。

羅羅伽王更以不可思議質地極為細微的衣物，周遍地迴繞布設虛空，心生歡喜地供養善住比丘。

還有無數的天龍八部等大眾，遍布在空中供養善住比丘。

善財童子看見這些奇妙的景象之後，心中生起極大的歡喜，合掌敬禮，然後向虛空中說：「聖者啊！我在先前已經發起無上菩提心，但卻還不知菩薩該如何修行佛法？如何積集佛法？如何完備具足佛法？如何熏習佛法？如何增長佛法？如何總攝佛法？如何究竟佛法？如何淨治佛法？如何深淨佛法？如何通達佛法？我聽說聖者善於循循善誘，教誨眾生，惟願您慈悲哀愍，為我宣說。」

善財在參學的過程中，在遇到了善知識時，一定會先說明他已發起無上菩提心，這說明了他的修行根本與方向。接著他準確的敘述自己所要參學的內容，而這也是任何參學者所應學習的方式。而善住比丘所顯現的神通，自然和緩卻又廣大莊嚴。

善住比丘十分歡喜的讚歎，而為其宣說法要：「善財已經能發起無上菩提心，現在又發心求問佛法，一切智法、自然者法。」

善住比丘已經成就了菩薩無礙的解脫法門，不管是來、去、行走、安止，都能隨順思惟，修習觀察，即時獲得智慧光明，稱為「究竟無礙光明」。一獲得這智慧光明，就可以無障礙地了知眾生的心行；可以無障礙地了知眾生的死亡、受生；可以無障礙地了知眾生的宿昔的生命；可以無障礙地了知眾生未來時劫的一切事；可以無障礙地了知眾生現在世的事；可以無障礙地了知眾生語言聲音的各種差別。

由於此神通力，他也可以在虛空中行走。或是停住、坐著、臥著、隱形、顯身，或是示現多身，穿過牆壁猶如在穿越虛空。在虛空中盤腿結跏趺坐，自在往來，猶如飛鳥。進入地下就像進入水中，踏在水上就像踏在地上一般。遍身上下都冒出濃煙火焰，就像大火燃燒一般。也可以震動大地，或是以雙手摩觸日月，或是示現身長高達梵天宮殿。或是示現燒香雲，或是示現寶焰雲，或是示現變化雲，或是示現光網雲，都能廣大地遍滿覆蓋十方。

凡是一切世界見到善住比丘身形的眾生，都決定證得無上正等正覺。各個世界的所有眾生，他不但可以明見，還能隨著他們身形的大小、殊勝低劣、痛苦快樂，與其同事，教化他們，這是無礙的現觀境界，超越距離時空自心如水中月與明鏡，能照見無邊眾生，並種下無上菩提的因緣。

我們由此了知，以上這些神通力量，都是天眼、天身、他心、宿命、神足與漏盡通等六神通的增廣或演進。而這一切增廣演進的根本是未來自「究竟無礙光明」的智慧光明，產生無障礙、無住、無依、不可思議的大神通力。

所以，發起無上菩提心，以智慧做導引，並具足慈悲，不斷地增加福德，而無所執著，才是成就廣大神通的力量。當然大神通是不能執著的，一執著神通就有了障礙與限制了。因此，善住比丘也說他如此廣大的神通力，是證得「無住無作」的神通力所獲致的。

華嚴經中勝熱婆羅門投火跳刀山的神變

這個故事出自於《華嚴經》卷第六十四〈入法界品〉第三十九之五，描寫善財參訪勝熱婆羅門時，生起了種種疑惑，直到最後懺除悔過之故，親見其入於無盡解脫輪三昧的境界。

故事

善財童子參訪了毘目佉沙仙人，接著又向南行，要去一個名叫伊沙那的聚落，找一位勝熱的婆羅門。

一路上，善財童子憶念仙人的教授，毘目佉沙菩薩的無勝幢解脫三昧所照耀，而安住於諸佛不可思議的神力，證入菩薩不可思議的解脫神通智慧，證得菩薩不可思議的三昧智慧光明！

他就這樣慢慢遊行，到了伊沙那聚落，看見勝熱婆羅門正在修學各種苦行，欲求一切智。他的四面聚集了如大山的烈火，其中還有非常高峻的刀山，勝熱婆羅門爬到那高山上，投身進入火中。

這時，善財童子頂禮其足，合掌站立而說：「聖者啊！我在以前已經發起無上正等正覺之心，然而我還不知道菩薩該如何學菩薩法？如何修菩薩道？如何聽說聖者善於循循誘導、教誨眾生，希望您能為我解說。」

沒想到婆羅門卻告訴他：「如果你現在能夠爬上這刀上，投身大火中，你就能清淨所有的菩薩行。」

善財開始心生疑懼，他想：「能得到人身是非常難得的；能夠遇到諸佛是非常難得的；能夠具足諸根是非常難得的；能夠聽聞佛法是非常難得的；能夠碰到真正的善知識是非常難得的。這個婆羅門，難道是魔派遣來的嗎？會不會是魔的陰惡徒黨，狡詐地示現菩薩善知識的樣子，而想使我難以增長善根，減短壽命，而障礙我修行一切智慧之道，引我進入惡道，障礙我的法門，障礙我的佛法呢？」

他正在這樣想的時候，天空中忽然湧現成千上萬的梵天大眾，對他說：「善男子啊！千萬不要有這種念頭！現在這位聖者已證得金剛焰三昧光明，發起大精進，度化所有的眾生，從不退轉。像我們梵天多執著邪見，都自稱是自在者、是能作者，在世間中自認為是最殊勝的。但是一看見勝熱婆羅門五熱焚炙自身，我們對自己的宮殿，頓時失去了喜樂愛著，而能虛心受持佛法。」

接著虛空中又有成千上萬的諸魔，用天摩尼寶散在婆羅門上，作為供養，他們告訴善財童子說：「善男子啊！這婆羅門五熱焚炙自身的時候，那光的光明，照得我所有宮殿莊嚴具的光明，都黯然無光。使我等一點兒也不心生喜樂貪著，於是我和眷屬們都前來拜見他。這婆羅門就為我們說法，使我及其他無數的天子、天女等，都證得不退轉的無上正等正覺。」

虛空中又有成千上萬的夜叉王，用種種供具，恭敬供養勝熱婆羅門和善財，他們說：「善男子啊！這婆羅門五熱焚炙自身的時候，使我及我的眷屬都能對眾生心發慈愍，一切的羅剎、鳩槃荼等，也心生慈愍。因為我們已心生慈愍，所以不再惱害眾生，婆羅門又為我們說法，使我們的身心安樂，又使無數的夜叉、羅剎、鳩槃荼等，發起無上的菩提心。」

這時，善財童子聽到天人、魔眾、夜叉如此讚歎婆羅門，這才心生歡喜，就以對待真實善知識的心來對婆羅門，以頭觸地，頂禮，至心唱誦著：「祈願聖者原諒我對大聖善知識生起的不善心，我願誠心悔過。」

婆羅門就為善財說了以下的偈頌：

若有諸菩薩眾，隨順善知識教，
一切無有疑懼，安住心不動搖。
當知如是之人，必獲廣大利益，
端坐菩提樹下，成於無上正覺。

於是，善財童子立刻登上刀山，投入火堆。然而，在他還沒掉到火坑時，就證得了菩薩善住三昧。才剛接觸到火焰，又證得了菩薩靜樂神通三昧。

善財於是對婆羅門說：「太奇妙了！聖者啊！這些刀山和大火坑，我的身體一接觸到它們時，竟是如此安穩快樂。」

原來這是勝熱婆羅門所證得的「菩薩無盡輪解脫」。雖然這個境界是如此不可思議，但勝熱婆羅門卻告訴善財童子：「我只證得菩薩無盡輪解脫，但是諸位菩薩摩訶薩的大功德火焰，燒盡一切眾生的見惑，這種廣大的功德境界，是我無法了知的。」

在勝熱婆羅門的推薦之下，善財童子又繼續踏上參訪善知識的旅程。

解析

善財童子參訪了毘目佉沙仙人，之後，又來到勝熱婆羅門之處頂禮其足，祈請勝熱婆羅門教導其行菩薩行。

沒想到婆羅門卻要他爬上刀上，投身大火中，以此來清淨所有的菩薩行。

善財開始心生疑懼，懷疑勝熱婆羅門是不是魔王派來障礙他，假裝成善知識的樣子。

佛法依止中道，也認為苦行沒有意義，但似乎勝熱婆羅門是一個異數，他竟然以修各種苦行，來求一切智。

結果，我們看到他爬刀山、投烈火，然後不斷的重複這樣的苦行。

但這很奇怪，爬刀山、投烈火，不會死嗎？怎麼能一再的重演呢？而且他還樂此不疲。這不會死、不會苦又快樂的苦行，真令人懷疑到底是不是真的苦行？還是一齣苦行的劇碼？但是，反正他顯示出的是苦行，我們也就當他是苦行吧！

不過，要善財童子這麼一位正統的大乘佛教修行者，去看勝熱婆羅門去上刀山、跳火坑，而且還要他一起去跳，這不只是不習慣而已，簡直是大大的反彈了。

他正在這樣想的時候，天空中忽然湧現成千上萬的梵天大眾，告訴他：千萬不要有這種念頭！並說這這位聖者已證得金剛焰三昧光明，發起大精進，度化所有的眾生，從不退轉。

原來勝熱婆羅門的所證得的法門叫「金剛焰三昧光明」，其實這種三昧就是火光三昧的演化形式。而由於他的慈悲、智慧、他的投火行動，引發了連鎖反應。因此，驕慢的梵天王，在他投火時，竟使他們對自己的宮殿，失去驕傲、執愛，而願意虛心受法。所以勝熱婆羅門恐怕自己沒有跳火坑，是用大神通境界，幫梵天跳火坑。

接著虛空中又有成千上萬的諸魔，他們告訴善財童子：「勝熱婆羅門五熱焚炙自身的時候，其人光明，使魔宮所有宮殿莊嚴具的光明都黯然無光。讓人完全不會心生喜樂貪著。又有成千上萬的夜叉王，說勝熱不只替梵天跳火坑，連天魔夜叉王等，也在他代跳火坑之列，這神通力，實在不可思議。

所以，勝熱婆羅門體悟的是法界同體無分的境界，當他以智慧觀照，以悲心引發投火行動時，其實自跳、他跳火坑，都已無別。而今日的我們，如有智慧，在時空如幻的因緣中，也可請他代跳火坑，消除眾業，並成證廣大神通，乃至無上菩提。

不過，這可要跟他同心、同念才可，也要有菩提心願、智慧與慈悲。

這時，善財童子聽到天人、魔眾、夜叉如此讚歎婆羅門，這才心生歡喜，至誠向善知識悔過。

於是，善財童子登上刀山，投入火堆。然而，在這些刀山和大火坑，善財的身體一接觸到它們時，竟感到如此安穩快樂。才剛接觸到火焰，又證得了菩薩靜樂神通三昧。

由此可見，勝熱婆羅門所跳的火坑，根本是幌子。這火根本是清涼的，跳到其中，其實就像夏天跳水、冬天洗溫泉般舒服。而刀山根本是氣墊所做，跳在其上，柔軟舒適無比。所以，他登刀山跳火坑，根本是在做健身練習，十分的快活。善財童子跟著跳下去，不只沒有受傷命亡，還是如此的安穩快樂。

不過要把烈火提煉得如此清涼、舒適，沒有大神通是辦不到的。不過，事實上這套把戲，佛陀早已運用了。

在《雜寶藏經》卷八中，佛陀也曾以火光三昧來度化五百尼乾子外道。

當初如來降伏外道邪見天師，其弟子眷屬們，頓失所依。於是有五百尼乾子就共同商議著：「我們師兄弟都破散流落各地，不如大家找些木柴來，投入火中火化，早些投胎轉世。」大家想想也沒有其他辦法，就找來木柴和薪草，打算自焚而死。

如來以他心通了知，其心中所想心生大悲，欲拔除其苦，就以神力使其火無法引燃，而佛陀則在一旁入於火光三昧。

五百尼乾子外道正懊惱著火點不著，現在看見佛陀入於火光三昧所發出的雄雄烈焰，宛如火海，於是喜出望外。

「我們不必自己點火了，借如來的火就可以了。」於是五百尼乾子外道都一起投入火中。奇怪的是，他們一進到如來的火光中，卻感到清涼無比，而且身心生起極大的快樂。又見到佛陀安然於其中結跏趺坐，更加歡喜，於是紛紛於佛陀座下求請出家。

佛陀微笑地說：「善來比丘！鬚髮已落，法服在身。」又為其說法，五百尼乾子即時證得阿羅漢。

結語　慈悲智慧的神通生活

許多人對靈通、感應、神通的事蹟，既好奇又崇拜。

而一個神通者的生活，到底是如何呢？

許多被視為有神通的人，的確會有一些預知的能力，而在預言的比例中，只要有幾次命中了，透過旁人不斷地複誦傳述，就變得很靈驗、很神奇。

但是，這些被認為具有靈通能力的人，在現代社會裡面，扮演著什麼角色呢？他們的生活和一般人有什麼不同？他們為什麼通靈？通靈之後會怎樣？通靈的能力是什麼？

其實，這些通靈的現象、感應的事蹟，並不算是真正的神通！而這些通靈者的生活，時常處在，大家都要向他們尋找生命的答案，但其實他除了有一些通靈的力量，能產生一些感應之外，他們對生命的理解，時常與求問他的人並無不同，也充滿了困惑、無知。他們所見到的現象，其實根本無法解決生命的問題。但他們比一般的人壓力更大，因為一般人可以問他尋求答案，他不知道答案在哪裡，卻必須靠著一些異相與幻想，拚湊答案，給予他人。

因此，一位通靈者的人生壓力，可能比一般人都大；對生命的困惑，也更加的明顯，人生發展也容易充滿了畸型與灰暗。

但是一位具有正確知見的神通者，卻不會如此。因為他的神通能力是透過正確的禪定及合理的運心方法而產生。因為具有定力的緣故，所以他比一般人更能超越人生的壓力。而且他獲得神通能力的過程，十分的明晰，對於神通力量的用處及限制十分清楚，並不會誇大神通力量，也不容易產生不清不楚的幻象。

一位具有正確知見的神通者，是透過正確的方法將自身所具有的深層生命能力開發出來，使自己的生命能力更充滿、更有定力、更有智慧、更有耐心，也了知更多的因緣。所以，他的生命會更加的幸福、光明，也更具備力量去幫助自己及他人。

所以，把神通力量當作是：每一個生命依據正確的方法，便可以開發擁有，而且心智愈昇華，開發才更圓滿。以良好的定力、智慧與慈悲心，來成就神通，並圓滿的幫助眾生，這才是正確修習神通的方向。

因此，一個具有神通的人，他的神通力量，應當用來防止自己的過失，並揚善，隱卻他人屬於個人的錯處與過失，這才是運用神通力量的合理範籌。

所以，切記不可以自己的神通力量，去窺探他人，如果因為恰巧覺知他人的隱私，也千萬不可再予以觀察或評論。

其實，現代許多科技的發展，已經使我們具有了一些類似神通的力量，但這些科技的發展，也讓我們看到使用衛星、網路，乃至針孔攝影竊聽器去窺探他人隱私，或監控他人以獲得私利滿足私欲的現象，造成了許多的傷害。其實，早在二千五百年前，佛陀已經特別叮囑具有神通的人，要特別尊重他人的基本生命權利，不可妄用神通去窺探他人，這是否能給予現代這些妄用科技去傷害他人者一些啟示？

慈悲、智慧與光明的生活，是一位具有神通的人應當顯現的生活方式，在本篇最後揭示了這樣的生命態度，來與所有想理解或修學神通的人共勉。希望神通力量的理解或追尋，帶給我們的不是更多的怪力亂神，而是更圓滿的智慧、慈悲與光明的生活，祈願大家能如實的證得如同佛陀一般的圓滿神通！

國家圖書館出版品預行編目 (CIP) 資料

神通：佛教神通學大觀 / 洪啟嵩著 . -- 初版 .-- 臺北市：
商周出版：英屬蓋曼群島商家庭傳媒股份有限公司
城邦分公司發行 ,2021.06
面； 公分
ISBN 978-986-0734-29-4（平裝）

1. 佛教修持

225.85 110006784

神通：佛教神通學大觀

作　　者　洪啟嵩
責任編輯　徐藍萍、彭婉甄

版　　權　黃淑敏、吳亭儀
行銷業務　周佑潔、華華、劉治良
總 編 輯　徐藍萍
總 經 理　彭之琬
事業群總經理　黃淑貞
發 行 人　何飛鵬
法律顧問　元禾法律事務所　王子文律師
出　　版　商周出版　台北市 104 民生東路二段 141 號 9 樓
電話：(02) 25007008　傳真：(02)25007759
E-mail：bwp.service@cite.com.tw
發　　行　英屬蓋曼群島商家庭傳媒股份有限公司城邦分公司
台北市中山區民生東路二段 141 號 2 樓
書虫客服服務專線：02-25007718　02-25007719
24 小時傳真服務：02-25001990　02-25001991
服務時間：週一至週五 9:30-12:00　13:30-17:00
劃撥帳號：19863813　戶名：書虫股份有限公司
讀者服務信箱 E-mail：service@readingclub.com.tw
香港發行所　城邦（香港）出版集團有限公司　香港灣仔駱克道 193 號東超商業中心 1 樓
E-mail: hkcite@biznetvigator.com　電話：(852)25086231　傳真：(852)25789337
馬新發行所　城邦（馬新）出版集團 Cite (M) Sdn Bhd
41, Jalan Radin Anum, Bandar Baru Sri Petaling, 57000 Kuala Lumpur, Malaysia.
Tel: (603) 90578822　Fax: (603) 90576622　Email: cite@cite.com.my

封面設計　李東記
印　　刷　卡樂製版彩色製版印刷有限公司
總 經 銷　聯合發行股份有限公司　新北市 231 新店區寶橋路 235 巷 6 弄 6 號 2 樓
電話：(02) 2917-8022　傳真：(02) 2911-0053

■2021 年 6 月 3 日初版
■2023 年 12 月 12 日初版 2 刷

城邦讀書花園
www.cite.com.tw

Printed in Taiwan

定價 650 元

 ISBN 978-986-0734-29-4